프롤로그

프롤로그

초판 1쇄 발행 2017년 12월 20일

지 은 이   이은철
발 행 인   권선복
편   집   권보송
디 자 인   김소영
전 자 책   천훈민
발 행 처   도서출판 행복에너지
출판등록   제315-2011-000035호
주   소   (07679) 서울특별시 강서구 화곡로 232
전   화   0505-666-5555
팩   스   0303-0799-1560
홈페이지   www.happybook.or.kr
이 메 일   ksbdata@daum.net

값 15,000원
ISBN 979-11-5602-555-9   (03190)

도서출판 행복에너지는 독자 여러분의 아이디어와 원고 투고를 기다립니다. 책으로 만들기를 원
하는 콘텐츠가 있으신 분은 이메일이나 홈페이지를 통해 간단한 기획서와 기획의도, 연락처 등
을 보내주십시오. 도서출판 행복에너지의 문은 언제나 활짝 열려 있습니다.

프롤로그

이은철 지음

도서
출판 **행복에너지**

　우리는 지금까지 열심히 노력하며 오늘에 이르렀고, 내일의 삶을 찾아 또다시 긴 여행을 떠나야 한다. 떠나기 전에 이제까지 어떻게 살아왔는지 되돌아보자. 그리고 우리 자신이 원하는, 그리고 꿈을 실현하기 위한 희망 있는 삶을 살아가기 위해서는 앞으로 어떻게 살아가야 하는지 새롭게 깨닫자. 그런 다음 그를 지향하는 행동하는 삶을 살아가기 위해 멋지고 당당하게 출발하자. 지금 아니면 언제 하겠는가?

　세상은 태생적 변화를 하고 있으며 그 속에는 경쟁이 있다. 생명의 씨앗을 잉태시키려 할 때부터 시작된 우리의 경쟁은 세상에 태어나서 생을 마감할 때까지 늘 함께할 것이다. 우리는 그 속에서 행복한 삶을 꿈꾸고, 성공하는 삶을 희망하며 열심히 그리고 부지런하게 살고, 살아갈 것이다. '지금 우리는 행복하고 성공하는 삶과 내일의 희망을 느끼며 살고 있는가?'를 고뇌하면서 스스로 질문을 던져 본다.

"언제쯤 우리는 행복하다 말할 수 있고, 성공과 희망의 비전이 눈 앞에 펼쳐질까? 작은 땅덩어리에서 많은 사람들이 살다 보니 그 틈에서 경쟁하지 않고 살아갈 수 없고, 그 경쟁대열에서 낙오되지 않으려다 보니 하루하루가 고달프고 고단하기만 할 뿐, 언제 이런 팍팍한 삶에서 벗어나 허리 한번 펴고 신명나게 살아보나!"

행복한 삶을 꿈꾸고, 성공하는 삶을 희망하면서 오늘을 맞이하는 사람들에게 물 한 모금 축여줄 책들은 커다란 도서관 한 면을 채우고도 남을 만큼 가득하고, 지금도 누군가는 세상을 살아갈 방법에 대해서 일설_說하고 있을지도 모른다. 그럼에도 '행복하고 성공적인 삶을 살아가며, 그렇게 살고 있다고 느끼는 사람들은 얼마나 될까.' 에 의구심을 던진다. 왜 그럴까?

우리가 살고 있는 세상이 경쟁만 있는 세상은 아닐 터, '나' 혼자가 아닌 '공존'하고 '더불어' 살아가는 세상이다. 우리는 태어난 조건과 환경에 따라서 세상을 살아가는 방식도 천차만별이고 삶의 무게도 제각각인 사람들과 어우러져 우리 자신에게 주어진 삶을 살아가야 한다. 미완의 완성이고, 힘들다고 해서 주저앉아 있을 수 없다. 지친 몸이라 할지라도 억지로 끌고서라도 생이 다하는 날까지 살아가야 한다. 그게 삶인 것이다.

세상을 살아가는 데에는 정해진 방법이 없다. 누구도 제대로 알려주지 못한다. 그렇기에 우리 스스로가 그 방법을 찾아 우리의 삶을 살아가야 한다. 행복한 삶을 살고 있고, 성공하는 삶을 살아간다는 소위 성공한 사람들을 통해 삶의 팁을 찾아본다면, 그들은 경제적·사회적 부와 지위를 탐하며 남들과 경쟁하기보다는 자기의 꿈을 찾고, 그 꿈을 이루기 위한 자기와의 경쟁과 성취에 더 높은 가치를 두고 있었다.

그들이 그렇게 살아갈 수 있었던 것은 자기 자신의 존재가치를 믿었고, 삶을 사랑했으며, 믿음과 사랑의 열정을 행동으로 이끌어냈기 때문이다. 그들은 자신의 꿈을 생각으로만 간직하지 않고 실현시키기 위해 노력했고, 그 노력은 그들의 행복이고 희망 있는 삶이었으며, 세상 사람들을 자신들의 경쟁자라기보다는 울타리였고, 함께 살아가는 동반자로 생각했던 것이다.

많은 책들이 겨우 종이 몇 장으로 인생을 말하고 있고, 어떻게 살아가야 할지를 다 아는 듯한 내용을 담고 있다. 삶의 방법은 그렇게 간단하지도, 단순하지도 않다. 사람 수만큼이나 다 다를진데, 어찌 삶을 다 담아낼 수 있겠는가.

이 한 권도 인생의 전부를 담고 그것을 말하려는 것이 아니다. 우리가 앞으로 살아가는 데 있어 삶에 대해서 새롭게 생각할 동기와 새로운 시작점을 가리켜주는 삶의 지도地圖가 되고자 하는 것이다. 우리는 가슴에 꿈이라는 나침반을 가지고 있다. 우리의 꿈은 삶의 길을 찾아줄 것이고 이끌어 줄 것이다. 그러니 길을 잃을 것을 두려워하지 말자. 이제부터 언제, 어디서, 어떻게, 그리고 어디로 나아갈지 지금까지와는 다른 우리 삶의 프롤로그를 생각해 보자.

끝으로 어려운 여건 속에서도 책을 출간해 주신 도서출판 행복에
너지 권선복 대표님과 편집부 여러분께 진심으로 감사의 말씀을 전
한다.

한겨울에 봄을 그리는 희망과 설렘으로

이은철

목
차

Part 2

최고의 인생 비전을 수립하라

Part 3

삶의 관계적 인간미를 갖춰라

Prologue

Part 1

나의
삶을
열어라

HAPPY

SUCCESS

Chapter 1

행복과
성공으로
향하는 지름길

삶을
사랑하라

   '삶이란 무엇인가?' 생각해 보자. 철학적 지식을 요하는 깊이 있는 생각이 아니라 우리의 수준에 맞춰 삶에 대해서 생각해 보자는 것이다. 삶이란 단어를 대하면 어떤 생각이 드는가. 아니, 어떤 마음이 되는가? 우리가 젊으면 젊은 대로, 나이가 들었으면 나이가 든 대로, 지금까지 살아오면서 우리 자신의 삶에 대해서 나름 진지하게 생각해 본 적이 없었다면 지금 생각해 보자.

   삶을 생각하는 데 나이가 적고 많음이 무슨 상관이겠는가. 하루라도 젊으면 젊을수록 그만큼 일찍 자신의 삶에 대해서 생각하게 되고, '자기 주도로', '자기에 의해', '자기를 위하여' 살아간다는 것이 어떤 삶인지를 깨닫게 되고, 자신의 참삶을 발견하게 된다.

   '삶이 뭐라 생각하는가?' 이 순간도 삶에 대해 생각해 보면서 방황하는 누군가가 있을 법하다. 쉽게 단순히 생각해 보면 '살다'가 동사니까, '살다'의 명사가 되겠다. 죽어 있는 것이 아니라 살아 있는 것이다. 단순 생물生物[1]이 아니라 생명이 있고, 더불어 자기 의지를 갖고 움직일 수 있다는 것이다. 즉 우리는 단순히 생물이 아닌 뭔가 할 수 있는 생명체이고, 뭔가를 할 수 있는 에너지를 갖고 있으며, 의지가 있는 실체이며 실존인 것이다. 죽어 있는 것이 아니고, 살아 있음이 그야말로 축복이 아닐 수 없는 '우리 자신'인 것이다.

"말똥에 굴러도 이승이 좋다."란 말이 있다. '아무리 고생스럽고 천하게 살더라도 죽는 것보다 살아 있는 것이 낫다는 말'이 아니겠는가. 지금은 돌아가셔서 마음으로만 만나 뵐 수 있는 할머니께서 자주 쓰셨던 속담이다. 한 번쯤 들어봤을 속담이다. 허리가 구부러져 무릎에 걸쳐 있는 모습을 하고 계시면서도 속으로 뇌까리시곤 했던 속담인지라, 지금도 귓가에 할머니의 음성이 들리는 것 같다.

중국 진나라의 31번째 왕이자 첫 번째 황제인 진시황이 오매불망 불로장생을 꿈꾸며 그토록 찾아 헤매었던 '불로초不老草' 그러나 어떻게 되었는가? 역시 손 안에 쥐었던 권세를 다 내려놓고 한세상 살다 갈 뿐이 아니었던가.

지금 당장 하는 일이 힘들거나 사정이 있어서, 때론 힘겹고 고단하고 이겨내기에 지쳐 모든 걸 다 잊고 쓰러져 죽고 싶은 마음이 들 때도 있겠다. 그렇지만 진정으로 죽기를 바라는 사람이 어디 있겠는가. 연습 삼아 살아본 경험도 없이 낯선 땅에서 맨몸으로 태어나 살아가려 하는데 힘들지 않은 것이 어디 있으며, 무엇을 한들 힘이 들지 않

---

1. 여기서의 생물은 생명을 갖고 있다는 뜻이 아닌 신선한 물건과 같은 뜻으로 쓰임. 예를 들어 '생물 오징어' 등

겠는가.

　지금 고생이 되는 삶을 살고 있다 할지라도 죽는 것보다는 낫지 않
겠는가. 살아 있어야 뭔가를 해볼 수 있는 것이고, 해볼 수 있는 가능
성을 갖고 있는 것이니까 말이다. 그렇기에 살아 있는 것만으로도 축
복인 것이고, 살아 있는 시간은 매 순간 소중하고 값진 것이 아닐 수
없다.

　'죽는다'는 게 무엇인가? 죽는다는 것은 모든 것을 '끝낸다'는 것이
고, 우리 자신의 모든 것이 끝난다는 것이다. 이 세상에서 죽은 자로
는 특별한 경우가 아니라면 보통은 3~5일 정도만 머물 수 있다. 하
지만 살아 있다면 목숨이 다하는 날까지 머물 수 있는 특권을 갖고 있
다. 늘 죽음이 가까이 있지만, 그래서 삶이 더 소중한 것이다. 삶과 죽
음은 그야말로 종이 한 장 차이일 뿐이다.

　2015년 9월 23일 통계청이 발표한 '2013년 사망원인 통계' 자료에
의하면 OECD 국가 중 우리나라가 자살률 1위라는 것이다. 자살로 사
망한 사람은 모두 1만 4,427명으로 1년 전년대비 1.9% 늘어난 267
명이었고, 하루 평균 39.5명이 자살로 생을 마감한다는 것이다. 태어
나기도 어려운데 참으로 슬픈 일이 아닐 수 없다.

　'인생은 완생이 아닌 미생으로 끝나는 것이니 한평생을 살아가도
미생이요, 한순간을 살아가도 미생인지라, 살아가는 보람과 재미라고
는 하나도 없는 이 고단한 삶에 뭔 미련이 그리 많아 천수天壽를 누리
려 함일까.' 하겠지만 미생도 다 같은 미생이 아니다.

　세상에 태어남이 삶이요, 세상을 떠남도 삶이니, 발길 닿는 정처 없
는 나그네의 삶으로 살아가려는 것이 아니라면 주인 되는 삶이 되어

야 하고, 의미 있는 삶이 되도록 살아가야 한다. 주어진 삶이 팍팍할지라도 우리에게 맞는 이상을 갖고 세상을 향해 소리쳐 나가봐야 하지 않겠는가.

맑은 밤하늘을 한번 올려다보라! 아름답지 않은가. 셀 수 없이 무수히 많은 별들이 제 모양에 어울리는 아름다운 빛으로 서로에게 인사 나누며 속삭이듯 반짝이고 있다. 때론 자기를 올려다보는 누군가에게 은총을 내려주듯 반짝반짝 자신의 고운 별빛을 비춰주고 있다. 어두운 밤하늘을 배경으로 한 별빛은 그야말로 자연의 아름다움 그 자체이다. 우주가 선물하는 자연의 아름다움. 보석을 박아 놓은 듯이 반짝이는 모습을 보고 있노라면, 별들은 밤하늘을 수놓고 있는 자기들의 매혹적인 모습을 얼마나 많은 사람들이 올려다보는지 관심도 없이 밤새도록 그렇게 반짝이고 있다. 그렇게 아름답게 반짝이는 별들도 하룻밤 미생으로 끝나고 마는 별빛의 삶. 죽은 사람은 볼 수도 없고, 느낄 수도 없지만, 지금 처지가 좋고 나쁘든 상관없이 살아 있는 사람은 그래도 살아 있기에 볼 수도 있고, 느껴볼 수도 있을 것이다. 때론 별빛이 주는 작은 의미에서 또 다른 의미를 찾아낼 수도 있을 것이고, 다음에 또 그 별을 찾아보겠노라는 추억까지도 만들어 놓을 수 있게 되리라.

이 모든 것이 살아있기에 가능한 일이고, 살아 있음에 그런 마음도 갖는 것이다. 자신에게 찾아든 의미가 있는 아름다운 별빛 하나를 가슴에 새기기도 하고, 추억으로 간직하기도 하며, 언젠가 다시 밤하늘을 올려다볼 때 지난날 그때의 추억을 떠올리면서 한동안 고개를 들고 아픈지도 모르며 밤하늘을 올려다보면서 그 별이 어디에 있나 찾아보곤 하는 것들이 모두 살아 있기에 누릴 수 있는 축복이 아니겠는가.

끝없이 광활하게 펼쳐진 드넓은 우주공간에서 탄생되고 소멸되는 별들도 대자연의 축복으로 태어난 것이다. 그래서일까, 그 은혜에 보답하려는 것에서인지 별들은 자신의 생명이 다할 때까지 제 빛을 반짝이며 자신의 몫을 다하려는 것 같다. 별들과 마찬가지로 우주공간에서 지구라는 작은 행성에서 인간이란 생명체로 태어난 우리 역시도 축복받은 것이다. 대자연의 섭리요, 베풀어준 은혜가 아닐 수 없다. 은혜로움과 소중함, 그리고 존귀함을 어디에 비교할 수 있겠는가.

그렇게 때어난 우리가 비록 미완으로 끝나는 대자연의 긴 여정이지만, 우리에게 주어진 삶을 '어떻게 맞이하고 무엇을 하며 살아가야 할 것인가.' 또는 '어떻게 살아가겠노라.'고 생각해 본 적이 없었다면 이제라도 해봐야 하지 않겠는가? 지금이라도 우리에게 주어진 앞으로의 삶을 어떻게 살아갈 것인지 멋지게 그려보자.

축복받고 사랑으로 태어나 우주에서 오로지 한 사람으로 존재하는 '나 자신', 그야말로 독존獨存으로 이 세상에 태어나 존재하는 모든 생명체들이 함께 공존하고, 때론 더불어 살아가고 있는 대자연의 법칙이 살아 숨 쉬는 곳. 그 자체가 사랑이 아닐 수 없다. 그렇기에 세상은 곧 사랑이라 말할 수 있는 것이다. 나와 너, 우리, 그리고 함께 있는 사람들은 물론, 이 아름다운 자연을 만들어 주신 신神까지도 사랑하는 마음을 지님은 탄생이란 선물을 받은 우리가 믿음이 있고 없고를 떠나 간직할 마음이겠다.

우리는 젊다. 육체적이든 정신적이든 우리가 젊다면, 또 그렇게 생

각하면 젊은 것이다. "나이는 숫자에 불과하다." 하지 않던가. 우리가
어떻게 생각하느냐에 따라서 우리가 만들어갈 가능성이 있는 세상은
그만큼 많이 남아 있는 것이다. 흩뜨려졌던 우리 자신을 바로 세우고,
자신의 삶을 만들어 가기 위해서는 어떻게 세상을 바라봐야 하고, 어
떻게 세상을 끌어안아야 하는가. 그것은 사랑이고, 사랑의 마음으로
끌어안아야 하며, 자기 자신까지도 그런 사랑으로 끌어안아야 한다.

세상 속의 사랑은 아주 다양하게 저마다의 모습으로 저마다의 느낌
으로, 저마다의 형상으로 나타나는 것이고, 우리 자신의 눈높이에 맞
춰 또는 눈높이에 맞게 우리에게 다가오는 것이며, 우리와의 관계형
상으로 투영되는 것이리라.

이는 부모와 자식 간에는 모성적·부성적으로 맺어진 천륜으로, 형
제간에는 우애로, 친구 간에는 우정, 부부간에는 애정으로, 스승과 제
자 간에는 사제 간으로, 남녀 간에는 이성으로, 국가에 대해서는 조국
애로, 자연에 대해서는 친화력으로, 종교에 대해서는 종교적인 믿음
으로 등등 아주 다양하게 우리와 관계된 아름다운 모습으로 형상화되
어 나타난다.

우리 마음속은 지금 어떤 류類의 사랑으로 채워져 있는가. 이렇듯
다양한 관계형상으로 투영되는 세상 속의 사랑 중에서 자기 자신을
사랑하는 마음을 뭐라 하는지 아는가? 바로 '자기애自己愛.'

한번 자문해 보자. 우리는 우리 자신을 얼마큼 사랑하고 있는가?
우리 자신을 사랑하는지 어떤지도 모르면서 누군가를 사랑한다고 말
하지는 않았는지 모르겠다. 우리 가슴속에서 뭐라 답하고 있는지, 우
리 마음속에서 들려오는 소리를 들어보자. 우리가 이 세상에 태어난

　　　　　　　　　　　　　　　　　　　Part 1. 나의 삶을 열어라

것만으로 축복받아야 하고, 사랑받아야 하는데, 정작 자신을 축복하고, 사랑해야 할 우리 자신이 지금 우리 자신을 그냥 아무렇게나 나 몰라라 하고 있는 것은 아닌지 물어보자. 세상 속에서 우리 자신이 빠지면 어떻게 될까, 어떻게 될 것이라 생각하는가. 물리적 질문을 하는 것이 아니다.

"그런 걸 질문이라고 하는 것인가. 어떻게 되긴, 뭘 어떻게 되는가? 남 세상이고, 딴 세상이 아니겠는가."

그렇다. 우리 자신이 존재하지 않는 세상은 딴 세상이다. 우리 세상이 없는 세상이 되는 것이다. 인간이 태어나기 전의 알 수 없는 시간 그 이전에도 우주는 존재했으며 생명의 탄생을 담고 있었으니까. 아마도 미래의 우주도 지금처럼 존재할 것이다. 아마도 물리적 세상은 영원히 존재할 것이나 우리가 있는 세상은 더 이상 존재하지 않는 것이다. 그것이 중요한 것이다. 그야말로 우리 자신이 즐기며, 놀아야 할 우리의 인생 놀이터는 사라지고 없는 것이다. 아무런 소용이 없는 무의미한 세상이 되는 것이다. 역사가 있고, 우리의 DNA가 이어지는 후대의 세상이란 물리적 세상을 말한다면 몰라도 우리 같은 보통의 사람들이 흔적 없이 사라진 세상은 한 점 의미도 없을 그런 세상이 존재할 뿐이다.

우리의 세상을 찾아야 한다. 우리가 즐겨야 할 인생 놀이터를 찾아야 한다. 우리 자신과 함께 공존하는 세상에서 우리 자신을 사랑하며 즐겨야 할 인생 놀이터를 가져야 한다. 남이 우리에게 관심조차 주지 않은 것이 아니라, 우리 스스로가 우리 자신에게조차 관심 주지 않고

방치해 두고 있는 것은 아닌지 깊이 생각해 보며, 우리의 세상을 찾도록 해야 한다.

주위에서 들려오는 좋지 않은 소식들이 있다. 누구누구가 생활고로 자살했다느니, 직장에서 실직자가 되어서 그 충격으로 자살을 시도했다느니, 생활형편이 어려워 가출을 했다느니, 공부하라는 소리에 화가 나서 그만 어찌 했다느니, 직장에서 승진에 누락되어 회사 옥상으로 올라가 뭘 했다느니 등등 실로 입에 담기도 싫고, 듣기에도 안타까운 소식들을 하루에도 몇 건씩 듣게 된다. 우리가 그런 상황에 놓여 있었던 적이 없었다면 남들 일이니 그저 무관심하게 듣거나, 다들 그럴 만한 사정이 있겠거니, 또는 오죽했으면 그렇게 했겠는가 싶어 동정 아닌 동정심을 갖게 되었을 것이다. 과거의 그런 슬픈 경험이 있었기에 문득 되묻게 되는 질문이 있다.

"왜 사는가? 무엇을 위해서 살아가고 있는 것인가?"

세상을 살아가는 과정에는 그야말로 곱이곱이마다 희로애락喜怒哀樂이 담겨져 있다. 즐겁고 행복하기도 하고, 슬프고 괴롭기도 하고, 때론 견디기 힘겹고 참아내기 어렵기도 하고, 하늘이 무너지는 낙담을 하기도 하고, 숨이 쉬어지지 않을 만큼 억장이 무너지기도 하고, 그냥 모든 것 다 훌훌 털어버리고 죽어버리고 싶기도 하고… 등등 이루 다 말로 표현할 수 없는 고비들이 있다. 앞으로도 이런 고비들이 왜 없겠는가.

과거에 그런 일들을 겪어보면서 그 아픔이 어떤 것인지 온몸으로 느껴봤기에 이런 것이 삶이요, 인생살이라고 말하기에 앞서 눈물이 앞을 가리지만, 우리가 걸어가는 인생길에는 '우여곡절'이란 말도 있는 것이고, '새옹지마'란 말도 있는 것이며, 그 또한 지나가리란 말도 있는 것이 아니겠는가.

부귀영화를 누리는 사람들에게는 짧디짧기만 한 세상, 실패와 좌절, 가난에서 벗어나지 못하는 사람들에게는 길디길기만 한 세상. 이래도 한세상, 저래도 한세상이 될 이 세상. '슈베르트의 미완성 교향곡처럼 끝까지 다 들어도 미완의 감상이요, 어느 중간까지 들어도 미완이 될 뿐인 곡이니 끝까지 다 감상하지 않고 듣고 싶은 데까지만 들어도 괜찮다.'라고 생각할 수 있듯이, 우리의 삶도 이토록 힘겹고 고단하며, 언제쯤 헤어날지 모르고 앞이 캄캄할 뿐이니 이쯤에서 우리 스스로가 우리 자신을 이 세상에 존재하지 않게 한다면 이 세상은 우리 자신과 함께 영영 그 빛을 잃고 마는 것이다.

돌이켜 생각해 보면, 지금 우리가 아무리 팍팍하고 슬픔에 가득 찬 시련의 장막을 걷어내듯 하루하루 살아간다 해도 결코 어느 것 하나라도 사소하지 않은 것이 없으며, 의미 없는 것이 없지 않은가. 그야말로 세상에 사기를 치지 않고, 열심히 그리고 성실하게 살고 있다는 증표가 아니겠는가. 그런 우리가 어찌 우리 자신의 생명의 빛을 여기서 내려놓을 수 있겠는가 말이다.

잔잔할 새 없이 높고 낮은 파도가 치고, 폭풍우가 몰아치며, 비바람이 거세게 삼킬 듯 휘몰아치는 바다 위를 항해하는 돛단배 같은 우리의 인생길이라 할지라도 예서 멈출 수 없고, 앞으로 나아가야만 하지 않겠는가. 그러니 지금 당장 깨어나도록 하자. 살아 있는 자의 죽

023

은 영혼이 아니라, 살아 있는 자로서의 살아 있는 영혼으로 자신을 깨어나게 하자. 그것은 축복받은 자가 해야 할 사명이고, 산 자의 의무인 것이다. 축복받고 태어났기에, 은혜롭게 부여받은 소중한 삶이기에 아끼고 사랑하며, 우리 자신을 존중하며 살아가야 한다.

우리가 우리 자신을 사랑하지 않으면, 그 누가 우리 자신을 사랑해 주겠는가. 어쩌면 지나가는 개도 우리를 비웃을지 모른다. 사랑의 아이콘인 신神마저도 우리를 사랑해 주지 않을 것이리라. 우리는 우리 자신을 사랑하는 마음으로 세상을 끌어안아야 하고, 이겨내야 한다. 우리의 가슴 크기로 세상을 담아야 한다. 축복받고 태어난 우리가 우리에게 주어진 삶을 다하고, 다시 흙으로 돌아갈 때 그래도 덜 후회하는 삶이 되도록 해야 한다.

세상의 출발점은 우리 자신으로부터이다. 태어남이 곧 축복이요, 사랑이라 했다. 그 자체만으로도 우리는 사랑을 받고 있는 것이다. 제2의 삶, 제3의 삶을 살아가려는 우리이기에 더욱 그러하다. 세상으로부터 사랑받고 싶다고 손 내밀기 전에 우리 스스로가 먼저 우리를 사랑하자. 우리 자신이 우리를 사랑해 주면 된다. 그러면 세상도 우리를 사랑해 줄 것이다. 우리가 누구든, 어디에 있든, 가진 것이 있든, 없든 우리 자체만으로도 존귀하고 축복받은 존재임을 잊지 말고 우리 스스로를 사랑하자. 그리고 자신의 가치를 빛내자.

우리 자신에 대한 사랑과 가치를 세상에 빛내기 위해서는 어떻게 해야 하는가? 우리가 우리 자신의 능력을 믿는 것이다. 그리고 자신의 능력을 세상에 알리는 것이고, 세상에서 인정받는 것이다. 그것은 자신이 하고 있는 일과 역할로써 가능할 것이다. 학생 신분이라면 자신의 학업과 학생 역할을 통해서, 학교를 졸업하고 사회인이 되었다면 자신의 업무와 그에 맞는 역할을 인정받을 수 있겠다. 그렇게 하기 위해서 자신의 가치를 보여주는 것에 자신의 사랑을 쏟아 부어야 한다. 축복받은 우리 자신의 사랑이 아름다운 한 송이 꽃으로 세상 속에서 피어나게끔 열정과 정성을 쏟아야 한다. 이것이 곧 자신과 자신의 삶에 대한 사랑이겠다.

미국의 부동산 거물이자 TV쇼의 진행자이면서 2015년 6월에 미국 대선 출마를 공식적으로 선언한 후 2016년 11월 9일 오후 미국의 45대 대통령 선거에서 당선되었고 2017년 1월 20일 대통령 취임식을 한 도널드 트럼프Donald Trump는 일을 사랑하라고 강조하면서 이렇게 말했다고 한다.

"부자가 되기 위한 첫 번째 조건은 당신이 하는 일을 사랑하는 것이다. 그 사랑이야말로 이윤을 얻기 위해 필요한 에너지를 가져오기 때문이다."

여기서 한 가지 생각해 볼 것이 있다. 반드시 부자가 되기 위해서라기보다는 그만큼 자신의 삶을 더 사랑하고, 자신의 사랑에 대한 가치를 자기가 하고 있는 일에 쏟아붓는 삶을 살다 보면, 어느새 부자도 되고, 성공도 된다는 것이다. 목적만을 꿈꾸기보다는 실행의 맛을 느껴보라고 주문하는 것이다. 자기를 사랑하는 만큼 그 가치를 찾아내기 위해서 세상에 그 값을 치러야 한다는 것이다.

세상에 공짜가 어디 있겠는가. "세상에 공짜는 없다." 그 대가를 치르지 않고, 얻어지는 자신의 가치는 없다. 있다면 그것은 거품이요,

세상이 우리에게 치는 '사기'일 뿐이다. 그래서 세상을 거래라 하는 건지도 모른다. '주고받는다'는 거래. 주는 만큼 어떤 식으로든 세상으로부터 보상을 받게 된다는 거래. 그것이 세상의 이치인 것이다.

우리 자신이 우리를 사랑하지 않는데 어느 누가 우리를 사랑해 주겠는가. 우리가 남을 사랑하지 않는데 어느 누가 우리를 사랑해 주겠는가. 우리가 세상에 대가를 치르지 않는데 세상이 우리에게 무엇을 던져준단 말인가. 우리의 마음에 사랑의 마음을 담아라. 그리고 우리 자신을 키워내라. 세상을 다 품을 만큼의 큰 사랑으로. 우리이기에 가능하고, 우리이기에 해낼 수 있는 것이리라.

우리 자신을 보라. 그리고 주위를 둘러보라. 우리부터, 그리고 가까이 있는 세상부터 사랑하자. 우리 자신과 인생을 사랑하고, 우리 꿈을 사랑하며, 그 사랑의 가치를 아름답게 피워내자. 우리 인생이기에 그것은 바로 우리 몫이고 삶이며, 가치니까. 그렇게 살며, 사랑하며, 행복하게 삶을 꾸려나가자. 그게 바로 우리 자신의 진정한 삶이고, 그렇게 해야만 진정한 삶을 찾게 될 것이며, 우리의 인생 여정이 다하는 날, 그래도 덜 후회하며 살았노라 말할 수 있을 테니까. 축복받고 태어난 사랑의 가치를 이 세상에서 제대로 꽃피워 내자.

방향을 찾아라,
꿈을 찾아라

밤하늘에 살아 숨 쉬듯 아름답게 반짝반짝 자신의 빛을 발하고 있는 무수히 많은 별들을 바라다본 적이 있는가. 밤하늘에 무수히 많은 별들이 반짝이는 모습들을 보며 '내 별은 어디 있나!' 찾아보면서 밤하늘을 아름답게 수놓고 있는 밤하늘을 응시했던 경험도 있을 것이다. 아마도 사랑하는 사람과 함께 그리했을 달콤한 추억쯤 갖고 있지 않을까 싶다. 아름답게 반짝이는 별들 가운데 적어도 내 별 하나쯤은 어디엔가 있을 것인 양 찾고 찾다가, 우연찮게 짜릿한 영감을 주듯 우리 마음에 꽂히는 별빛이 어느 순간 우리 눈 속으로 스며드는 것을 느껴본 적도 있었을 것이다.

동쪽에도, 서쪽에도, 남쪽에도, 그리고 북쪽에도 가득 채워져 빽빽이 빛나고 있는 밤하늘과 사랑하는 사람의 맑고 아름다운 검은 두 눈동자를 보노라면 마치 별들의 세상이 아닐 수 없다. 우주 자체가 별들의 세상임을 새삼 실감하게 된다. 밤하늘에 반짝반짝 빛나는 별들을 하나하나 세듯 바라다보노라면 같은 자리에서 한결같이 살아 숨 쉬듯 맑고 아름답게 투명한 금빛으로 반짝이는 별 하나가 눈에 들어온다.

북극성!

그렇다. 북극성이다. 불행히도 남반구에서는 볼 수 없다는 북극성. 어두운 밤길을 외롭게 홀로 걷는 어느 방랑자의 길 안내자 역할을 해 주기도 하고, 뭇사람들로 하여금 새로운 길을 찾도록 안내해 주기도 하며, 때론 희망을 안겨다 주기도 하는 별, 길 떠난 이들이 제 갈 길을 잃어 방황하고 있을 때 그들이 어디에 있는지를 알게 해주며, 어디로 가야 할지를 안내해주듯 누군가의 이정표가 되는 별, 문학 작품에서 의미 있는 소재가 되기도 하고, 시의 아름다운 한 구절이 되기도 하는 별.

북극성과 더불어 헤아릴 수 없이 무수히 많은 밤하늘의 별들은 뭇사람들에게 저마다의 의미 있는 별이 되어준다. 그것이 북극성이든 아니든, 우리의 가슴속에도 우리만이 간직하는 별 하나가 있는가? 우리의 가슴속에도 그런 아름다운 별이 하나쯤 있었으면 좋겠다.

앞을 내다 볼 수 없는 미지의 거친 세상을 살아가는 우리에게 북극성 같이 희망을 안겨주는 별. 생각만 해도 추억으로 담고 있었던 옛이야기가 새로운 스토리가 되어 되살아나고, 가슴이 설레듯 아름다운 추억들이 아련하게 떠오르게 하는 고향 같은 별…. 그러면서 우리가 바라는 곳으로 우리를 이끌어 줄 것 같고, 방향을 잡아 줄 것 같으며, 때론 길을 잃고 헤맬 때도 그 자리에서 우리가 어디로 어떻게 가야 할지를 안내해 줄 것 같은 희망이 되는 별. 우리만의 북극성. 우리의 삶

Part 1. 나의 삶을 열어라

에 그런 별이 하나쯤 있으면 얼마나 좋겠는가.

우리가 어디서 어떻게 살아도 우리를 언제나 지켜봐주며, 이끌어줄 영원한 삶의 친구요, 동반자 같은 별이 우리의 가슴속에 있으면 얼마나 좋을까. 잠시 생각해 보자. 우리의 가슴속에 '우리의 삶을 이끌어 줄 북극성 같은 별, 그런 별을 갖고 있는가?'

삶에서는 그런 별이 있다면 뭐라 할까? 언제나 반짝이며 희망을 갖도록 이끌어 주는 별, 우리가 원하는 미래로 우리 자신을 이끌어 줄 그런 별, 그게 무엇일까? 우리는 그것을 꿈이라 한다. 어쩌면 너무도 흔하게 들어왔을지도 모른다. 아침에 눈을 뜨고 잠자리에서 일어나 다시 잠자리에 들면서 눈을 감을 때까지 꿈이란 단어를 몇 번이나 듣게 되는가. 주위에서 너무 자주 흔하게 들어봤던 말이기에 스치듯 던져 버리고, 생각조차도 해보지 않았을지도 모를 꿈. 그렇기 때문에 그 꿈이 갖는 에너지와 파워를 실감하지 못할지도 모르고, 대수롭지 않게 생각하며 흘려버리고 있을지도 모를 꿈.

"꿈이 있는가?"
"꿈이 있다면, 그 꿈이 무엇인가?"

주위에서 너무도 흔하게 들어보거나 받아보는 질문, 그렇기에 들어도 아무런 생각조차 하지 않게 되고 무신경해지면서 그냥 흘려버리게 되는 말. "도대체 그 꿈이 어쨌다는 건데, 왜 꿈에 대해서 난리들인데."라는 식으로 도무지 실감을 하지 못한다면, 이렇게 질문해 보고 싶다. 우리는 어떻게 살고 있으며, 어느 방향으로 삶을 이끌고 싶은가? 축복받고 태어나 삶이란 선물을 받아들고 우리는 어디로 가고 있는지 묻고 싶다.

지금 우리가 말하는 꿈은 잠자면서 꾸게 되는 일장춘몽이 아니다. 자연의 원기를 받아 축복받고 사랑으로 태어난 우리가 삶이란 선물을 받아들고 어떻게 살아갈 것인가를 묻고 있는 것이며, 어디로 향하는 삶을 살고 싶은가를 묻고 있는 것이다. 그 물음과 질문에 답을 찾을 수 있게 해주는 것이 바로 꿈인 것이다. 우리의 삶을 어느 방향으로 이끌어 나가겠다고 하는 생각을 담고 있는 것, 마음의 의지, 그것을 묻는 것이다.

삶은 꿈을 현실로 만드는 과정이고, 거기에 삶의 의미가 있다. 꿈이란 우리가 살아가면서 이루고 싶은 것도 되겠고, 목표도 되겠다. 이런 것을 갖고 있다는 것은 삶에서 또 다른 의미를 갖게 하고, 잊거나 몰랐을 삶의 의미를 재발견하게 해준다. 세상은 우리에게 살아가면서 꿈이 있어야 한다고 일러준다. 그래서일까. 꿈과 관련된 많은 프로그램이나 연수과정들에 대해서 광고하는 것을 어렵지 않게 보게 되고, 우리들 중 누군가는 한두 번 정도 그런 프로그램이나 연수과정에 참가해서 꿈에 대한 동기를 부여받기도 했을 것이다.

지금에 와서 그렇게 받은 동기는 다 어디로 갔는지 허사 같은 마음이 드는 것은 아닌지 묻고 싶다. 그런 프로그램이나 연수에 참가해서 강의를 들을 때에는 꿈에 대한 동기를 부여받고 크든 작든 꿈을 갖고자 했을 것이고, 꿈을 가져야 한다며 며칠간은 꿈을 꾸고, 그 꿈을 이루고자 마음을 다잡아 본 적도 있었을 것이다. 얼마 동안은 그렇게 갖게 된 꿈을 꾸고, 이루려는 과정에서 잠시나마 행복감에 젖어들었던 때도 있었을 것이다. 그런데 지금은 어떤가?

생각해 보자. 지금 우리 자신이 어떤 태도이고, 어떻게 하고 있으며, 어떤 행동을 하고 있는지를 되돌아보자. 지금도 여전히 꿈에 대해서 물어보면 머리만 긁적긁적, "글쎄, 꿈이요?" 우물쭈물하고 있는 것은 아닌지….

"꿈이 무엇이냐, 꿈이 있다면 어떤 꿈이 있느냐?"라는 질문을 받게 될 때마다 바로 답하지 못하는 사람들이 많은 것 같다. 어떤 사람들에게는 이런 질문 자체가 스트레스가 되기도 할 것이다.

"꿈, 다른 데 가서 알아봐! 꿈이 뭔 필요 있어, 그냥 사는 거지. 다들 그렇게 살잖아, 봐봐! 바쁜 세상에 무슨 꿈 타령이야! 하루하루 바쁘게 뛰어다녀야 할 판인데, 무슨 꿈 타령이야."

맞는 말이다. 급변하는 세상에서 경쟁하며 살아간다는 것은 그만큼 힘들고, 헤쳐 나가기 어려움이며, 하루하루가 고달픈 과정일 수 있다. 그런 과정이라 해서 손쉽게 내려놓을 수 있는 것도 아니다. 살아가는 과정이 있기에 삶이 주는 무게에 따라 고달픔이나 힘겨움이 뒤따르기 때문이다.

흔히 "제 생긴 대로 사는 거지."라고 한다. 즉 능력 있는 사람은 능력 있는 대로 살아가는 것이고, 그렇지 않은 사람은 그에 맞춰 살아가는 것이라 말할 수 있다. 이쯤 되면 궁금해지는 것이 있다. '행복하고 성공하는 사람들과 그렇지 않은 사람들은 DNA가 다른가.'라는 생각이다.

또 그야말로 좋은 환경에서 태어나고 공부 잘해서 좋은 대학에 가고, 남이 부러워하는 대기업에 취업도 하고, 남부럽지 않게 잘 갖춰진 사람과 결혼도 하여 여유롭게 살아가는 사람들에게 꿈에 대해서 물어보면 어떤 대답이 나올지 궁금해진다. 그러면서 어렵고 힘들게 살아가는 사람들에게 꿈에 대해서 이야기를 해보면 어떻게 대답해 줄지도 궁금해진다. 가끔씩 우월한 유전자를 갖고 태어난 것처럼 멋지고 남이 부러워하는 인생을 살아가고 있는 사람들은 이구동성으로 말한다.

"인생은 꿈이 있어야 하고 그 꿈을 이루고자 열심히 살아가다 보면 이렇게 멋지고 행복한 삶을 살게 된다."

그렇지만 고단하고 여유 없는, 그야말로 하루 벌어 하루 살아가는 사람들로부터는 이런 말을 듣게 된다.

"인생이란 뭐 있어? 하루하루 고단한 삶이지, 죽지 못해 살고 있는 거지! 매일매일 이렇게 사는데, 무슨 꿈이 있어! 무슨 꿈 타령이야! 말 같은 말을 물어도 물어라!"

오히려 이렇게 말하면서 짜증을 내기도 한다. 인생의 끝은 아무도 모른다. 내일일 수도 있고, 모레일 수도 있으니까. 그런 경험을 해본 사람이라면 이 말에 공감할 것이다. 인생은 끝까지 다 살아 무덤까지 가봐야 안다고들 말하지 않던가. 그러니 누가 감히 삶의 미래를 내다보며 남은 우리의 삶이 이렇다 저렇다 말할 수 있겠는가. 어느 누가 신과 같은 흉내를 낸단 말인가.

한 치 앞도 내다볼 수 없는 어리석은 것이 인간이요, 인간의 삶이라던데, 오늘 살았다 해서 반드시 내일도 살 것이란 보장이 없는 삶인 것을! 회의론자懷疑論者처럼 말하려는 것이 아니다. 그 누구도 앞을 내다볼 수 없으니, 앞으로 우리의 삶이 어떻게 펼쳐질지 알 수 없다는 것이다. 그런 인생이기에 때론 한 방에 훅 일어나기도 하고, 때론 한 방에 훅 가기도 하니 한 수 요행僥倖을 바라는 바도 없지 않은 것이 인생인지도 모르겠다.

꿈이 도대체 무엇이기에 쉽게 말하지 못한단 말인가. 나름의 이유야 있겠지만, 쉽게 말하지 못하는 사람들은 대체로 2가지 부류로 나눌 수 있겠다. 한 부류는 정말로 꿈이 없는 사람이거나 꿈이 뭔지도 모르는 사람. 다른 한 부류는 꿈꾸는 게 무서운 사람. 우리는 어느 쪽 부류인가? 꿈이 없는 사람, 꿈이 뭔지 모르는 사람은 그 꿈이 뭔지를 알고 나면, 혹은 그 꿈을 갖게 되면, 더욱이 삶을 살아가는 데 왜 중요한지를 깨닫게 되면 자신의 꿈을 찾게 되고 그 꿈을 좇는 목표를 원대하게 세울 것이라 생각한다.

이런 부류의 사람들은 꿈이 없는 것이 아니라 자신이 진정으로 뭘 원하는지, 뭘 하고 싶은지, 뭘 이루고 싶은지 몰라서라고 할 수 있다. 그들이 진정 모르는 것은 자신과 자신의 삶에 대한 사랑과 가치이다. 자신이 받고 있는 삶의 축복이 어떤 것인지 모르기 때문인 것이다. 이런 사람들이 자기를 사랑하는 마음과 자신의 가치를 알고 자신의 인생을 새로이 꽃피울 꿈을 제대로 찾아내 그에 맞는 목표를 세운다면 행복하고 성공적이며 희망 있는 삶의 전주곡이 울려 퍼질 것이다. 꿈은 행복과 성공의 보증수표가 될 것이니까.

그렇지만 꿈을 꾸는 게 무서운 사람은 '자기가 뭘 해낼 수 있을까?'

스스로를 믿지 못하는 것이다. 스스로에 대해서 확신이 없고, 자신감이 없는 사람들. 즉, '이거 하고 싶은데, 할 수 있을까. 저거 하고 싶은데, 떨어지면, 실패하면….' 스스로 시도도 해보지 않고, 미리 지레짐작하여 겁을 먹거나 실패할까 봐 근심 걱정만 하고 있는 사람들이라 할 수 있다.

시도도 안 해봤는데, 실패는 무슨? 떨어질 것이 있어야 떨어지지. 그것이 가능하기나 한가? 애초에 자기 자신조차 믿지 않고 시도도 해보지 않았는데. 꿈을 갖기는커녕 뭘 하나라도 제대로 해낼 수 있겠는가. 그저 남이 꿈꿔 놓은 목표를 대신 이루어주려고 자신의 삶을 바치면서 그렇게 애쓰며 살아가는 것이라면 이 얼마나 힘겹고 고단한 삶이 되겠는가.

누군가 우리에게 "당신의 꿈이 무엇인가?"라고 묻는다면 어떻게 대답할 것인가. 대답하기 전에 겁이 먼저 나는 건 아니길 바란다. 아직 꿈을 갖지 못한 것인가. 아님, 생각을 해본 적이 없는 것인가. 어느 쪽인가? 그렇다면 언제 꿈을 찾거나, 생각해 볼 것인가. 더 이상 망설이지 말고, 하던 일 멈추고 '우리가 어떤 삶을 살고 싶은지.' 생각해 보자. 그리고 우리 자신의 삶을 그려보자. 누군가 말했다. "성공의 반대는 실패가 아니라 행하지 않는 것이다." 그렇다. 지금 당장 우리 자신의 꿈과 삶에 대해서 생각해 보자.

"꿈이란 무엇인가?" 사람마다 생각이 다를 것이다. 그렇기에 꿈에 대한 생각도 다를 것이다. 사람이 태어나 살아가는 환경이나 처한 상황이 다 다를 것이니 당연하다. 어떤 사람은 운이 좋아서 좋은 부모 만나 좋은 환경에서 호강하며 살아갈 수도 있고, 어떤 사람은 운이 지지리도 없고, 재수도 없어 고생고생하며 힘겹게 고단한 삶을 살아갈 수도 있다. 그렇다면 운이 좋은 사람은 평생 호강하며 살아가고, 운이 좋지 않은 사람은 한세상 생고생하며 살아가란 말인가. 이건 삶이 아니다.

삶은 그렇지가 않다. 운이 좋지 않은 사람도 자신의 운명을 바꿀 수 있는 것이다. "사주팔자를 고친다."라는 말이 있다. 그 말을 모르는 사람은 없을 것이지만, 그 말뜻을 모르는 사람은 많이 있는 것 같다. 그 말이 왜 나왔겠는가? 한마디로 '우리의 의지에 따라서 타고난 운명을 바꾸어 새로운 삶을 살아갈 수 있다는 것이다. 그것이 가능할 것이라 생각하는가? 우리의 타고난 운명을 바꿔줄 수 있는 것이 바로 꿈인 것이다.

"어차피 재수 없는 놈이니 그냥 내버려 둬, 그냥 이대로 살 거니까. 먹고 살기도 바쁘고 힘든데, 무슨 얼어 죽을 꿈 타령이야. 주어진 사주팔자, 어떻게 하라고? 왜 이토록 삶이 힘겹고, 고단한가!"

늘 한탄만 하고 있으려는가? 그런가. 그럼 그렇게 하고 있으면 된다. 아니 남의 꿈을 내 꿈인 양 좇아가거나, 그냥 아무런 생각조차 없이 살아가면 되는 것이다. 그런데 그냥 그렇게 살아가야 쓰겠는가? 한 번뿐인 인생이고, 축복받고 태어난 우리인데 그건 아니지 않은가. 제대로 해보기라도 했는가.

'세상에서 성공했다고 내로라하는 사람들이 어떻게 성공했는가!'를 보자. 어린이들은 말할 것도 없고, 어른들도 꿈속에서라도 한 번쯤 가

보고 싶다고 하는 놀이동산 디즈니랜드를 만든 월트 디즈니Walt Disney
는 "꿈을 꿀 수 있다면 이룰 수도 있다."고 했다. 이는 꿈을 갖지 않고
성공을 누릴 수 없으며, 꿈이 없는 인생은 행복한 성공을 차지할 수
없다는 것이다. 영국 극작가이면서 소설가이자 평론가인 버나드 쇼
George Bernard Shaw 역시 꿈에 대해서 한마디 했다. "꿈은 아주 하찮은
것도 위대하게 만들어 주며, 평범한 사람도 훌륭하게 바꾼다." 또한
호텔의 벨 보이에서 시작해서 호텔 왕이 된 콜래드 힐튼Conrad Nicholson
Hilton은 꿈과 관련해서 이렇게 말했다. "내가 호텔 벨 보이 생활을 할
때 나보다 뛰어난 사람들은 얼마든지 있었다. 하지만 그들은 나와 달
리 매일 생생하게 꿈꾸지 않았다."라고 말하면서 "노력이나 재능보다
훨씬 중요한 것은 성공을 꿈꾸는 능력이다."라고 했다.

성공했다고 하는 이 사람들이 한 말들은 무슨 뜻이며, 뭘 말하고 있
는가? 꿈이 무엇이기에 소위 성공한 사람들은 한결같이 꿈에 대해서
뭔가를 언급하고 있는가 말이다. 삶에서 꿈이 얼마나 중요하면 이렇
게 강조하는 것일까? 꿈이 무엇이기에, 꿈에는 어떤 힘이 있기에 우
리가 그렇게 바라는 행복하고 성공적인 삶을 안겨다 준다는 것인가.
이쯤 되면 꿈을 갖고 있지 않은 우리도 한 번은 꿈꿔봐야 되지 않겠는
가?

"모든 이의 책상 위에 컴퓨터를 올려놓겠다."라고 말했던 컴퓨터의
황제 빌 게이츠Bill Gates는 날마다 자신에게 두 가지 최면을 걸었다. 하
나는 "오늘은 왠지 큰 행운이 나에게 있을 것 같다."는 것이고, 다른
하나는 "나는 무엇이든지 할 수 있다."는 것이었다. 긍정적이고 확신
에 찬 최면. 꿈을 꾸고, 생각하면, 생각대로 된다는 것이지 않는가. 성
공한 사람들마다 말을 그렇게 하고 있으니 믿어도 될 것이다.

"나는 밤에만 꿈을 꾸는 것이 아니라, 하루 종일 꿈을 꾼다. 나는 생계를 위해 꿈을 꾼다."라고 영화감독 스티븐 스필버그Steven Spielberg 역시 꿈과 관련해서 말하고 있다. 이것이 삶에서 꿈이 주는 마력이다. 이 놀라움을 우리도 체험해 봄이 어떠한가? 마치 등대가 어두운 망망대해에 떠 있는 배를 인도하는 희망의 등불이 되는 것처럼, 꿈이란 우리가 살아가는 인생의 등대요 우리를 이끌어줄 삶의 희망인 것이다.

인생의 등대가 되는 꿈을 어떻게 꿔야 하는가? 먼저 우리가 어떤 삶을 살고 싶은지 생각해 보는 것이다. 우리가 선택하여 갈 길이 북쪽, 남쪽, 동쪽, 그리고 서쪽 방향이 있다고 하자. 어느 쪽 방향을 선택하여 갈 것인가? 일단 생생하고 선명하게, 하고 싶은 것을 찾아봐라. 물론 처음부터 생생하고 선명하게 찾아지지는 않는다.

처음에는 생생하지 않고, 안개 낀 것처럼 희뿌옇다 할지라도 자꾸자꾸 반복적으로, 점점 더 생생하게 그리고 점점 더 구체적으로 생각하며 찾다 보면 뭔가가 선명하게 그려지는 것이 있을 것이다. 그런 다음 우리가 삶에서 걸어가고자 하는 방향을 잡고 그 방향에서 우리 자신이 가장 이루고 싶은 것을 선택하라. 그것이 무엇이 되었든, 그것이 우리가 원하는 꿈이 될 것이다. 그 자체만으로도 우리의 가슴은 벅차게 뛸 것이다.

누군가 우리에게 "꿈이 무엇인가?" 물어본다는 건 우리 자신이 원하는 것이 무엇인지 분명하게 말할 수 있게 되고, 글로 적을 수도 있는 것을 찾으란 것이다. 그저 막연하게 생각하고, 대충 "이것이야!"라고 말하는 정도가 아닌 생각을 거듭한 끝에 찾아내어 글로 구체적으로 적을 수 있는 그런 뭔가를 찾아내란 것이다. "바로 이거야!" 하는 것이 없다면 '이것을 이루어 보겠다.'는 식으로라도 말이다. 정말로 꿈이 없으면 꿈을 만드는 것도 하나의 대안이 될 수 있겠다.

그럼 단순히 생각하여 찾아낸 꿈을 생생하고, 선명하게 꾸기만 하면 저절로 꿈이 이루어지는가. 그렇지 않다는 것쯤은 말하지 않아도 알 것이다. 그렇게 이루어지는 건 영화나 동화 속의 이야기일 뿐. "잠자고 일어났더니 하루아침에 스타가 되었다." 식의 인생은 그야말로 로또Lotto인 것이다.

인생에서는 생생하고, 선명하게 찾아낸 꿈을 이루기 위해 그에 맞는 대가를 지불해야 한다. 들어봤을 것이다. '세상에는 공짜가 없다.'는 '대가지불법칙代價支拂法則.' 삼척동자도 다 아는 사실이고, 우리가 유치원이나 초등학교에 들어가기 전에 이미 다 알게 되었던 사실. 새삼 모른 척하지 말자!

한 가지 생각해 보자. 홍시 좋아하는가? 초겨울 감나무에서 자연적으로 익은 홍시는 정말 맛있다. 까치도 탐낼 만큼 맛이 있다. 맛만 있는 것이 아니고, 영양 보충으로도 딱이다. 생각만 해도 군침이 도는 홍시! 그 맛있는 홍시를 먹고 싶어 감이 열린 감나무 밑에 서서 홍시가 떨어지기만을 기다려 봐라. 몇 날 며칠을 기다려 봐라. 그 감이 떨어지겠는가. 언젠가는 떨어지려니 하고 군침만 흘리며 기다리기만 하면 어느 세월에 홍시가 떨어지겠는가. 썩은 홍시라면 물러서 떨어질 수 있겠지만, 그런 홍시를 원할 리 없으니, 어림없는 일이다. 아마도 기다리는 홍시는 떨어지지 않고, 추위에 덜덜 떨어 감기에 걸려 헛고생, 헛수고만 할 것이다.

홍시를 먹고 싶다. 그럼 어찌해야 하는가? 긴 장대를 가지고 감을 따든, 직접 감나무에 올라가서 홍시를 따든 해야 할 것이다. 이도 아니면 '슈퍼나 마트에 가서 홍시를 사 먹든지' 해야 할 것이다. 그래야만 홍시를 먹을 수 있지 않겠는가. 추운 겨울날 감나무 밑에 서서 홍시가 떨어지길 기다리는 것보다야 훨씬 낫지 않겠는가. 홍시를 먹을 가능성도 그만큼 더 높고 말이다. 인생에서의 꿈도 마찬가지다. 꿈만 꾼다고 이루어지는 것이 아니라 생생하게 꿈꾸는 것을 현실로 이루어 내기 위해서는 그에 맞는 준비를 해야 하고, 실제 실행도 해야 한다는 이치다.

각종 언론매체에서 '꿈의 목록을 적고, 그것을 실현시켜 내는 사람'으로 소개되곤 하는 존 고다드John Goddard는 우리가 꿈꾸는 그 꿈을 현실로 이루어 내는 방법과 어떻게 노력을 해야 하는지에 대한 실천을 솔선수범해서 보여주고 있다.

1944년 미국의 로스앤젤레스, 어느 비 오는 날 오후! 열다섯 살 되던 존 고다드는 자기 집 식탁에 앉아서 할머니와 숙모가 나누는 이야기를 듣게 된다. 할머니가 숙모에게 "이것을 내가 젊었을 때 했더라면….."이라는 말을 들려줄 때, 그것을 들은 소년은 "나는 커서 무엇을 했더라면…이라는 후회는 하지 말아야지."라고 생각을 하게 된다. 그리고는 연필과 노란 종이를 가져다가 맨 위에 '나의 꿈의 목록'이라고, 쓰고 자신이 평생 동안 하고 싶은 것, 가고 싶은 곳, 배우고 싶은 것을 하나씩 기록했다. 그는 탐험가, 인류학자, 다큐멘터리 작가, 우주비행사 등등 127가지의 인생 목표를 적었고, 그 후 하나씩 하나씩 실천해 나갔다. 1972년까지 그중에서 103가지를 실천했고, 현재는 꿈이 500여 개 이상으로 늘어났다.

아마 지금쯤은 더 많은 꿈이 늘어났을 것이고, 더 많은 꿈을 이루어 내고 있을 것이리라. 존 고다드는 자신의 행동을 통해서 꿈을 이루는 가장 좋은 방법을 말해주고 있다.

"바로 목표를 세우는 것이고, 그 꿈을 향해 모든 것을 집중하는 것이다. 그러면 단순 희망사항이 꿈의 목록으로 바뀌고, 그 꿈의 목록은 이루어 내야만 하는 일의 목록으로 바뀐다. 그리고 마침내 이루어 낸 목록이 된다."

"무슨 소리 하는 거야?" 이렇게 말하려면 잠시 멈춰라. 의심을 품는 것은 좋으나 무작정 의심을 품는 것은 좋은 생각은 아니다. 존 고다드가 한 것에 의문을 갖는다면 사례 하나를 더 보자. 익히 잘 알려진 사실이고, 한 번쯤 들어봤을 그런 이야기이다.

하버드대학교와 예일대학교에서는 꿈과 목표가 사람의 인생에 어떤 영향이 있는가를 꾸준하게 조사해서 발표했다. '3% 꿈의 법칙'으로 확실한 꿈과 목표가 있고, 그에 맞는 장기계획을 갖고 실천한 사람들은 25년 후에 사회 각계의 최고 인사가 된다는 연구이다. IQ, 학력, 자라온 환경 등이 서로 비슷한 학생들을 연구대상으로 하고, 목표가 있는지를 조사한 후 25년 후에 이들이 어떻게 되었는지 추적조사를 한 결과는 놀라웠다.

명확하면서도 장기적인 목표를 갖고 있었던 3%는 자수성가한 사람을 포함하여 사회의 주도적 위치에서 영향력을 행사하는 사회 각계의 최고 인사가 되어 있었다는 점이다. 그리고 목표가 있지만 비교적 단기적인 것이었던 10%는 의사, 변호사, 건축가, 기업가 등 사회 중상

위층에 속해 있었으며, 목표가 희미하였던 60%는 대부분 안정적 생활을 하고 있었지만, 사회의 중하위층에 머물러 있었으며, 나머지 목표가 없는 27%는 모두 최하위 수준의 생활을 하고 있었고, 취업과 실직을 반복하고 사회가 구제해 주기만을 기다리는 생활을 하고 있었다.

우리는 사회에서 어떤 명예와 부를 누리고 싶은가? 꿈은 누가 대신 꿔주는 것이 아니다. 우리 자신이 직접 꾸는 것이다. 그 꿈이 크든 작든 우리가 꾸는 것이다. 그렇게 직접 꾼 꿈이기에 그 꿈을 믿어야 한다. 누가 뭐래도 마음 깊이 믿어 주어야 한다. 그것이야말로 진짜 우리 자신의 꿈인 것이다. 우리 자신을 당당하게 하고, 자신감 있게 해 주는 꿈이니까. '진짜 꿈'을 갖고 있는 사람이니까. 주위에 맞춰서 대신 꿔주는 꿈인 '가짜 꿈'을 갖고 있는 사람들보다야 훨씬 나을 것이다. 우리 자신의 꿈이니까. 우리 자신이 이루어낼 꿈이니까 말이다.

"세상은 스스로 돕는 자를 돕는다."는 말이 있다. 꿈을 갖고 있는 자만이 누군가의 도움을 받을 수 있다. 누군가가 이끌어줄 수도 있고, 그 꿈을 이루어 낼 발판도 마련해 줄 수도 있다. 그래도 그 꿈을 이루어 낼 주인공은 바로 나. 우리다. 우리가 우리 자신을 위해서 스스로를 이끌 수 있도록 해야 한다. 인생은 우리가 꿈꾸는 대로 살아가게 된다. '사주팔자도 저 하기 나름이고, 고친다.'는 말도 있다. 거기에 이 말을 더해 보자. '지성이면 감천感天'이란다. 이것은 무엇을 말해 주는가. 그릇에 물을 담는 것과 같은 것이 인생이라 할 수 있다. 어떤 그릇에 물을 담느냐에 따라서 담겨진 물의 모양이 달라지는 것과 같은 이치리라. 인생에서 운명은 정해진 것이 아니라는 것이다.

꿈은 우리 인생을 어떻게 살아갈 것인가에 대한 방향이고, 목표이다. 그리고 우리가 살아갈 인생에 대한 설계도를 그려낼 수 있게 하는 근원이 된다. 그렇기에 우리의 꿈은 생을 통해 다듬고 다듬어서 결국 이루어 내야 하는 인생의 생애사적 목표라 할 수 있다.

'코이 잉어'를 아는가? 일본인들이 기르는 관상어 중의 한 종류이다. 이 물고기는 자기가 처한 환경에 따라서 자신의 크기를 달리해서 자란다. 작은 어항에 넣어주면 5~8㎝ 정도 자라고, 커다란 수족관 또는 연못에서 키우면 15~25㎝까지 자라지만, 강물에 방류하면 90~120㎝까지 자란다. 코이 잉어는 환경에 따라 자신의 크기를 다르게 키우는 것이다.

우리의 인생도 코이 잉어와 비슷하지 않을까? 우리의 인생도 우리가 꿈꾸는 꿈의 크기에 따라서 달라질 수 있기 때문이다. 다시 말해 우리의 인생은 꿈의 크기에 따라 달라질 수 있으며, 그 꿈은 우리의 생각 크기가 어떠냐에 따라 달라지는 것이다. 그렇기에 스스로를 작은 세계에 가두지 않아야 한다. 생각의 크기와 노는 물을 바꿔야 한다. 우리의 생각과 크기에 맞는 꿈을 가져야 한다. 누가 감히 우리의 꿈을 막으랴. 그것도 우리의 진짜 꿈을!

1955년 KBS 방송동요로 발표되어 많이 알려진 '나뭇잎 배' 라는 동요가 있다. 우리도 한 번쯤 불러봤을 것이고, 들어봤을 것이다.

나뭇잎 배

낮에 놀다 두고 온 나뭇잎 배는,
엄마 곁에 누워도 생각이 나요.

　　　　　　　　　　　　　　　　Part 1. 나의 삶을 열어라

푸른 달과 흰 구름 둥실거리는
연못에서 사알 살 떠다니겠지
(생략)

노랫말과 가락의 조화가 잘 이루어진 정감이 있고 아름다운 서정적인 동요이다. 이 아름다운 노랫말을 우리가 말하는 삶에서의 꿈과 관련해서 보자. 연못은 인생이란 공간을 의미한다고 할 수 있다. 그러면 푸른 달과 흰 구름을 보면서 연못에서 떠다니는 나뭇잎 배는 발길 닿는 대로 삶을 살아가는 나그네라 할 수 있다.

물론 여유롭고 유유자적하며 한가롭게 인생을 즐기는 평화로운 모습으로 볼 수 있다. 그러나 달리 생각해 보면, 인생이란 연못에서 푸른 달과 흰 구름을 바라다보면서 갈 곳 없는 나그네가 되어 정처 없이 떠도는 이미지가 떠오르지 않는가. 인생은 연못처럼 작은 공간이 아니다. 망망대해, 그 끝을 알 수 없는 드넓은 공간. 그 안에 삶이 존재하는 것이 아니겠는가!

꿈은 이처럼 삶이란 망망대해에서 나그네처럼 정처 없이 떠돌며 살아갈지도 모를 우리를 이끌어 주는 방향이라 할 수 있다. 우리가 어디로 갈지에 대한 방향, 우리의 삶을 어디로 이끌고 싶은지에 대한 방향을 알려주는 것이다. 어디로 갈지에 대한 방향이 있어야 그에 맞는 제대로 된 준비를 할 수 있을 것이다. 방향도 없는데, 어디로 갈지도 모르는데 무슨 준비를 어떻게 할 수 있단 말인가.

그냥 뭔가 열심히 하는 것도 의미가 있는 삶일 수 있다. 하루하루가 소중한 삶이고, 그 과정 속에 하루하루의 의미를 담는 연속체이니까 말이다. 열심히, 성실하게, 그러나 무엇을 위해 '열심히'인지, '성실하게'인지 우리는 우리 자신을 좀 더 일깨워줄 필요가 있다. 그래서 우리가 가야 할 방향에 맞게 열심히, 성실하게 준비할 수 있도록 해야 한다. 그래야만 삶이란 시간을 더 알차고 풍요롭게, 주도적으로 그리고 여유롭게 우리의 삶을 위해 쓸 수 있지 않겠는가.

우리에게 주어진 삶. 그 유한의 시간 속에서 삶의 참 의미를 찾아 나서자. 어느 쪽으로 갈지에 대한 방향을 찾자. 그것이 행복이요, 성공의 시작점이다. 우리의 삶에서 변곡점變曲點이 될 것이니까. 지금 이 변곡점이 먼 훗날 우리의 인생을 행복이자 성공으로 이끌었음을 알 수 있게 될 것이다. 우리가 어디로 갈지를 알아야 출발할 수 있는 것이 아니던가. 그래야만 나설 용기가 생기는 것이 아니겠는가.

비전과
목표를 세워라

꿈이란 인생에 있어서 어떤 삶을 살아갈지에 대한 방향이다. 우리 스스로에게 이렇게 질문을 던져보자.

"지금부터 5년 후, 어디서, 무엇을, 어떻게 하고 있을까? 5년이 너무 길다면, 3년 후는 어떻게 하고 있을 것이며, 어떤 모습으로 살고 있을까. 이처럼 우리의 몇 년 후의 미래는 어떨 것이라고 생각하는가?"

우리의 미래 모습을 생각해 보면 어떤 모습으로 투영되는가. 미래의 모습이 밝을 수도 있겠고 아님 암흑처럼 캄캄하거나 불투명하여 한 치 앞도 내다볼 수 없을 수 있겠다. 사람들은 이런저런 각자의 미래 모습을 생각하며 꿈이 있다거나 없다고 단순히 말할 것이다.

"비전이란 무엇인가?"

비전! 비전Vision 하면 어떤 것이 연상되는가? 비전은 보는 것과 관계가 있는 영어 단어로 내다보이는 장래의 상황이란 뜻을 갖고 있다. 그러나 앞을 보긴 보는 것인데 단순히 보는 것만이 아니라 보이지 않는 미래까지도 내다보는 통찰력, 예지력, 직관력, 상상력 등을 가리킨다고 할 수 있다. 더 나아가서 꿈이 이루어지는 과정에서의 전망과 모습을 미리 보는 선견력을 담고 있다. 한마디로 자신의 꿈을 지향하는 과정 중 미래의 어느 시점에서 이루어낸 자신의 모습이라 할 수 있다.

그래서 비전이 있는 사람은 보통 사람들과 뭔가 다르다. 생각하는 것이 다르다. 세상을 보는 눈이 다르니, 행동하는 것 역시 다르다. 그들은 높은 이상을 품고 자신이 꿈꾸는 삶을 살고자 비전을 갖고, 그 비전을 이루어 내고자 그에 맞춘 목표를 세우고 노력한다. 그렇기에 우리와 달리 더 당당하게 보이고, 더 멋져 보이는 것이 아니겠는가.

미국의 강철 왕 앤드루 카네기Andrew Carnegie는 노동자의 아들로 태어났으며, 젊은 날 여러 직업을 전전하다가 철도회사에 취직했다. 그가 '최고의 철강 산업을 건설하겠다.'는 비전을 갖고 노력하지 않았다면, 미국의 강철 왕이 되지 않았을 것이다. 또한 샘 월튼Sam Walton이 '내 점포를 갖고 싶다.'는 비전을 갖고 있지 않았다면 오늘날 월마트는 없었을 것이다. 빌 게이츠 역시 '모든 이의 책상 위에 컴퓨터를'이란 비전을 갖고 있지 않았다면 마이크로소프트사를 창설하지도 못했을 것이고, 오늘날의 마이크로소프트사로 성장시키지도 못했을 것이다.

어떤가, 비전의 잠재적 힘에 대해서 감이 오는가. 비전은 삶을 새롭게 변화시켜 줄 내재된 힘을 갖고 있는 에너지인 것이다. 누가 그 잠재된 힘의 에너지를 삶으로 이끌어 내느냐 하는 것이다. 비전은 삶에서 참으로 중요한 요인 중의 하나가 된다. 그렇기에 '비전을 가져라.'라는 것이 아니겠는가. 우리가 살아가는 삶의 원동력이요, 에너지라 할 수 있기 때문이다.

우리가 인생을 살아가다 보면 세상에 부닥쳐서 때론 쓰러질 때도 있겠고, 넘어질 때도 있겠으며, 주저앉고 싶을 때도 있을 것이다. 또한 세상으로부터 원하는 것을 얻지 못한 실망감에 때론 모든 걸 다 내려놓고 어디론가 훌쩍 떠나고 싶었을 때…. 그럴 때마다 다시 일어날 수 있게 해주고, 제자리를 찾게 해주는 그 힘, 그것이 바로 꿈과 비전이다.

살아온 날보다 살아갈 날이 더 창창하게 남아 있거나, 살아온 날보다 살아갈 날이 적다고 해도 우리 자신의 삶이 다하는 그날까지 우리 자신을 이끌어 주는 원동력과 에너지가 없다면, 현재보다 더 나은 삶으로의 발전을 기대하기 어렵고, 보람된 가치 있는 삶이 되기는 더욱 어려울 것이다.

우리는 비전이 있는가. 있다면 그 비전은 무엇인가. 우리의 삶을 이끌어 주고, 우리의 미래를 밝혀주는 비전, 그 비전이 있는지, 있다면 무엇인가 묻는 것이다. 뉴욕 타임즈의 창시자인 아돌프 옥스Adolph S. Ochs가 '세 사람의 석공'에 대해서 한 이야기가 있다. 그의 글을 읽어 보면 삶의 에너지가 무엇인지를 잘 깨닫게 된다. 즉 비전이 삶에서 얼마나 중요한지, 비전이 삶에 있어서 어떤 에너지를 갖고 있는지를 명확히 보여주고 있는 것이다.

중세시대에 한 젊은이가 길을 가다가 길가에서 세 명의 석공을 만나게 되었다. 그래서 그들에게 무슨 일을 하느냐고 물었더니 하나의 질문에 대한 세 사람의 대답은 모두 달랐다. 하나의 질문에 세 사람의 대답이 모두 달랐다는 것은 무슨 의미가 있는가? 삶에 대한 생각과 그것을 대하는 방식이 저마다 다르다는 것이다.

첫 번째 석공은 "보면 모릅니까? 돌을 다듬고 있지 않습니까? 등뼈가 휘도록 일해도 몇 푼 받지 못하지요, 정말 고된 작업입니다. 정말 못 할 일입니다." 이렇게 대답하는 것이었다. 그리고 두 번째 석공은 "가족들을 먹여 살리기 위해 일을 하고 있지요. 집을 짓고 있는 중이지요. 이런 험한 일은 먹고사는 일만 해결되면 안 할 겁니다."라고 대답을 하는 것이었다. 그런데 세 번째 석공의 대답은 달랐다. 세 번째 석공은 "성당을 짓기 위해 돌을 다듬고 있습니다. 제가 다듬는 돌이 성당 건물의 일부지만 완성되면 정말 아름다운 건물이 될 겁니다. 성당이 완공되면 꼭 보러 오세요."라고 대답하며 흥얼거리면서 다듬던 돌을 계속해서 다듬기 시작했다.

만약 우리가 석공이라면 어떤 석공처럼 대답했을 것인가. 첫 번째와 두 번째 석공은 마지못해서 일을 하고 있었다는 것을 금방 알 수 있다. 단지 생계수단으로만 일을 하고 있었던 것이리라. 그런데 세 번째 석공은 미래에 완성될 아름다운 성당을 생각하며 긍정심을 갖고 돌을 다듬고 있었던 것이다. 똑같은 일을 하고 있는 세 사람 중에서 누가 더 보람과 행복감을 느끼겠는가? 똑같은 일을 하면서도 석공 세 사람은 모두 다르게 그 일을 받아들이고 있었던 것이다.

왜 그럴까? 어찌하여 똑같은 일을 하면서도 그 일을 받아들이는 것은 다른가. 첫 번째나 두 번째 석공과 달리 세 번째 석공은 자신이 하는 일이 완성되었을 때의 모습을 그리며 긍정심을 갖고 일을 하였기에 행복할 수 있었던 것이고, 그렇기에 흥에 겨워 즐겁게 일을 할 수 있었던 것이리라. 세 번째 석공은 비전을 갖고 있었던 것이다. 그 비전은 세 번째 석공에게 삶을 살아가는 의미와 행복을 안겨주는 에너지요, 원동력이 되었던 것이다.

이 사례를 통해서 우리가 잊고 넘어가서는 안 될 중요한 것이 있다. 무엇인가. 그것은 '자신의 삶을 살고 있느냐, 아니냐.' 하는 것이다. 우리가 지금 직장인이라면, 하루에도 수십 번 사표를 썼다 찢었다 할 것이다. 그런데 정작 사표를 내지 못하는 것은 왜일까? 무엇 때문에 그러지 못하는 것일까? 내지도 못할 사표를 뭣하러 그렇게 하루에도 수십 번 썼다 찢었다 하는 것인지…….

첫 번째 석공은 돈만을 목적으로 일을 했던 것이고, 두 번째 석공은 가족을 먹여 살리기 위한 의무감에서 일을 했던 것이다. 그러나 세 번째 석공은 자신이 하고 싶은 일을 자신을 위해 하고 있었던 것이다. 이것이 첫 번째와 두 번째 석공과 다른 점이다. 세 번째 석공이 이들 두 사람과 다르게 일을 받아들일 수 있었던 것은 비전이 있었기 때문이다. 비전은 누구를 위함이나 의무감에서 나오는 것이 아니라, 자신을 위하는 삶을 살기 위한 긍정심을 갖고 있을 때 비로소 나오게 되며, 갖게 되는 것이다.

1880년 6월 27일 미국 알리바마주의 작은 시골마을에서 건강하게 한 아이가 태어났다. 그러나 태어난 지 19개월쯤 되었을 때 뇌척수막염으로 목숨을 잃을 뻔했다. 간신히 살아나긴 했지만, 그 여파로 시각과 청각을 모두 잃었다. 그럼에도 불구하고 작가, 교육자, 사회주의 운동가로서 미국 인문학계 학사를 받은 최초의 시각·청각 중복 장애인이 되었으며 그렇게 살아가다 88세로 생을 마쳤던 사람이 있다. 누군지 알겠는가? 헬렌 켈러Helen Keller다. 헬렌 켈러는 "이 세상에서 가장 불행한 것이 뭐냐고 물어오면, 나는 그럴 때마다 볼 수는 있으되 비전이 없는 것이라고 대답한다."고 말했다고 한다. 이는 비전이 없는 삶은 볼 수 있는 눈을 잃어버린 것보다 더 비참하다는 것이다. 우리는 시각과 청각을 모두 갖고 있지만, 어쩌면 비전이 없는 비정상인은 아닐는지!

"Boys, be ambitious!"란 말을 많이 들어봤을 것이다. 이 말은 당시 일본 삿포로 제국대학교에서 일본 청년들을 가르치던 미국인 식물학자 윌리엄 클라크William Smith Clark가 한 말이라 한다. 한편 이 말은 미국 동부 뉴잉글랜드 지방에 널리 퍼져 있는 말이기도 하다. 흥미로운 것은 미국 동부 뉴잉글랜드 지방에서 위대한 사람들이 많이 나왔다는 점이다. 아마도 어릴 적부터 'Boys, be ambitious!'란 말에 충만되어 있었기 때문일까? 'ambitious'란 단어가 가지고 있는 미래의 이룸에 대한 내재된 에너지가 그것을 가능하게 한 것이리라.

우리가 비전만 갖고 있으면 되는가. '아니다.'란 즉답이 나온다. 비전만 갖고 있다고 해서 그 비전이 이루어지는 건 아니란 얘기다. 비전만 갖고 있다고 이루어진다면 누구나 비전을 갖고 있을 것이고, 다 행복하고 성공적인 삶을 살아갈 것이다. 누가 불행한 삶을 살고 싶겠는가? 그렇다면 비전과 함께 해야 할 것이 뭐가 있겠는가? 비전과 함께 해야 할 것은 바로 목표를 세우는 것이다. 비전을 이루기 위한 장기 목표와 단기 목표를 세우는 것이다.

감나무 밑에서 감이 떨어질 때까지 기다리는 것이 아니라, 감을 어떻게 딸 것인가에 대한 방법을 찾는 것과 같은 이치다. 건물이 세워지기 위해서는 그에 맞는 설계도가 나와야 하고, 시공을 하기 위해서는 공정표가 나와야 작업이 진행이 되는 이치와 같다. 우리의 삶에서도 비전만 있으면 되는 것이 아니다. 그 비전에 맞춰진 구체적 장기·단기 목표가 세워져야 하고, 그것을 하루하루 계획성 있게 실행해 나가야 한다.

공자가 '위정편爲政篇'에서 말씀하시길 "나는 15세 때 학문에 뜻을 두었고志學, 30세가 되어 자신의 입장을 가졌으며而立, 40세 때에 확신을 얻었다不惑. 그리고 50세가 되어서 천명을 알았으며知天命, 60세가 되어 남의 말이 순수하게 들렸으며耳順, 70세가 되자 마음이 하고자 하는 대로 행동하여도 법도에 어긋나지 않게 되었다從心."고 했다. 공자께서도 자신의 삶을 위한 비전을 이루고자 장기·단기 목표를 세워 놓고 삶을 사셨던 것이다. 다시 말해 공자께서는 영어 단어를 모르셨기에 비전이란 말을 사용하지 않으셨지만, 어떻게 삶을 내다보며 살아가야 할지를 일러주셨던 것이다.

미국의 초대 대통령이 된 링컨Abraham Lincoln은 노예 해방이란 비전을 갖고 목표를 세웠으며, 조선조 제4대 임금 세종대왕世宗大王은 한글 창제란 원대한 비전을 갖고 있었던 것이다. 그리고 조선 중기의 명장 이순신 장군은 거북선 발명이란 통찰력 있는 비전을 가슴에 담고 있었나니. 그뿐이랴, 올림픽 금메달이란 목표를 갖고 피나는 노력을 해 왔던 전 국가대표 피겨스케이팅 선수 김연아는 2010년 동계 올림픽에서 금메달, 2014년 동계올림픽 은메달을 땄으며, 축구의 천재가 되겠다던 박지성 선수도 작은 체구이자 평발로 열심히 노력한 결과 축구 최고의 명문가인 맨체스터 유나이티드에 입단하게 되었다.

비전을 갖고 목표를 세워 성공한 사람들을 롤 모델로 삼아 의지를 갖고 따라해 보기라도 하자. 해보고 후회라도 하자. 적어도 해보지도 않고 우리 스스로를 부정하거나 능력이 없다고 단정 짓지 말자.

"내가 뭘 할 수 있겠어, 아무런 소질도 없는데."

"나는 아둔하고, 머리도 나빠."

"학력도 그렇고, 더군다나 나를 도와줄 사람도 아무도 없고, 배경도 없는데, 뭘 하겠어, 뭘 할 수 있겠어."

"흙수저인 내가 말이야!"

설사 그렇다 해도 누가 도와주겠는가. 주저앉아 울고 있다고 누가 우리에게 관심을 가져주고 우리를 일으켜 세워주고, 흐르는 눈물을 닦아 주겠는가? 우리가 우리 자신을 도와주지 않거나 일으켜 세우지 않는다면, 우리를 도와주고 일으켜 세워줄 사람은 아무도 없다. 설령 도와주고 싶거나 일으켜 주고 싶은 사람이 있다고 해도 그리 하지 않을 것이다. 그렇기에 우리 스스로 우리 자신에게 체념하듯 말하지 말자.

현대그룹 고 정주영 회장은 늘 이렇게 말했다고 한다. "해봤어? 해봤냐?" 그래, '제대로 해보고 하는 소리인지.' 스스로에게 물어보자. 그리고 답을 내는 과정에서 절대로 남의 탓을 하지 말자. 오히려 남의 탓을 할 시간에 무엇을 해야 되는지 생각해 보는 게 현명한 태도니까 말이다. 남을 탓해야 무슨 소용이 있겠는가, 제 입만 아프다. 지금 우리의 모습은 우리가 만들어 낸 모습이다. 과거의 과정에서 오늘의 모습이 된 것이다. 부정하려는가? 내일의 모습이 어찌될지 궁금한가? 내일의 모습은 이미 오늘 우리가 만들고 있다. 오늘 우리가 한 것으로 만들어지는 것이고, 그것이 하루하루 쌓이다 보면 미래의 우리 모습이 되는 것이다. 책임은 항상 우리 자신에게 있다. 남에게 있는 것이 아니다.

지금의 태도가 가장 중요한 것이고, 그 태도가 미래의 우리 모습을 결정하는 것이다. 남의 탓을 하지 말고, 우리 자신에게 변명하지 말자. 꿈도 갖고 있고, 비전도 있으니 그냥 저절로 뭔가가 이루어질 것이라고 생각해서는 안 된다. 꿈은 인생의 방향이고, 비전은 도달할 시점이 정해진 점이다. 그리고 이에 도달하기 위한 장기·단기 목표가 없으면, 하나의 이상理想일 뿐이고, 환상幻想일 뿐이며, 환영幻影일 따름이다.

이를 현실로 실현시키기 위해서는 행함이 있어야 한다. 철저한 실행이 있어야 한다. 그리고 실행을 제대로 하기 위해서는 단계적 실천 계획이 있어야 한다. 꿈을 향한 비전, 그 비전을 현실로 실현시켜 낼 목표, 그리고 단계적 계획이 빠지면 아무것도 안 된다.

『비전으로 가슴을 뛰게 하라』의 저자 제시 스토너Jesse Stoner는 비전에 대해 방점을 찍었다.

"우리가 살아가는 힘은 우리가 살아가는 인생의 비전에서 온다. 비전의 첫 번째 요소는 목적이다. 비전의 두 번째 요소는 뚜렷한 가치다. 비전의 세 번째 요소는 미래의 청사진이다."

얼마나 멋진 말인가. 아무리 명확한 비전이 있다 해도 그것을 이루기 위한 장기·단기 목표를 제대로 세우지 못한다면 아무런 소용이 없다. 그러니 지금 당장 자신이 바라는 꿈과 비전을 생각하고 현실로 실현시키기 위한 장기·단기 목표부터 세우도록 하자.

목표가 있는 사람과 목표가 없는 사람은 인생의 출발점이 다르다. 물론 인생의 출발점이 같다고 해서 출발 조건이 같다는 것을 의미하는 것은 아니다. 출발점이 같다고 해서 출발 조건도 같은 줄로 착각하는 사람들도 일부 있다. 우리가 힘들어하는 것도 출발점이 같으나 출발 조건이 다르기 때문이다. 출발 조건이 다르기 때문에 많은 사람들이 미리 포기하거나 좌절하기도 하고 허탈감에 빠지게 되는지도 모른다. 그렇다고 해서 그냥 이대로 주저앉아 있을 텐가, 그렇게 하고 싶다면 그렇게 하라! 제 인생 제 마음대로 한들 누가 뭐라 하겠는가.

전 미국 대통령 케네디John F. Kennedy가 목적에 대한 중요성을 일깨워 준다. "목적과 방향이 없으면 아무리 노력하고 용기를 가져도 부족하다." 100만 불짜리 성공계획을 실천하여 27세 나이에 백만장자가 되었으며, 『기부 왕 폴 마이어의 좋은 습관 24가지』의 저자인 폴 마이어Paul J. Meyer 역시 "모든 것을 실현하고 달성하는 열쇠는 목표 설정이다. 내 성공의 75%는 목표 설정에서 비롯되었다. 목표를 명확하게 설정하면 그 목표는 신비한 힘을 발휘한다. 또 달성 시한을 정해 놓고 매진하는 사람에게는 오히려 목표가 다가온다."고 말하고 있다. 이는 자신의 미래 인생의 방향을 정해주는 것은 자신이 품고 있는 꿈과 비전이며, 이에 대한 장기·단기 목표가 필요하다는 것이다. 이래도 비전과 목표를 무시할 건가.

목표는 인생을 살아가는 데 있어 바로 어떤 행동을 결정짓게 하고

Part 1. 나의 삶을 열어라

움직이게 하는 중요한 요인이다. 마음속에 자리 잡은 목표는 결국 스스로의 행동을 지배하는 강력한 메시지이며 에너지가 된다. 목표를 설정한다는 것만으로도 이미 성공이 시작되었다고 볼 수 있고, 성공할 것이란 믿음을 갖게 할 것이다.

왜 그런가 하면, 성공했다고 하는 사람들은 하나같이 목표가 있었고, 목표 지향적 생각과 행동을 했다는 것이다. 그들은 보통 사람과 달리 삶에서 자신들이 원하는 삶과 원하는 바를 알고 있었으며, 자신을 바로 세워 누구의 생각에도 치우침 없이 자신의 생각에 맞춰 올곧게 오랜 시간을 하루같이 목적한 바를 이루는 데에만 전념했다. 그들은 늘 말하곤 한다. "목표를 이루는 데에 전념하기에도 시간이 늘 부족하였다."

항간에 이런 말이 있다. '킬링 타임' 즉, '시간 죽이기'를 들어봤을 것이다. 소중한 우리의 삶을 갉아먹는 킬링 타임을 하루에도 얼마만큼 하고 있는지 생각해 보자. 목표를 가짐으로써 반드시 행복하고 성공적인 인생을 보낼 수 있다는 메시지를 주고 있는 오리슨 마덴Orison Marden 박사의 『성공설정목표연습장』에는 "목표를 세워라, 목표는 인간에게 영원한 생명을 준다."라고 적혀 있음을 생각해 보면, 목표가 인생에서 어떤 의미인가를 새삼 느껴볼 수 있으며, 목표에 내재된 잠재적 힘에 대해서 짐작해 볼 수 있다.

우리들 중에 이렇게 말하려는 사람도 있을 것이다. "나는 이루려고 하는 목표가 있는데, 잘 되지 않는다." 목표가 있고 없음이 중요하지만, 더 중요한 것은 그 목표를 어떻게 갖고 있느냐가 더 중요한 것이다. 단순히 마음속으로 목표를 갖고 있으며 그 목표를 이루겠다는 마음으로 노력하는 경우, 물론 목표를 아예 갖고 있지 않은 사람보다야 낫겠지만 그것은 그리 큰 마력을 부리지 못한다. 마력을 부리고 부리지 않고는 목표가 있으되 그 목표를 '글로 적었느냐, 적지 않았느냐.'에 달려 있다.

대부분의 사람들은 목표를 글로 적거나 작성하지 않는다. 그저 마음속으로 갖고 있을 뿐, 겉으로 드러내 놓지는 않는다. 이것이 보통 사람들인 우리들 중 일부가 보여주는 일반적 태도이다. 우리와 달리 성공한 사람들은 자신의 목표를 어떤 식으로든 적어두었다는 것이다. 그런데 우리는 성공한 사람들과 달리 우리 자신이 원하는 바를 구체적으로 명확하게 글로 작성하지 않고 생각에 머물러 있었다는 점이다. 우리가 갖고 있는 목표를 어떤 식으로든 적어두지 않으면, 우리의 삶이 표류하게 되는 것이다. 우리는 '머리가 알고 있는 것을 가슴이 알 것이다.'라고 착각하지 말아야 한다. 머리의 냉정함과 가슴의 열정이 함께할 때 가능하다는 것이다.

'거친 풍랑을 만난다 해도, 비바람이 몰아쳐 앞을 막는다.' 해도 이를 견뎌내고, 이겨내며 뚫고 지나가 결국 목적한 항구에 닿을 수 있는 배처럼 우리가 삶을 어떤 식으로 살아가겠다는 비전과 그를 실현할 목표를 글로 적어둔다면, 허망하여 좌절하고 주저앉고 싶을 때도, 너무너무 힘들어 모든 것을 중도 포기하고 싶어질 때도 우리가 이겨내고, 살아갈 수 있게 하는 힘을 주는 것이고, 나갈 수 있게 하는 방향을 찾아주는 마법이 되는 것이다.

이런 마법의 힘이 바로 적어놓은 목표에서 나온다 했는데, 인간의 타고난 천부적 어리석음으로 인해서일까. 알면서도 하지 않는 버릇. 못 하는 것이 아니라 하지 않는 버릇. 된다고 하는데도 하지 않는 것은 왜일까? 아마 지금도 다른 생각을 하고 있을지도 모른다. 왜 그렇게 되는 걸까.

　우리는 미완성의 작품인 인간으로서 게으름, 안이安易, 망각 또는 자기 합리화에 능한 고등동물이다 보니 저마다의 합리적 이유가 있지 않겠는가. 잠시 생각해 보자. '매년 송년과 신년에 어떻게 하고 있는지.' 금세 무슨 뜻인지 알 것이다. 우리만이라도 그렇게 하지 않기를 바랄 뿐이다.

　그럼 목표는 어떻게 세우면 좋은가? 목표를 잘 세우는 방법은 없는가? 사람들이 말하는 목표를 들어보면, 추상적이거나, 화려한 어휘로 포장되어 있기도 하며, 이루지 못할 것들도 포함된 경우도 있다. 때론 목표가 너무 이상적으로 높거나, 반대로 너무 낮게 세워진 경우도 있다. 한마디로 좋은 목표는 "구체적이어야 한다." 그렇다고 무조건 구체적인 것이 좋은 목표라 할 수 있는 것은 아니다.

　자신의 꿈과 비전에 맞춰 자신을 이끌어 주고, 이를 이루어 내고자 하는 의욕을 높여주는 구체적인 목표라야 좋은 목표라 할 수 있다. 간단하고 단순한가. 그런데 여러 번 목표를 세우면서도 목표 달성에 실패하는 것은 무엇 때문일까? 그것은 그냥 거저먹으려 하는 공짜 마음 때문인 것이다.

　"외상이면 소도 잡아먹는다."는 속담이 있다. '뒷일은 어떻게 되든지 생각하지 않고 우선 당장 좋으면 그만인 것처럼 무턱대고 행동함을 비유적으로 이르는 말'로 공짜를 경계해야 한다는 뜻이다. 사람들은 어떤 형태로든지 열심히 목표를 세우기는 한다. 그런데 그 목표를 달성해내기 위해서는 열심히 노력해야 하는 것을 알면서도 노력하기에는 덜 애를 쓰는 것 같다. 물론 목표를 세웠으니 여기서 끝! 이런 마음은 아닐 것이지만, 노력한다는 것 자체가 쉬운 것도 아니니 싫은 것도 당연하다.

노력하기 싫어하는 것은 인간이 태어날 때부터 지금까지 이어져 온 역사적 DNA지 싶다. 그러면서도 노력하지 않으면서도 세운 목표가 긍정적으로 잘 이루어지기를 바라는 마음이 없지 않아 있으니, 사람들은 목표를 일부러 두루뭉술하게 세우는지, 아님 손쉬운 목표를 세우는지 모르겠다. 자기합리화를 위한 최선의 방책.

예를 들어 보자. "나는 하루에 영어를 2시간씩 공부를 한다." 또는 "나는 하루에 책을 꼭 열심히 읽는다."는 목표를 세웠다고 하자. 그렇게 세워진 목표는 달성의 여지가 거의 없다는 것이다. 성공한 사람들은 목표 지향적이며 결과 지향적이라 했다. 그것이 뜻하는 바가 무엇인가! 바로 세운 목표가 제대로 이루어졌는지에 대한 성과를 피드백할 수 있느냐 없느냐가 중요하다는 것이다. 이 점이 우리가 세운 목표와 다른 것이다. 우리가 세운 목표를 아마도 성공한 사람들이 세운다면 '나는 하루에 영어책을 2쪽씩 공부, 영어단어 100개씩 암기한다.' 또는 '하루 『○○○책』 30쪽씩 읽고 그 내용과 느낀 점 간략하게 적어놓기' 식으로 세울 것이다.

보통 사람들과 성공한 사람들이 세우는 목표가 어떻게 다른지 알 것이다. 따라서 꿈과 비전에 맞춰진 장기·단기 목표 설정을 실행 지향적 또는 결과 지향적으로 세워야 한다. 그럼 목표를 잘 세우려면 어떻게 해야 하는가?

첫째, 삶의 의욕을 북돋아주는 것으로 하라.

그럼 삶의 의욕을 높여주는 구체적인 것이란 뭘까? 예를 들어 "영어를 공부한다." 식이 아니라 "영어로 해외여행을 다녀온다." 식으로 목표를 세우는 것이다. 또한 생애적 꿈과 비전을 이루어 내기 위한 목표를 설정하기 위해서는 장기·단기 목표를 세우고, 단기적 목표의 성취 결과가 장기적 목표 지향적이어야 하며, 장기적 목표결과가 비전 이룸에 지향적이 되고, 결국 자신의 꿈을 이루어 내는 연결된 비전 설정이 되도록 하는 것이다.

둘째, 성과 지향적이고 피드백을 얻을 수 있도록 하라.

추상적으로 짜인 계획은 실현도 막연하다. 구체적인 수치에 의한 성과 지향적 결과와 피드백을 얻을 수 있는 목표를 세워야 한다. 목표는 그것을 실현해 내는 과정에서 하나하나 스스로 책임감을 갖게 해주는 기준, 측정 가능한 하위 목표가 반드시 있어야 한다. 예를 들어 흔히 말하는 "나는 돈을 많이 벌 거야." 식으로 목표를 세우면, 얼마를 벌어야 목표를 달성시킨 것인지 원하는 결과를 얻어낼 수 없다. 그렇다면 '나는 10년 후에는 10억을 벌 거야, 그렇기 위해서는 1년에 1억씩을 벌고, 1달에 834만 원을 벌고, 하루에 27만 8천 원을 벌고, 1시간에 1만 천육백 원을 번다.' 식으로 목표를 세워야 하고, 어떻게 하루에 27만 8천 원을 벌 수 있는지에 대한 세세한 실행 방법을 세워놓는 것이다. 그리고 그것에 따른 구체적 피드백을 받을 수 있도록 하는 것이다.

그런데 목표를 이룸에는 주체적으로 이루어 내는 절대적 가치의 목표 이룸과 상대적 가치의 목표 이룸이 있다. 절대적 가치의 목표는 자기 의지로 목표를 달성해 내겠다는 긍정적·적극적인 목표인 반면, 상대적 가치의 목표는 자신의 노력에 의한다기보다는 타인이 노력하지 않아서 얻게 되는 결과에 의한 수동적 목표이다. 여기서 중요한 것은 상대적 가치의 목표 이룸이 절대적 가치의 목표 이룸보다 더 정신적·육체적 에너지를 소모하게 되며 그에 따른 스트레스도 더 많이 받게 된다는 것이다.

"친구 따라 강남 간다."는 말이 있듯이 특별히 물건을 살 요량도 아니면서 친구가 쇼핑하러 간다니까 덩달아서 따라갔던 경험이 있었을 것이다. 그때 어떠하였는가? 우리가 물건 살 목적으로 쇼핑을 하게 되었을 때보다 훨씬 더 피로를 느꼈던 경험이 있었을 것이다. 그것은 목적 없이 쇼핑할 때가 목적을 갖고 쇼핑할 때보다 더 정신적·육체적 에너지를 많이 소모하게 되기에 그렇다. 그렇기 때문에 상대적 가치의 목표가 아니라 절대적 가치의 목표를 세우도록 해야 하고, 자기 의지에 의하여 세워진 목표를 이루어 내도록 해야 한다.

셋째, 생애사적 가치관에 부합되는 내재된 자신의 목표를 세워라.

목표에는 우리 자신의 꿈과 비전, 사명이나 가치관, 우리의 관심사가 반영된 '내재적 목표'가 있고, 주위에서 정해줬거나, 주위의 요구에 의해서 억지로라도 이루어야 하는 의무감으로 인한 '외재적 목표'가 있다. 내재적 목표는 최선을 다해서 이루어 내려는 의지를 갖게 하고, 이를 이루었을 때 즐거움과 기쁨을 안겨주지만, 외재적 목표는 외부의 힘에 의한 목표로서 이루어 내는 과정에서 스트레스를 많이 받게 하고, 설사 그 목표를 이루어 냈다고 해도 큰 보람과 기쁨을 맛보지 못한다.

오늘날의 초·중·고등교육은 대학을 가기 위한 교육이고, 대학생활은 곧 취업을 위한 것이 되어 버렸다. 초·중·고등 교육과정을 통해 대학으로 향하는 교육을 받으며, 어떻게 하면 대학에 잘 갈 수 있는지만을 생각하며 그 과정을 마친다고 볼 수 있다. 내재적 목표든 외재적 목표든 대학 진학이 유일한 목표가 되고, 무엇을 해도 다 대학을 잘 가기 위한 방법에 맞춰져 있다고 볼 수 있다. 그래서일까? 초등학생에게 물어봐도 그렇고, 중학생도 그렇고 고등학생도 역시 그랬다. 학생들 대부분은 하나같이 같은 목표를 갖고 있었다. 그것은 좋은 상급학교에 진학하는 것이었고, 최종적으로 좋은 대학에 진학하는 것이었으며, 좋은 직장에 취업하기 위한 것이었다.

하나같이 좋은 학교에 진학하는 것이 목표라고 말하곤 하는 이들의 말을 듣고 있노라면, 재미있기도 하고, 안타깝게 느껴지기도 한다. 이렇게 말하곤 하는 학생들에게 "대학에 가고 싶다고 했는데, 무슨 과에 진학하고 싶은가?"라고 다시 물어보면, 이들의 대답은 "글쎄요." 혹은 "거기까지는 구체적으로 생각해 보지 않았다."고 말하며 말을 흐리거나 회피하는 경우가 상당수다. 또다시 "어느 대학을 목표로 공부하느냐?"고 물어보면, "목표한 대학은 몇 군데 있지만, 구체적인 것은 수능시험 결과가 나와 봐야 알지 않겠느냐?"고 반문하는 식이다.

인생은 점수다. 적어도 우리나라에서는 점수에 의해서 판가름 난다고 볼 수 있을지도 모른다. 그러니 선先 점수에 후後 목표. 삶이 점수에 의해서 판단되고, 인생의 이정표마저도 점수에 의해서 정해져야 한다는 것이 아이러니하다. 어쩜 고학력인 대한민국 대부분의 사람들이 저행복인 원인이 여기에 있는 듯하여 서글퍼지기까지 한다.

적어도 이제부터라도 우리가 하고픈 것을 하면서 살아가기 위해서 생애사적 관점에서 우리 자신의 가치관에 부합되는 꿈과 비전을 실현해 나갈 수 있는 절대적 가치의 목표를 세워 실천해 나가야 한다.

넷째, 목표를 생각이 아닌 글로 작성하라.

마지막으로 우리의 내재적 목표를 세웠다면, 그 목표를 반드시 글로 작성해 놓도록 해야 한다. "글로 적으면 현실이 된다."는 말도 있듯이, 목표를 단지 머릿속에만 담고 있지 말고, 글로 적어서 자신의 목표가 세상 속에 그 실체를 드러내게 해야 한다. 성공한 사람들은 자신의 목표를 글로 적어 놓았다. 우리도 우리 자신의 목표를 글로 적어놓고 목표달성을 위한 출발을 새로이 해보는 것이 어떤가. 단지 목표를 글로 적어놓는 그 자체만으로도 힘과 에너지를 갖게 됨으로써 목표의 절반은 이루어진 것이라고 하니, 꿈과 비전을 실현하기 위한 내재적 목표를 세우고, 그 목표를 글로 적어서 실체를 드러내 놓고, 자기와 약속하고 책임질 수 있도록 하는 것이다.

그렇다면 정말로 꿈과 비전을 실현하기 위한 목표를 글로 적어놓기만 한다고 해서 그 목표가 실현될 것인가. 목표를 실현시키기 위해서는 하나 더 필요한 것이 있다. 집중이다. 집중을 하기 위해서는 선택이 선행되고, 몰입이 뒤따라야 한다. 선택과 몰입! 인터넷을 검색해 보면 목표 수립에 대한 다양한 방법들이 검색된다. 그런데 자칫하면 목표 수립에 대한 다양한 방법들만을 수집하게 되거나, 그와 관련된 해박한 지식만 쌓을 수 있게 된다.

지식을 쌓는 것이 나쁜 것은 아니나, 시간을 낭비하지 말아야 한다. 인생을 살아감은 지식보다는 지혜이고, 실천이기 때문이다. 우리에게 중요한 것은 우리의 꿈과 비전을 실현하기 위한 목표를 이루는 방법

Part 1. 나의 삶을 열어라

을 선택하고 그 방법에 의해서 내재적 목표를 설정하고 설정된 목표를 이루기 위한 몰입이 수반되어야 하는데, 목표 수립에 대한 방법론적 지식만 쌓아서는 안 된다.

그렇기에 그저 '열심히'가 아니라 살아가고자 하는 '생애사적 방향'과 그에 맞춰진 '꿈과 비전', 그리고 '가치관'을 바탕으로 내재적 목표를 수립하는 것이 필요하고, 그 목표를 글로 적어놓은 후 실행 계획에 맞춰 하나씩 또는 한 단계씩 노력해 나가는 몰입 자세를 갖는 것이 중요하다. 이것이 성공에 이르는 최고의 비결이요, 행복한 삶을 살아가게 하는 최선의 방법이라 할 수 있다.

사명감을 갖고
가치관을 정립하라

사람은 누군가의 자식으로 태어나 부모의 보살핌에서 성장하고, 배우게 된다. 그리고 사회에 나가 직업을 갖고, 경제적으로 독립하게 되면서 비로소 자신의 삶을 살아갈 수 있게 된다.

지금 사회인이 되어 살아가는 사람들 중의 누군가는 사랑하는 사람을 만나 열심히 연애를 하고 있는 사람도 있을 것이고, 사랑하는 사람과 결혼하여 남편이 되거나 아내가 되어서 행복한 삶을 꾸려나가는 사람도 있을 것이다. 그리고 2세를 낳아서 누군가의 아빠 혹은 엄마로서 살아가는 사람도 있을 것이고, 며느리나 사위를 보고, 손자 손녀를 얻어 아빠나 엄마에서 할아버지나 할머니가 된 사람도 있을 것이다. 이렇듯 사람들은 살아가는 일련의 과정에서 저마다의 역할을 맡게 되곤 한다. 그런데 그 역할에 맞는 삶을 살아가기 위해서는 무엇보다도 경제력이 뒷받침되어야 제대로 그 역할을 해낼 수 있게 된다. 특히 경제력은 혼자 역할로서 살아갈 때보다는 결혼하여 가정을 꾸리고, 자녀를 낳고 부모가 되는 역할로 살아갈 때 더 중요하게 된다.

요즈음 결혼을 미루거나, 결혼은 하지 않고 연애만을 하려는 사람이 늘어나고 있다. 설사 결혼은 했어도 자녀를 낳지 않는 무자녀 부부도 많이 늘어나고 있으며, 자녀를 낳는다 해도 한 자녀 정도. 그러다 보니 혼자 살아가는 1인 가구가 늘어나는 추세이다. 이와 같은 현상은 자신에게 투자하는 시대적 분위기가 반영된 것이기도 하고, 한편으로는 일에 대한 전문성을 갖춰 사회적 인정과 성취에 대한 높은 가치를 부여하는 시대적 가치관의 변화가 반영된 것도 있겠으나, 여론조사 등에 따르면 '경제적인 이유'가 우선하는 것으로 나타났다.

여기서 생각해 볼 것이 있다. 경제력을 갖는다는 것. 그야말로 돈을 번다는 것. 그 방법에 대해서 생각해 볼 필요성이 있지 않을까 한다. 돈을 버는 방법은 사람마다 다 다르겠지만, 한 가지로 통일되는 것은 '일을 한다.'는 것이다. '일을 한다.'고 하면 '무슨 일을 하느냐.'에서 '어떻게 일을 하느냐.'로 꼬리를 물게 된다. 세상은 사람 수만큼이나 다양한 종류의 일들로 가득 채워져 있으며, 자신 또는 가족을 위해 자신이 선택한 일을 하며 살아가고 있다.

일과 수입관계를 잠시 생각해 보자. 일에는 많이 버는 일과 상대적으로 적게 버는 일이 있을 것이고, 자기에게 잘 맞는 일과 잘 맞지 않는 일이 있을 것이다. 대부분의 사람들은 하고 싶으면서도 수입이 많은 일을 원할 것이기에 이런 조건을 갖춘 일은 대부분의 사람들이 희망하는 분야가 될 것이다.

경우에 따라서는 우리가 하고 싶은 일이기에 수입이 크지 않은 일을 하기도 한다. 이것은 좋아한다는 것에 더 가중치를 둬서 선택한 일이라 할 수 있다. 그렇지만 하고 싶지 않으나 수입이 많아서 하게 되는 경우도 있다. 이는 수입에 가중치를 둬서 선택한 일이라 할 수 있다. 그런데 하고 싶지도 않고 수입도 크지 않은 일을 하는 경우가 있다. 대부분의 사람들은 이런 일을 하고 싶어 하지 않는다. 왜일까? 자신이 좋아하지도 않는데 보수까지 적으니 하고 싶은 마음이 없는 것은 당연한 일. 마지못해 선택할 수밖에 없는 종류의 일이기에 그렇다.

우리가 일과 관련해서 생각해 봐야 할 것이 또 하나 있다. 그것은 '우리가 많이 벌고 하고 싶은 일을 한다고 해서 그것이 우리를 즐겁게 하고, 행복하게 하는가.' 하는 것이다. 처음 당장은 '하고 싶은 일을 하니까', '수입도 많으니까' 즐겁고, 재미있으며, 행복하다 느낄 것이나, 그런 마음이 오래 지속될 것이라고는 장담하지 못할 것이다.

돈을 많이 벌어, 가족들과 오붓하고 윤택하게 살아가려는 사람도 있겠고, 혼자 살아갈 수 있는 세상이 아니기에 주변 사람들과 함께 더불어 살아가는 데 더 의미를 두고 그 속에서 행복함을 느끼며 살아가려는 사람들도 있겠다. 결국 어디에서 어떻게 행복감과 성공적인 삶을 느끼느냐는 사람마다 갖고 있는 가치관에 따라서 달라질 수 있으며, 더 나아가서는 일에 대한 사명감을 갖고 있느냐에 달려 있다고 하겠다. 그렇기에 우리가 행복하고 성공적인 삶을 살아간다고 느낄 수 있기 위해서는 우리의 가치관에 맞는 일, 그 일을 함에 있어 사명감을 가질 수 있는 일을 찾도록 해야 한다.

급격하게 변화하고, 나날이 발전하는 21세기 현대 사업사회에서 일의 생로병사 주기는 점점 더 짧아지고 있다. 그에 따라서 요구되는 역량은 늘어나고 있고, 전문성을 요구하는 능력 중심 환경 속에서 가치관에 맞고 사명감을 가질 수 있는 일을 찾기란 그리 쉽지 않을 것이다. 그야말로 취업하기도 힘든데 가치관에 맞고, 사명감을 가질 수 있게 하며, 평생 행복감을 느끼며, 성공하는 삶을 살아갈 수 있는 일자리를 찾기란 아주 많은 노력을 기울여야 될지도 모른다.

일에 대한 '사명감'이란 어떤 일을 함에 있어 그에 대한 책임감과 보람을 느끼는 것이라 할 수 있다. 물론 좋아하는 일을 하면 자연히 보람도 있고, 책임감도 가지며, 사명감도 느낄 것이다. 그런데 이렇게 마음에 드는 일을 찾기란 어쩜 행운일 수 있다. 그런 행운을 찾기 위한 노력을 기울이기보다는 우선 직업을 갖고 돈을 벌어 보자는 식의 방법이 잘못되었다는 것은 아니다. 급변하는 세상이고 저성장 시대이며, 인공지능AI, 산업로봇 등으로 대체되는 산업인력 구조에서 취업이 어려우니 충분히 그럴 수 있으며, 그렇게 하는 것이 더 현명한 것일 수 있다. 그런데 평생직업의 시대에 커리어를 무시할 수 없고, 지금 당장 배가 고프다 해서 급히 밥을 먹으면 체할 수 있기에 조금이라도 마음의 여유를 갖고 자신을 이해하고 최소한의 경력개발을 생각하면서 자신에게 맞는 일을 선택하려는 자세가 필요하다는 것을 말하고 싶은 것이다.

100세 시대에 살고 있는 우리는 죽기 직전까지 일을 하면서 살아가야 되는 시대적 운명에 처해 있다. 말 그대로 평생직업의 시대 아닌가. 우리가 평생 일을 해야 한다면, 일생 동안 사명감을 갖고 멋지게 해보고 싶은 일을 찾아보고, 그에 맞는 경력개발을 지금부터 준비하는 것이 필요한 것이다. 책임감과 보람을 느끼는 일에 대한 사명감을 갖는 것으로 우리가 원하는 삶에 더 가까이 다가갈 수 있게 되고, 더 우리다운 삶을 살아갈 수 있게 되는 것이다. 여기서 더 중요한 것은 꿈과 비전에 맞춰진 계획과 실행, 그리고 실천이다.

우리의 마음은 어떤 마음으로 가득 채워져 있는가? 만약 우리가 꿈과 비전만 있고, 사명감과 가치관이 없다면 그 꿈은 진정한 꿈이라 할 수 없으며, 좋고 생생한 꿈이라 해도 그 꿈을 이루고자 하는 거시적·미시적 비전을 갖고 있지 않다면, 이 또한 진정한 꿈이 아니다. 그리고 아무리 거시적·미시적 비전을 갖고 있다 해도 그것을 실현하기 위한 장기·단기 목표를 세워놓지 않았다면 그것은 이루어질 수 있는 꿈이 아니다. 비록 장기·단기 목표를 세웠다 해도 그 목표를 달성할 실행계획을 세우지 않았으며, 실행이 없다면 그것 역시 이루어질 수 있는 꿈이 아니다. 그것은 몽상가가 꾸는 망상에 불과할 뿐이다.

주위를 둘러봐라, 얼마나 많은 몽상가가 오늘도 여전히 망상을 꿈꾸고 있는지…. 행복한 삶을 살고 있다는 사람들, 성공했다고 하는 사람들을 보라. 그들은 자신이 하는 일에 사명감과 삶에 대한 가치관을 갖고 있다. 그렇기에 그들은 일에 대한 보람과 긍지를 느끼며 지칠 줄 모르는 에너지를 쏟아부으며 열심히 살고 있다. 무엇이 그들을 슈퍼맨으로 만들었는지 생각해 봐야 한다.

미국의 영화감독으로 유명한 스티븐 스필버그Steven Spielberg는 "자신의 사명에 따라 살아간다면 아침에 일어날 때 너무나 흥분되어 아침식사를 할 수가 없다."라고 말했다는데, 믿겨지는가. 그의 말대로라면, 우리도 사명감을 갖고 우리의 삶을 살아간다면 우리의 삶을 환희와 희망으로 행복하게 장식하고, 성공하는 삶의 에너지를 갖게 될 것이다. 우리도 행복하고 성공하는 삶을 살아갈 수 있다는 것이다. 믿어지지 않는다면, 우리의 롤 모델로 삼아보기라도 하자.

또한 성공한 사람들은 자신의 꿈과 더불어 자신의 사명을 글로 적어 놓았다는 것이다. 글로 적어 놓은 '사명선언문'을 보면서 삶에서 오는 피로를 풀곤 하였다고 한다. '자기계발서'나 '성공지침서'를 보노라면 하나같이 사명이 중요하다 말하고 있다. 우리도 삶과 일에서 우리 자신만의 사명과 가치관을 찾아내고, 그것을 글로 적어보자.

왜 사명선언문이 중요한지에 대해서 좀 더 생각해 보자. 우리의 앞날인 미래는 장밋빛 대로를 달려갈 때도 있겠고, 비포장 도로를 달려갈 때도 있겠다. 구불구불 난 험한 길을 걸어갈 때도 있을 것이고, 아예 길이 없는 곳에 길을 내며 걸어가는 경우도 있을 것이다. 진흙탕 같이 발이 푹푹 빠지는 길로 잘못 들어가서 헤맬 때가 왜 없겠는가.

이렇듯 인생길이 어떤 정해진 길로만 가는 것이 아니고 그때마다 매번 선택한 길로 걸어가야 하다 보니 때론 너무 험난하기도 하고, 때론 너무 힘들어서 가던 길 멈추고 돌아서고 싶은 때도 있고, 그만 그 자리에 털썩 주저앉고 싶을 때도 있으며, 그렇게 주저앉은 채로 오랫동안 쉬고 싶을 때도 있을 것이다.

더욱이 어디로 가야 할지 방향을 잃어버리기도 하고, 어떻게 가야 할지 막막하기만 할 때도 있을 것이다. 희망이 하나도 없어 하늘이 내려앉아 천지가 암흑 같이 참담하게 느껴지는 세상 같을 때도 있을 것이다. "이러려고 태어났나? 이것이 축복받고 태어난 우리의 삶이란 말인가."라고 탄식하면서 머리 한편에서 또 다른 절망감으로 극단의 생각까지 휘감길지도 모르는 순간도 있을 것이다. 그렇다고 주저앉아 마냥 있어 본들 뭐가 해결되는 것이 있겠는가.

그래도 우리가 가야 할 길이라면, 그리고 우리가 선택한 길이라면 어찌하겠는가! 주저앉아 있어도 내 인생, 앞으로 걸어 나가도 내 인생. 이 모두가 내 인생인데…. 이렇듯 갈팡질팡하는 순간에 놓일 때, 사명선언문이 필요한 것이다. 그것에 의해서 신기하게도 그렇게 복잡하게 생각되었던 것들이 한순간에 걷히고 어떻게 살아갈지에 대해서 분명해지고 또렷해지는 것이다. 우리가 나아갈 삶의 방향에 대해서 분명하게 투영해 볼 수 있게 되는 것이다. 그것을 작성하면 뒤죽박죽 복잡하게 엉켜 있을 생각들이 하나의 기준에 의해서 일사불란하게 정리가 되고, 더 나아가 삶이 주는 의미를 새롭게 받아들이며, 자신을 긍정적으로 바라보게 되어 자신에 대한 효능감을 더 높고 새롭게 느끼게 되는 것이다. 상상만 해도 얼마나 가슴 뛰게 좋은 일인가.

20세기 최고의 성공철학자로 평가받는 『Think and Grow』의 저자 나폴레옹 힐Napoleon Hill은 매일 아침 "내 힘은 넘쳐나고 있다. 내 힘의 한계는 없다. 난 무엇이든 할 수 있는 능력을 가지고 있다."는 말을 외치라고 했다. 왜냐하면, 이렇게 외침으로써 마음속에 담고 있는 막연한 희망을 밖으로 투영되도록 하고, 사명선언문에 적혀 있는 글자들의 의미와 그 의미에 의해서 연상되는 영상들이 떠오르면서 반복적으로 뇌에 자극을 줌으로써 자연스럽게 받아들일 수 있게 하려는 의도였다. 그렇게 받아들인 뇌는 의식적이든 무의식적이든 우리가 사명선언문에 적혀 있는 의미대로 노력하도록 우리 스스로를 그렇게 만든다는 것이다. 그냥 넘기지 말고 마음으로 한 번만이라도 받아들이고, 실천해 보자. 영국의 극작가이며, 소설가·비평가로 유명한 조지 버나드 쇼George Bernard Shaw의 사명선언문을 보자.

사명 선언문

횃불처럼 살고 싶다.
인생의 진정한 기쁨은
스스로 가장 중요하게 여기는 목적을 위해
자신이 쓰이는 것이다.
세상이 자신을 행복하게 만들어 주지 않는다고
불평하며 배 아파하고,
열병을 앓는 이기적인 고깃덩어리는
진정한 기쁨을 얻을 수 없다.

나는 나의 인생이 전체 사회에 속해 있으며,
내가 살아 있는 동안
사회를 위해 무엇인가 할 수 있다는 것이
나의 특권이라고 생각한다.

나는 죽을 때 내 자신이
완전하게 소진된 상태이기를 원한다.
내가 더 열심히 봉사할수록
나는 더 오래 살아남기 때문이다.

나는 이러한 목적을 가지고 인생을 즐긴다.
나에게 인생은 곧 꺼져 버릴 촛불이 아니라
일종의 찬란한 횃불이다.
이 횃불을 다음 세대에 넘겨주기에 앞서
내가 들고 있는 동안은 되도록
환히 타오르게 만들고 싶다.

버나드 쇼의 사명선언문을 읽어보니 어떤 느낌이 드는가? 앞으로의 삶을 어떻게 살아가야 할지에 대해 생각하게 하지 않는가.

"말이 씨가 된다."는 속담이 있다. 이와 비슷한 말로 "원하는 것이 있다면, 산에 올라가서 원하는 것을 큰 소리로 3번 외쳐보라, 그러면 그 소원이 이루어진다."는 말도 있다. 말에는 그만큼 힘이 있다는 것이다. 말은 생각의 결정체이고, 마음의 에너지가 분출되는 것이다. 마음속에 간직되었던 마음의 정수가 밖으로 터져 나오면서 세상에 알려져 스스로 세상과 약속을 하게 되는 것이다. 그렇게 외치는 동안 뇌가 자극을 받아 무의적으로 원하는 것을 얻고자 노력하게 되고, 결국 소원이 이루어진다는 것이다. 그래서 사명감을 갖는 것이 중요한 것이다.

우리가 살아가는 삶에 사명을 찾아야 한다. 그리고 그 사명을 단순히 머리에 담아 두는 게 아니라 글로 적어 세상에 알리는 것이다. 사명선언문을 그냥 작성만 하지 말고, 작성한 사명선언문을 통해 이 사람, 저 사람에게 자신이 어떤 삶을 살아가려고 하는지, 또는 살고 있는지를 알려야 한다. 우리가 어떻게 살아가려고 하는지를 세상에 알려 세상과 약속하고, 그 약속을 지키고, 그것을 지키려 노력하게 될 때, 우리는 행복하고 성공하는 삶을 살아가게 되는 것이다.

가치관은 삶에 대한 근본적인 태도요, 판단기준인 것이다. 살아가면서 옳은 것, 바람직한 것, 지켜야 할 것, 해야 할 것, 또는 하지 말아야 할 것 등에 대한 생각이라 할 수 있다. 이러한 가치관은 삶에서 어떤 것을 선택할 때 그 선택 기준이 될 수 있는 태도가 되기 때문에, 우리의 삶에서 사명선언문과 가치관은 꿈과 비전과 더불어 인생의 핵심이라 할 수 있다.

가치관에 대해서 생각해 보게 하는 좋은 글귀가 있다. 1990년대 미국 얼터너티브Alternative 문화의 상징적인 밴드인 너바나Nirvana의 멤버이자 리더였던 커트 코베인Kurt Cobain의 가치관을 보자.

가치관

열정 없이 사느니 차라리 죽는 게 낫다.
가장 큰 죄악은 허세 부리는 것이다.

젊은 날의 의무는 부패에 맞서는 것이다.
서서히 사라지기보다 한번에 타 버리는 것이 낫다.
비록 태양이 사라져도, 나는 한 줄기 빛을 얻으리라.
다른 누군가가 되기를 원하는 것은 자신을 버리는 것이다.

필요한 것이 있다면 주저하지 말고 먼저 다른 사람에게 물어보라.
다른 누군가가 되어 사랑받기보다는,
있는 그대로의 나로서 미움받는 것이 낫다.

자기계발 전문가 · 베스트셀러 작가인 앤서니 라빈스Anthony Robbins도 『네 안에 잠든 거인을 깨워라』를 통해 가치관에 대해서 한마디 했다.

"가치관은 결정을 이끌어 내고 그럼으로써 운명을 인도한다."

이렇듯 가치관은 인생에서 판단의 핵심 역할을 하는 것이다.

"나는 일생 동안 아프리카인의 투쟁에 헌신해 왔다. 나는 백인이 지배하는 사회에도 맞서 싸웠고, 흑인이 지배하는 사회에도 맞서 싸웠다. 나는 모든 사람이 조화롭고 평등한 기회를 갖고 함께 살아가는 민주적이고 자유로운 사회를 건설하는 이상을 간직해 왔다. 그것이야말로 내가 목표로 하고 성취하고자 하는 소망이다. 필요하다면 그런 소망을 위해 죽을 준비가 되어 있다."

이 말은 전 남아프리카공화국 대통령 넬슨 만델라Nelson Mandela가 자신의 가치관을 묻는 질문에 대답한 말이다. 그는 자기 삶의 목표와 가치를 명확하게 세우고, 오직 그 길로만 걸어간 사람이었다.

우리 자신에게 이렇게 물어보자. 돈을 추구하는가, 명예를 추구하는가. 그 질문에 답을 하게 하는 판단 근거, 그 근거가 가치관이며, 어떻게 살아갈지에 대한 태도를 갖게 하는 것이 가치관이다.

여기서 중요한 것이 있다. 우리는 혼자 살아가는 것이 아니다. 다른 사람들과 함께 살아가기 때문에 서로의 생각이나 가치관이 다를 수 있다. 더욱이 가치관이란 것은 주관적이기 때문에 변화하기도 하고 유지되기도 한다. 다른 사람의 가치관 역시 그러할 것이다.

흔히 "세대차이 난다."란 말을 들어봤을 것이고, 그렇게 사람들과의 관계에 대해 선을 그어버린 적도 있을 것이다. "세대차이 난다."란 말을 해보기도 했을 것이다. 세대는 시대적 변화를 안고 있기에 세대차이가 나는 것은 당연한 것. 시대의 변화 속에서 환경의 영향을 받는 사람들 아닌가. 또한 어렸을 때는 덜 성숙된 단편적인 시각에서 갖게 된 가치관이라면, 어른이 되고, 지식과 경험을 통한 성숙한 지혜를 바탕으로 갖게 되는 가치관은 분명 다를 것이다. 그러니 그 다름을 인정해야 되지 않겠는가.

우리 자신도 옛날에 가졌던 가치관과 지금의 가치관이 같은 사람도 있겠고 다른 사람도 있겠다. 우리 누군가도 그렇지 않은가. 바로 그거다. 그렇기 때문에 세대차이로만 치부하고, 무조건 선입견을 갖고 세상 사람들을 대하는 것은 결코 옳은 태도가 아닐 것이다.

70세를 맞은 서유석 씨가 들려주는 인생 이야기인 '너 늙어 봤냐, 나는 젊어 봤단다'라는 노래가 있는데, 그 가사가 참 재미있다. "너 늙어 봤냐, 나는 젊어 봤단다. 이제부터 이 순간부터 나는 새 출발이다." 이렇게 시작되는 노래인데, 듣고 있노라면 단순 재미를 넘어 앞으로의 인생을 어떤 자세로 어떻게 살아가야 하는지에 대해서 일깨워주고 있어 그 여운이 오래가는 노래이지 싶다.

신문이나 방송에서도 나이 든 사람과 젊은 사람, 2030과 4050의 세대 간의 관점이 다르다고들 한다. 다른 것이 정상이고, 다름이 있는 것이 당연하지 않은가. 시대가 변하고 있는데, 어찌 같을 수가 있겠는가. 시대는 살아 움직인다. 선거 때마다 불거지는 보수주의니 진보주의니 하는 이분법도 어찌 보면 서로의 가치관이 다른 데서 오는 결과일 것이다. 단순히 옳고 그름의 문제가 아니라 가치관의 차이에서 나타나는 것임을 인정하는 지혜를 갖는 것이 필요하다. 가치관이 다른 사람들을 이해하고, 함께하려는 노력을 해야 한다. 그렇기에 우리는 지혜를 갖춰 나가야 하는 것이 아닐까.

아침에 눈을 떠서 밤에 잠들기까지 우리는 매 순간 선택을 해야 한다. 한순간도 선택을 하지 않을 때가 없을 것이다. 의식하든 의식하지 않든 말이다. 지금도 뭔가를 선택했거나 선택하고 있지 않은가. 항상 그 선택은 진행형에 있다. 선택하는 순간에 과거가 되고 그 선택에 의해서 미래의 결과가 나오는 것이 삶인 것이다. 우리가 살아간다는 것은 매 순간순간 선택의 연속이고, 그런 선택된 것들의 연결이 살아가는 증표요 역사가 된다고 할 수 있다.

그런데 가치관이 없다면 어떻게 되겠는가. 선택에 기준이 없다면 참으로 혼란스러울 것이다. 그런 혼란의 순간순간에 선택의 기준이 되어주는 가치관이야말로 우리의 삶에서 필요한 요소의 하나이다. 우리가 우리 나름의 확실한 가치관을 갖고 있지 않다면 바로 결정하지 못하고 우왕좌왕할 것이고, 그러다 보면 선택의 시기를 놓치게 될 것이며, 우리 자신에게 찾아든 기회를 놓치게 될 게 뻔하다.

그럼 어떤 가치관을 가져야 하겠는가? 지금 갖고 있는 가치관이 어떤 가치관인가. 그 가치관이 삶에 대한 수동적이고 소극적 자세를 갖게 하는 것인가, 아니면 긍정적이고 적극적인 자세를 갖게 하는 것인가. 우리의 삶에서 수많은 선택과 판단을 하게 되는데 가치관이란 일상의 판단 근거뿐만 아니라, 우리 삶에서 이루고자 하는 꿈을 실현하기 위한 목표와 목표를 달성하기 위한 수단까지 결정하는 중요한 역할을 하게 된다.

만약 우리가 소극적이고 숙명론적인 가치관을 가진다면 어떻게 되겠는가. 보나마나 어려운 상황에 처하게 되면 쉽게 체념하고 좌절하는 우리가 될 것이다. 그래서 적극적인 가치관을 가져야 하는 것이고, 적극적이고 진취적인 가치관을 가진다면 비록 어렵고, 힘든 상황에 처한다 해도 그 어려움의 원인이 무엇인지 분석하고 끝까지 좌절하지 않고 그 상황을 적극적으로 극복할 수 있는 방법을 모색하여 그 상

Part 1. 나의 삶을 열어라

황을 헤쳐 나오게 되는 에너지원이 되는 것이다. 우리가 행복하고 성공적인 삶을 살아가기 위해서는 적극적인 가치관을 갖는 것이 필요하며, 그 가치관은 우리가 세상을 살아가는 '핵심가치와 원칙이요, 태도'가 될 것이다.

신념을
가져라

신념信念이란 무엇인가? 우리의 신념은? 우리가 살아가면서 세상을 바라보며 지키고자 하는 마음. 그야말로 굳게 믿는 마음. 그런 게 있는가?

신념은 마음속에만 품고 있는 것이 아니고, 실행함으로써 겉으로 나타나는 것이다. 베스트 작가이면서 카운슬러, 시인이고 『나를 바꾸는 데는 단 하루도 걸리지 않는다』의 저자인 주얼 D. 테일러Jewel D. Taylor는 "신념은 명사가 아니라 동사라는 사실을 명심하라, 신념은 실천하면서 얻어지는 것이지 말로써 얻어지는 것은 아니다."라고 했으며, 당대 지휘 거장인 A. 토스카니니Arturo Toscanini는 이렇게 말하고 있다.

"신념은 인간에게 가장 중요한 것이다. 그러나 아무리 굳은 신념이 있더라도 가슴속에 품고 침묵으로 일관하고 있으면 아무 소용이 없다. 어떤 대가를 치르더라도, 생명을 걸고서라도 반드시 자신의 신념을 발표하고 실천하는 용기가 필요하다. 여기에 비로소 신념이 생명을 갖게 되는 것이다."

　신념이란 우리가 어떤 일을 했을 때나 하려고 했을 때, 그 일이 옳다고 믿는 것이다. "믿음대로 된다."는 말이 있다. 강한 믿음을 가지고 행하면 인간의 운명까지도 바꿔 놓을 수 있다. 우리가 어떤 마음을 갖고 행하느냐에 따라 우리의 운명까지도 바꿔 놓을 수 있는 것이다. 우리 주변에는 강한 의지와 믿음을 가지고 참으로 성실하게 열심히 피와 땀을 흘리며 살아가는 사람들이 많다. 때론 그들이 살아가는 모습을 보면서 "꼭 저렇게 살아가야 하는 것인가."라는 회의적인 생각이 들다가도, "그래, 저렇게 살아가야 하는 것이야, 저게 세상을 살아가는 방법이고, 모습인 것이야." 하면서 잠시 나약해졌던 마음을 다잡기도 하고, 새로이 고쳐먹기도 한다.

　왜 그럴까? 그들의 모습을 통해서 우리는 '강한 신념을 갖고 있는 사람들은 어떠한 어려움과 역경이 닥쳐와도 그 운명에 굴하지 않고, 그 운명을 헤치고 나갈 수단과 방법을 찾으려 더욱더 노력한다.'는 것은 물론 어떤 자세로 어떻게 삶을 살아가야 하는지를 깨닫게 되기 때문이다. 비슷한 처지나 환경에 있는 사람들이라 해도 어떤 사람은 쉽게 좌절하여 타락의 늪에서 헤어나지 못하기도 하고, 어떤 사람은 거뜬히 그 환경이나 처지를 헤치고 일어서는 모습을 주위에서 보곤 하는데, 이 또한 신념이 있느냐에 달린 것이다.
　의학적으로 가능성이 없다고, 희망이 없다며 사망선고 같은 최종진단을 받았음에도 '나을 수 있다.'는 강한 신념으로 몇 년간 노력하여 완치한 환자들뿐만 아니라 저 멀리 중앙아메리카의 니카라과에서 선천적으로 양팔이 없이 태어났고, 16세 때에 기타를 배우겠다고 했을 때 모두들 불가능하다고 말했음에도 불구하고 1987년 9월 15일 요한 바오로 2세 교황 앞에서 'Never Be The Same'이란 곡을 발가락으로 멋지게 연주해서 세상을 감동시켰던 기타리스트 토니 멜렌데즈 Tony Meléndez. 과연 무엇이 이들을 가능하게 만들었을까? 신념 아니겠는가.

'할 수 있다.'는 강한 믿음은 우리를 불가능에서 가능으로 옮기는 기적 같은 힘을 갖고 있으며, 우리의 운명까지도 바꿔 놓을 만큼의 강력한 희망 에너지를 갖고 있는 것이다. 강력한 희망 에너지는 불가능해 보였던 것을 실제로 이루어지게 해주는 기적 같은 마력을 지니고 있는 것이 분명하다. 그런데 사람들이 신념을 갖고 있다 말하지만, 그 신념은 사람마다 그 마음의 정도가 다 다를 것이다. 그렇기에 살아가는 방식도 다 다를 것이고, 세상으로부터 얻어내는 것 역시 다를 것이다.

우리의 신념은 얼마나 강하며, 그 신념으로 이 세상에서 얻으려고 하는 것 또는 이루려고 하는 것은 무엇인가? 신념에 대해서 우리를 확실하게 일깨워 주는 세 종류의 새가 있다. 벌새와 타조, 그리고 닭이다.

벌새는 새 가운데 가장 작은 새다. 얼마나 작은 새이기에 벌에 비유했을까 싶을 정도다. 대략 320여 종이 있는데, 그중 가장 작은 종은 길이가 불과 5cm, 무게가 1.8g 정도가 된다. 공중에서 정지한 상태로 꿀을 따먹으려면 무려 1초에 80번을 퍼덕여야 한다. 겉모습을 보면 날개보다 몸집이 더 커서 날 수 없을 것 같이 보이는 새지만 시속 85~114

　　　　　　　　　　　　　　　　Part 1. 나의 삶을 열어라

km의 속도로 하늘을 날아다닌다. 더 놀라운 것은 자신의 서식지를 찾아 3,200㎞ 정도의 먼 거리를 날아가기도 한다니 얼마나 놀라운가. 비록 날개를 갖고 있는 벌새라 해도 날개보다 자신의 몸집이 더 커서 날 수 없을 것 같아 보였지만, 자신이 '하늘을 날 수 있다.'는 신념을 갖고 부지런히 날개를 퍼덕거렸기 때문에 가능하게 되었을 것이다.

그런데 벌새와 달리 타조는 어떤가. 타조는 커다란 날개가 있음에도 날기보다는 튼튼한 다리로 열심히 달리는 것을 선택한 듯하다. 타조는 제법 커다란 날개를 가지고 있지만, 나는 것을 포기해서인지 그 기능이 퇴화하여 날지를 못하고, 튼튼한 다리로 달릴 수 있다. 빨리 달릴 때에는 시속 90㎞까지 달릴 수 있다고 하니 웬만한 자동차만큼이나 빨리 달릴 수 있는 것이다. 그런데 재미있는 것은 여전히 타조는 포유동물이 아닌 조류로 분류된다는 사실이다.

벌새도 아닌 타조도 아닌 중간 부류가 있다. 그것은 바로 닭이다. 닭은 가끔씩 날기도 하지만, 위급한 상황이 아니면 되도록 걷기를 선택한다. 시골에서 가끔씩 보게 되는 광경 중의 하나가 있다. 쫓는 개와 쫓기는 닭. 결국 쫓기는 닭은 자신의 피신처로 지붕 위나 담장 위를 선택하여 그곳으로 '푸드덕 푸드덕' 힘겹게 날갯짓을 하여 겨우 올라가서 쫓아오는 개를 피하곤 한다. "닭 쫓던 개 지붕 쳐다본다."는 속담이 그래서 나왔나 보다.

문제는 그다음이다. 힘겹게 날갯짓을 하여 지붕 위나 담장 위로 피신을 했던 닭은 자기를 쫓던 개가 물러가고 나면 다시 땅바닥으로 내려와야 하는데, 도무지 내려올 엄두를 못 내는 듯 이리 저리 내려올 만한 낮은 곳을 찾곤 한다. 날개가 있으니 그냥 훌쩍 날아서 내려오면 될 법한데 그렇게 쉽지 않은지 한참을 이리저리 지붕 위나 담장 위를 돌아다닌다. 그리고 뛸까 말까 망설이는 모습을 보이다가 무슨 마음을 먹었는지 푸드덕 날갯짓을 하면서 땅바닥으로 내려온다. 언뜻 보기에도 날아서 내려오는 모습이라기보다는 떨어지는 느낌이 더 들 만큼 둔하고 무겁게 땅바닥으로 내려온다. 새라면 자연스럽고 사뿐하게 내려올 법도 한데, 닭은 그러질 못하는가 보다. 분명히 조류과인데….

벌새, 타조 그리고 닭, 이 세 종류의 조류를 보면서 우리는 어떤 생각을 하게 되는가. 단순히 진화론적 지식인 적자생존의 법칙에 의한 결과로만 볼 것인가. 세 종류의 새를 통해서 신념이 살아가는 데 어떤 영향을 미치는지를 생각해 보게 된다.

벌새는 조류이지만 신체적 조건으로 볼 때 날개보다 몸집이 커서 날 수 없는 조건이다. 하지만 날아서 꿀을 따먹겠다는 강한 믿음으로 날 수 있는 새가 된 것이다. 그런데 타조는 어떤가. 커다란 날개를 갖고 있음에도 날려고 하기보다는 튼튼한 다리로 걷고 달리는 데 더 마음을 두었고, 새이기를 포기했기 때문에 새지만 날지 못하는 새가 된 것이다. 이도 저도 아닌 닭은 어떤가. 날개가 있으나 제대로 날지도 못하고, 튼튼한 다리가 있으나 제대로 달리지도 못하는 중간치. 그야말로 얼치기. 어느 것도 특출하지 않은 중간 상태가 되어버린 것이다.

신념에 따라서 살아가는 방식이 달라졌다고 볼 수 있다. 그러니 우리도 마음을 새롭게 갖자. 모든 것이 마음먹기에 달렸다는 '일체유심조'라는 말이 있다. 우리가 어떤 생각을 하면서 살아가느냐에 따라 우리의 삶은 지금과 다른 결과를 갖게 될 것이다.

심리학자 윌리엄 제임스William James는 "믿으면 실제 그렇게 된다."라고 말했다. 믿으면 그것을 하는 데 필요한 힘, 기술, 에너지가 생기고, 할 수 있다고 믿으면 자연스럽게 길이 열린다는 것이다. 현재 우리의 삶에서 미래 우리가 원하는 삶으로 변화시킬 수 있는 에너지를 갖고 있다는 신념을 믿어보자. '우리의 삶이 우리가 원하는 대로 기적처럼 바뀔 것인가.' '정말 우리에게 행복하고 성공하는 삶을 안겨줄 것인가.'에 대한 의구심이 들기도 하겠지만, 신념을 강하게 믿어보자. 적어도 현재보다는 낫지 않겠는가.

강한 믿음, 즉 신념을 갖기 위해서는 어떻게 해야 하는가? 신념을 방해하거나 흔들어 놓을 요인을 없애는 것이다. 그래야 우리의 신념을 지켜낼 수 있다. 우리는 우리 자신의 내면에서 시시각각 치러지는 마음의 갈등을 이겨내야 하고, 어떤 힘든 것이 자신을 흔들어 놓아도 자신을 바로 세울 수 있도록 마음을 지켜내야 한다.

살아간다는 것은 누구도 대신해 줄 수 없는 우리 자신의 몫이다. 우리가 살아가는 삶에서 우리의 가치관에 따른 강한 신념을 가져야 한다. 흔들리는 세상이라 해서 우리 자신까지 흔들려서는 안 된다. 그리고 올곧은 자세로 자신의 삶을 리딩해 나가야 한다. 그러면 우리가 꿈꾸는 삶은 실현될 것이고, 그 삶으로 행복할 것이다.

Chapter **2**

참 자기를
알고
세상을 봐라

자신을 바로 알라

'우리는 누구인가?' '어떤 사람인가?' 자문해 보자. 가슴속에서 어떤 답이 메아리쳐지는가. '금방 답이 나오는가.' 아니면 '고민이 되는가.'

"너 자신을 알라!" 이 말은 고대 그리스의 대표적 철학자인 소크라테스Socrates가 한 유명한 말이지만, 원래는 그리스 델포이의 아폴로 신전 현판에 새겨진 경구라 한다. '스스로에 대해서 알아라.' 쉽게 풀어 쓰면 이 정도 아니겠는가. '자기 자신에 대해서 안다.'는 것은 생각하기에 따라서 쉬운 질문일 수도 있겠고, 아주 어려운 질문일 수도 있을 것이다.

한번 생각해 보자. 우리는 우리 자신에 대해서 알고 있는가. 알고 있다면 얼마나 잘 알고 있는가. 우리 중 누군가는 자기 자신을 이해하기 위해서 심리검사를 받아본 경험이 있을 것이다. 이처럼 우리는 우리 자신을 이해하기 위해서 몇 가지 심리검사를 활용할 수 있다. 그리고 그 결과를 가지고 '성격이 어떻고, 흥미가 어떠며, 가치관은 어떻고' 등등 정도로 생각하곤 할 것이다. 하지만 단순히 몇 가지 심리검사를 통해서 얻어진 결과를 가지고 자기 자신을 안다고 말할 수 없다.

"내가 나를 모르는데, 내가 나 자신을 똑바로 알고 있지 않은데, 남이 나를 어떻게 알겠으며, 남들이 우리를 어떻게 알겠는가. 세상이 어떻게 우리를 제대로 알고 바라봐 주겠는가." 물론 경우에 따라서는 남이 나보다 더 나를 잘 알고 있는 것 같기도 하지만 말이다.

자신을 제대로 똑바로 안다면, 아마도 우리 앞에 놓여 있는 세상을 살아가는 데 훨씬 더 쉬울 것이고, 그렇지 않은 사람보다는 적어도 자신이 뭘 원하고 있으며, 어떻게 살아가려고 하는지 보다 분명하게 알게 될 것이다. 적어도 지금보다는 더 행복하고 성공적이며 덜 후회하는 삶을 살아갈 가능성이 그만큼 더 높아지는 것이다.

나, 스스로 인식하는 나, 가족에서의 나, 학교에서의 나, 조직에서의 나, 사회에서의 나, 국가에서의 나… 등등 실존적 존재로서의 자신이나 자신이 속한 곳에서의 나에 대해서 깊이 생각해 보고 '우리 자신이 무엇을 원하고 있으며, 그 속에서 어떻게 해야만 할 것인가. 그리고 무엇을 원하고 있는가.' 등등 여러 가지 것들을 생각해 보는 것은 아주 중요하다. 그런 생각의 첫 출발이 스스로에 대해서 알아가는 시작이 되는 것이니까 말이다.

우리는 왜 여기에 있는가. 존재론적인 철학적 물음을 하려는 것이 아니다. 축복받아 태어난 우리가 선물 받은 삶을 지금까지 어떻게 살아왔는가를 되짚어 보고, 앞으로 어떻게 살아갈 것인가를 생각해 보자는 것이다.

주어진 삶에서의 자신의 존재와 자신이 원하는 역할, 그리고 자신이 속해 있는 곳에서 해야 하는 역할 등등, 뭐든지 곰곰이 생각해 보고, 또 생각해 보자는 것이다. 생각할 것이 없으면, 공부는 왜 해야 하는가. 직장은 왜 다니는가도 생각해 보자. 그것도 싫다면 의식하지 못하고 내뿜는 숨이라도 멈추고 왜 숨을 쉬고 있는가도 생각해 보자는 것이다. 생각을 해야만 그 생각에 꼬리를 물고 물면서 자신을 찾아가는 실마리를 발견할 수 있을 테니까 말이다.

한 번쯤 고뇌하며 진정성 있게 깊이 생각해 보자. 뭘 할 것인가. 우리 삶에서 뭔가를 얻으려 하는가. 생각에 생각을 거듭하면서라도 자신에 대한 답을 찾아보자. 그러면서 자신이 속해 있는 곳에서의 역할에 대해서도 생각해 보자. '무엇을?' '어떻게?' '왜?' 하고 있는가에 대해서 다시 생각해 보자. 하나하나 자신의 내면을 바라보는 타인이 되어 생각해 보자. 그러면서 스스로에게 물어보자. "왜 그러고 있는가?" "왜 하는가?" 아무것도 안 하고 있다면, "왜 안 하고 이렇게 있는가?" 무언가를 원한다면 "왜 그것을 원하는가?" 뭐든지 사소한 것이라 할지라도 자문해 보자. 질문에 질문을 거듭하면서 스스로의 물음에 답을 찾아보자. 이런 과정을 통해서 자신을 조금씩 더 깊이 있게 알아가도록 하자.

적어도 성격, 흥미, 적성, 인성, 기질, 성향, 가치관 등등도 모르면서 우리 자신을 안다고 할 수 없고, 제대로 세상을 받아들이고 살아갈 수는 더더욱 없을 것이다. 자신에 대해 알기 위해서 몇 가지 심리검사 도구를 사용하는 것도 조금은 도움이 될 것이나, 이미 알고 있는 바와 같이 검사 도구가 인간의 내면을 모두 밝힌다고 할 수 없다. 그렇기 때문에 심리검사 도구에만 의존하기보다는 명상과 사색, 성찰의 시간을 함께 갖는 것이 필요하겠다. 주위에서 쉽게 해볼 수 있는 검사 도구 몇 가지를 소개해 보겠다.

첫째, 조해리의 창(Johari's Window)

네 가지 창으로 자신과 타인과의 관계를 가늠해 볼 수 있는 틀이다. 자신이 어떤 상태이며, 어떤 부분을 계발하면 좋겠는지를 보여주는 유용한 분석틀이라 할 수 있다. 조셉 루프트Joseph Luft와 해리 잉햄Harry Ingham이라는 두 심리학자가 1955년에 한 논문에서 사용하였으며 조해리Johari는 두 사람 이름의 앞부분을 합성해 만든 용어이다. 조해리의 창은 아래에서 보듯 4개의 영역으로 이뤄진다.

<조해리의 창>

	자신을 안다 (Known to self)	자신을 모른다 (Not known to self)
타인은 안다 (Known to others)	① 열린 창 (open)	② 보이지 않는 창 (blind)
타인은 모른다 (Not known to others)	③ 숨겨진 창 (hidden)	④ 미지의 창 (unknown)

① 자신도 알고 타인도 아는 '열린 창'
② 자신은 알지만 타인은 모르는 '숨겨진 창'
③ 자신은 모르지만 타인은 아는 '보이지 않는 창'
④ 자신도 모르고 타인도 모르는 '미지의 창'

이 네 가지의 창을 잘 이해하고 활용하면 세상과 좋은 관계를 맺는 데 도움을 받을 수 있다.

둘째, MBTI 성격진단 도구

MBTI 검사는 브릭스Katherine Cook Briggs와 그의 딸인 마이어Isabel Briggs Myers 모녀가 보다 쉽게 일상생활에 유용하게 활용할 수 있도록 고안한 '자기보고식 성격유형지표'이다. 인간 행동이 그 다양성으로 인해 종잡을 수 없는 것 같이 보여도, 사실은 아주 질서정연하고 일관된 경향이 있다는 융의 심리유형론에서 출발하였으며, 인간 행동의 다양성은 개인이 인식하고 판단하는 특징이 다르기 때문이라고 보았다.

MBTI 검사는 4가지 양극적 선호 경향으로 구성되어 있는데, 4가지 성격 차원은 개인이 어떻게 힘을 발휘하는지의 부분, 어떻게 정보를 지각하며 어떻게 결정을 내리는지의 부분, 그리고 라이프스타일 선호도에 관한 것으로 개인은 자신의 기질과 성향에 따라 4가지 양극지표의 둘 중 하나의 범주에 속하게 된다는 것이다.

〈MBTI 4가지 양극지표〉

※ 자료: MBTI연구소(http://www.mbti.co.kr) 자료 재구성

셋째, 에니어그램 검사 도구

인간의 성격유형을 9가지로 분류하고 있는 에니어그램에 의하면 인간은 누구나 9가지 성격유형 중 하나를 갖고 태어나며, 유형별로 다른 관점과 삶의 방식을 가지고 있다는 것이다. 그러나 이것은 사람을 9가지 유형으로만 구분, 획일화 시켜놓은 것이 아니라 인간 내면의 행동 동기와 패턴을 이해하고 의식의 성장으로 나아가는 문과 같은 것으로 보고 있다.

한국형 에니어그램 성격유형 검사KEPTI는 윤운성(2001)이 개발한 9가지의 성격유형으로 81문항으로 된 전국 표준화 검사이다. 고대 동양의 지혜에서 비롯된 인간 이해와 성숙의 도구로서 가족, 친구, 직장에서의 역동성을 이해하고, 나의 내면을 탐구하는 데 유용한 도구이다. 우리나라에서는 문화적 차이를 고려하여 엄격한 표준화 과정을 거쳐 2001년부터 사용되고 있다.

※ 자료: 한국에니어그램교육연구소(http://www.kenneagram.com) 자료 재구성

넷째, STRONG 흥미검사 도구

이 검사 도구는 개인의 직업흥미에 적합한 진로 또는 직업이 무엇인지 알아보기 위한 검사 도구로서 미국의 직업 심리학자 에드워드 스트롱E. K. STRONG에 의해 개발되었다. STRONG 흥미검사는 각 문항에 대한 개인의 흥미 정보 또는 흥미 유무를 묻고 개인이 어떤 활동에 가치를 두는지, 어떤 직업에 적합한지, 어떤 환경이 그 개인에게 적합한지, 어떤 사람들과 일하는 것을 좋아하는지 등에 관한 정보를 제시하는 척도별 점수GOT, BIS, PSS 분석이다. STRONG 흥미검사는 홀랜드의 6가지 유형을 근거로 분류하고 있다.

Part 1. 나의 삶을 열어라

① 현장형(R)의 농업, 자연, 군사 활동, 운동경기, 기계 관련 활동

② 탐구형(I)의 과학, 수학, 의학

③ 예술형(A)의 음악과 드라마, 미술, 응용미술, 글쓰기, 가정과 가사

④ 사회형(S)의 교육, 사회봉사, 의료봉사, 종교활동

⑤ 진취형(E)의 대중연설, 법과 정치, 상품유통, 판매, 조직관리

⑥ 사무형(C)의 자료관리, 컴퓨터 활동, 사무 활동 등

STRONG 흥미검사는 진로 심리검사를 실시하는 기관에서 유료로 받아볼 수 있으며, 흥미와 관련 직업을 연결시켜 주는 도구 가운데 가장 널리 알려진 검사 도구이다.

다섯째, 고용노동부 워크넷에서 제공하고 있는 직업 심리검사

워크넷 직업 심리검사는 청소년(10종)과 성인(13종)을 대상으로 총 23종의 검사가 있다. 각 검사의 안내를 참조하여 자신에게 필요한 검사를 받을 수 있게 되어 있으며, 워크넷을 통한 온라인 검사 실시 후 검사 결과를 즉시 확인할 수 있다.

이러한 검사 도구들을 활용해서 공통된 자신의 성격과 자신의 특질을 찾아보고 자신에 대해서 좀 더 구체적으로 이해한 후 그 이해를 바탕으로 자신을 깊이 있게 성찰해 보는 것이 필요하다. 모든 출발의 기본은 자기 자신을 이해하는 것에서부터 시작되는 것이다.

미래를 만드는
세상 트렌드를 읽어라

앞을 알 수 없다고들 하는 21세기. 그 앞에는 22세기가 있을 것이고, 곧 머지않아 우리 눈앞에 다가올 것이다. 앞으로의 세상이 어떻게 바뀔 것이라 생각하는가. 달리 생각해 보자. 세상이 빠르게 변하고 있다는데 얼마나 빠르게 변화하고 있다고 느끼는가. 얼마나 변화를 실제 체감하고 있는가.

사람들은 스마트폰을 갖고 싶어 한다. 그것도 마케팅의 최면에 걸린 것처럼 더 빠른 스마트폰을 요구하고 있다. 왜 그럴까? 아마도 스마트폰에는 책상 위에 있는 데스크톱이나 노트북에 들어 있는 사이버 세상이 똑같이 담겨져 있고, 그 스마트폰을 손바닥 위에 올려놓고 손가락 하나로 신천지 같은 세상과 만나 소통할 수 있으니 그럴 만도 하다.

그런데 불과 몇 년 전만 해도 지금과 같은 스마트폰은 상상도 하지 못했다. 스마트폰은 진화와 발전을 거듭해 오면서 몇 개월이 멀다 하고 신제품이 쏟아져 나오고 있다. 스마트폰의 발전과는 달리 일상생활에서의 변화는 어떤가. 그리 많이 느끼지 못하고 있는 것이 사실이다. 21세기 미래사회와 관련하여 회자되곤 하는 것들은 가끔씩 뉴스에서나 접할 수 있는 남의 세상 같거나 생활의 편의 정도일 뿐, '체감적으로 와! 변했구나, 변하고 있구나.'를 느끼지 못하고 있는 것 같다. 실제로는 엄청난 속도로 변화하고 있는데 말이다.

이제는 옛날 만화 속에서 보았던 이야기가 실제 이야기가 되고, 영화 속의 장면들이 실제 생활에서 볼 수 있거나 사용되는 세상이 되었다. 즉 상상 속에 들어 있는 것들이 현실 세계에서 탄생되는 시대에 살고 있는 것이다. 이 얼마나 급변하는 세상인가! 아마도 이런 변화의 체감을 더 잘 하게 되는 것은 조직이나 사회활동을 하는 사람들일 것이다. 그것도 첨단 분야에서 일을 하는 사람들의 경우에는 직접 체감하니 더 잘 느낄 것이라 본다.

여기서 중요한 것은 우리가 학생이든, 사회 초년생이든, 아니면 사회 중년 또는 시니어 세대이든 상관없이 앞으로의 세상이 어떻게 변화될 것인가를 인지하는 눈을 갖는 것이다. 나이가 아니라 어떻게 적응하고, 무엇을 준비해야 할 것인가가 문제인 세상이 되었다. 평생직업의 시대에 나이가 적든 많든 원하는 직업의 세계에 진입하려 하거나, 진입하였거나, 아니면 재직업의 세계로 진입하려는 입장에 서 있거나 관계없이 직업인이라면 누구나 할 것 없이 끊임없이 시대적 관련분야에 요구역량을 갖춰 나가야 되는 상황에 놓이게 되었다는 것이다.

사회에서 일을 한다는 것은 단순히 일을 하고, 경제적 수입을 얻기 위함만이 아니다. 먼 훗날 우리가 꿈꿔온 꿈을 실현시키기 위한 첫 출발점이나 그 과정에 있는 것이다. 그 출발점도 그렇고 그 과정이 제대로 되어 있어야 우리가 꿈꿔온 것이 실현될 수 있는 가능성이 그만큼 높아지는 것이다. 그렇지 않다면 우리가 꿈꿔온 것이 실현되기에는 많은 어려움이 뒤따를 것이고, 앞에 놓인 장벽을 치워내기 어렵게 될 것이기에 결국 좌절하고 말 것이다.

속도가 모든 것을 좌우하는 시대. 그 미래 속에 우리의 삶이 있다. '어떻게 준비해서 맞이해야 하는가.' 하는 것이 문제일 뿐이다. 오늘날 지구촌의 환경은 그야말로 1초가 다르게 빠른 속도로 변하고 있다. 그 속도가 너무 빨라 적응하기조차 힘들게 될지도 모른다. 그런데 그 속에 우리의 미래가 있으니 어떻게 해야만 그 미래 속에 있을 우리의 미래를 잡을 수 있겠는가. 빠르게 다가올 미래에 적절히 대비하지 않는다면, 우리는 미래의 환경에 종속당할 것이고, 우리는 적응하지 못하고 그저 도태될 수밖에 없을지도 모른다.

그렇기에 21세기에 살고 있는 우리는 그 어느 때보다도 미래를 내다보는 안목과 혜안을 키워내야 한다. 그렇지 않으면 아날로그 시대에서 디지털 시대로의 전환으로, 과정보다는 결과에 더 중요한 가치를 부여하고 있는 시대적 흐름에 우리는 자칫 시대적 미아가 되거나, 낙오자가 되어 미생이 될 수밖에 없을 것이다.

생각해 보자. 우리가 꿈을 갖고, 그에 맞는 훌륭한 목표를 세웠다 하자. 그런데 세상의 변화를 읽어내지 못하고 현실감이 없다면 어떻게 되겠는가. 뒤처질 걸 뻔히 알면서 미래에 대한 변화 트렌드를 읽어 내지 않는다면 '우리의 미래를 바꾸는 것보다 미래가 더 빨리 바뀌게 될지도 모른다.'는 사실을 명심해야 한다. 우리의 꿈과 비전 실현을

Part 1. 나의 삶을 열어라

위해서라도 적극적으로 미래 변화의 트렌드를 파악하고, 그 트렌드에 맞춰 꿈과 비전을 실현하기 위한 계획을 수립하여 실행해 나가도록 해야 한다. 또한 미래의 트렌드에 의해 지배받기보다는 미래 트렌드를 먼저 읽고 예측하기 위한 예지력을 갖추도록 하며 꿈과 비전을 실현하기 위한 목표 수정과 보완을 꾸준히 해나가야 한다.

미래는 알 수 없는 시대, 롤러코스터 같은 엄청난 변화의 시대라 하더라도 우리에게 닥쳐올 위협을 최소화하고, 새로운 기회를 최대한 잡을 수 있도록 하기 위해서 반드시 미래 지향적 자세를 잃지 않아야 한다.

현재 성공한 세계적 기업들을 보자. 예를 들어 마이크로소프트, 구글, 애플, 삼성전자 등은 그 시대의 트렌드를 분석하고 최대한 이용해서 창조적이고 시대에 요구되는 뛰어난 기술을 개발하기 위한 리더십을 발휘한 CEO에 의해서 오늘날의 세계적 기업으로 자리매김할 수 있었다.

우리도 미래의 트렌드를 예측하기 위해서 현재의 트렌드를 잘 살펴보고 분석할 수 있는 안목을 갖도록 더욱 노력해야 하고 대비해야만 한다. 현재의 관심이 된 트렌드를 탐색하고 분석해 내면서 미래를 예측해 보려고 노력함으로써 미래에 대한 예지력을 키워 나갈 수 있을 것이고, 현재 우리의 위치에서 꿈을 실현시키기 위하여 무엇을 어떻게 준비해 나가야 할지를 알 수 있게 될 것이다. 지금부터라도 부지런히 준비하자. 미래의 변화에 어떻게 대처하고, 준비해야 할지를 고민하자.

변화의 속도를 보자. 농경시대의 3,000여 년간에 이루어진 변화가 정보화시대인 오늘날에는 불과 하루 만에 이루어진다고 하니 실로 엄청난 역사의 변화 흐름에 살고 있는 것이다. 농업혁명 시대는 3,000년 정도 지속되다가 산업혁명 시대를 맞이하였다. 산업혁명 시대는 300년 정도 지속되다가 다시 정보혁명 시대를 맞이하게 되었다. 정보혁명 시대는 불과 30년 정도 지속되다가 역사 속으로 지나갈 것이라 예측한다. 그 다음 새롭게 다가오는 창조지식혁명 시대와 이어지는 4차 산업혁명 시대는 얼마나 빠르게 지나갈 것인가. 지금까지의 발전 추이를 보면 대략 3년 정도 되지 않겠나 싶다. 짐작조차 할 수 없겠다. 그냥 엄청나게 빠르게 지나갈 것이라는 정도이다.

그렇기에 21세기는 '불확실한 시대'라느니, '미래를 점칠 수 없는 시간'이라느니 등등의 말들을 세상 사람들에게 던지고 있다. 그렇게 다가올 미래 환경에서 우리 자신의 미래를 위해서 요구되는 중요한 역량과 역할은 무엇인가를 고민하고, 찾고, 그에 맞는 준비를 해야 할 때다. 지금 우리 주위를 둘러싸고 있는 엄청난 변화의 속도를 감지하고, 미래의 변화 트렌드를 미리 느껴보자. 미래세계의 키워드는 적어도 다음과 같은 것이 될 것이라고 예고하고 있음을 깨닫자.

첫째, 속도가 모든 것을 좌우하는 미래

미래사회의 특징 하나는 '속도'이다. 미래에는 속도가 모든 것을 좌우하기에 미래예측을 하기란 더 어려울 것이다. 미래의 일로 불리던 것들이 어느 순간 과거의 일로 기록되는 것은 눈 깜짝할 사이에 벌어지게 될 것이다. 우리는 기회를 잡기도 전에 지나가 버리고 마는 빠른 역사의 흐름 속에 살게 될 것이며, 어쩌면 너무도 빠른 속도 때문에 과거와 미래만이 있다는 착각에 빠질지도 모른다.

예를 들면, 전화혁명에 의해서 쌍방향 TV, 비디오, 데이터 스트리밍 방식은 사회 행동양식과 가족관계의 변화를 불러왔으며, 통신기술 발달로 커뮤니티를 기반으로 하는 무선 네트워크가 폭발적으로 발전하여 언제 어디서나 자유로이 접근이 가능하게 될 것이다. 또한 컴퓨터의 개발 속도가 너무 빨라서 개발해 놓은 프로그램에 대한 버그를 미처 잡을 사이도 없이 새로운 컴퓨터가 만들어질 것이기에 프로그래머들조차 그 속도를 따라잡기가 힘들지도 모른다. 엉뚱한 추측인가.

온라인 발전으로 웹 커뮤니티가 세상을 지배할 것이고, 모든 정보는 공유될 것이며, 여러 기업에 영향을 끼치게 될 것이다. 빅데이터 시대. RFID(전자파인식장치)에 의해서 무선 태그 시대는 이미 상용화되고 있고, 생체 칩과 생체공학이 개발되어 세포핵 안에 인간의 전체 설계도를 담는 세포 크기의 DNA 컴퓨터가 등장하는 등, 바이오디지털 장치가 발전하게 될 것이다.

생각만 해도 공상과학 영화의 세계 같지 않은가. 사이보그 시대가 되었다는 것이다. 그래서 싱귤레러티 사회라 했던가. 이는 선구적인 발명가이자 사상가, 미래학자인 레이 커즈와일Ray Kurzweil의『특이점이 온다』에서 제시된 개념이다. '특이점'이란 사회적 · 경제적으로 '너머를 알 수 없는 커다란 변화가 이루어지는 지점'이란 의미다. 유전공학, 나노기술, 로봇기술, 인공지능 등의 급속한 발전으로 인간이 기계가 되고, 기계가 인간이 되는 미래 변화의 시대가 눈앞에 다가오고 있고, 현실과 가상의 경계가 무너짐은 물론 생물학적 경계도 무너지고 마는 시대가 눈앞에 놓여 있다는 것이다.

유엔미래포럼 박영숙 한국대표는『당신의 성공을 위한 미래뉴스』에서 저출산 고령화로의 인구변화, 첨단과학기술에 따른 사회변화, 글로벌화 · 지구촌화, 하나 되는 현상, 세계정부 탄생, 이동성 강화에 따른 급격한 교육이주, 노동이주, 라이프스타일의 변화, 여성성 강화, 교육의 변화 등등을 이야기하고 있다.

이렇게 급변하는 세상 속에서 우리의 삶을 생각해 보아야 하고, 우리 삶의 미래를 생각해 봐야 한다. 공상이 아닌 세상의 변화 물결을 미리 예측하고, 그 변화의 물결에 맞춰 우리의 미래를 어떤 식으로든 준비해 나가야 하는 상황이다. 그래야만 우리 미래의 삶은 밝을 것이고, 그렇지 않다면 우리 미래의 삶은 어둡게 될 것이다. 역사는 말해 주고 있다. 변화에 적응하지 못하는 경우에는 개인이든 조직이든, 그리고 국가든 살아남기 어렵다는 사실이다.

둘째, 세계경영 및 단일화 시장

세계화는 멈출 수 없는 추세이다. 세계화 때문에 국가 간 경쟁이 치열해지고, 국가든 기업이든 세계적 경쟁 대열에서 살아남는 국가나 기업만이 거대한 부와 권력을 독점하게 되는 시대가 되었다. 세계화에 의해서 수출이나 수입 장벽은 그에 맞게 완화되거나 사라지게 되는데, 이런 분위기에 대처하지 못하는 국가나 기업은 더욱 불안한 상황에 놓이게 된다. 이렇듯 세계화나 시장의 자유화에 의해서 전 세계의 국가나 기업은 단일 자본주의 시스템 아래 세계적 단일화 시장의 지배를 받게 되었다.

세계적 단일화 시장이란 말은 1983년 미국 하버드 비즈니스 스쿨의 테오도르 레빗Theodore H. Levitt교수가 하버드 비즈니스 리뷰 5월호에 기고한 'Globalization of Markets'이란 글에서 처음 등장했다. 이는 무역 · 자본 자유화의 추진과 그에 따른 재화 · 서비스 · 자본 · 노동

　　　　　　　　　　　　　　Part 1. 나의 삶을 열어라

및 아이디어 등의 국제적 이동 증가로 인한 각국 경제의 통합화 현상을 지칭하는 것으로서, 세계화는 강대국 질서의 세계재편이며, 시장의 세계적 단일화를 의미하는 것이다. 우리는 이렇게 완전히 시장 개방이 요구되는 세계적 상황 트렌드에 맞춰 지혜를 갖추고 활동할 세계무대의 글로벌 인재로서 그에 맞는 역량을 준비해야 한다.

첨단 정보통신 및 IT 산업기술의 발달로 세계화는 더욱 빠르게 시공간을 넘나들고, 크고 작은 여러 형태의 가상기업들이 늘어나고 있다. 이에 인터넷 전자상거래 포털 사이트를 운영하고 있는 중국 최대 전자상거래 업체인 '알리바바그룹'과 같은 세계적으로 강력한 영향력을 발휘하고 있거나 세계시장을 독점할 수 있는 초대형 기업이 등장하게 되며, 기업과 기업 간 인수·합병의 바람이 거세게 불면서 세계시장이 재편되고 있다는 상황이다.

노동력은 일자리를 찾아 로컬 영역에서 글로벌 영역으로 확대되면서 다국적 기업 근무조건에 맞춰 기업의 경쟁력을 높이기 위한 탄력적 고용형태가 일반화되고 있다. 따라서 이와 같이 현재 진행되고 있는 트렌드와 미래 예상되는 트렌드에 대처하기 위해서 무엇을 어떻게 준비해야 할지를 고민하며 우리 자신의 현재 위치를 살펴야 한다. 단지 살피는 것에서 끝나면 안 되고, 평생직업인으로서 미래 지향적으로 자신의 역량을 준비해야 한다. 곧 닥쳐올 미래세상 속에서 우리의 삶에 대한 예지력을 갖추는 것이 필요하다.

셋째, 저출산 고령화 사회

뉴스에서 이슈가 되곤 하였기 때문에 들어봐서 알 수 있듯이 우리는 이미 저출산 고령화 사회에 살고 있다. UN 기준으로 볼 때, 노인이란 65세 이상을 말하며, '고령화 사회'는 노인 인구가 총인구에서 차지하는 비율이 7% 이상이 되는 사회를 의미한다. '고령사회'는 노인 인구가 총인구에서 차지하는 비율이 14% 이상이 되는 사회를 의미한다. '초고령사회'는 '후기고령사회'라고도 하는데, 노인 인구가 총인구에서 차지하는 비율이 20% 이상이 되는 사회를 의미한다.

UN 기준에 의하면 우리나라는 2000년에 노인 인구가 전체 인구의 7%로 이미 고령화 사회에 진입했다. 그리고 2015년 13.1%였던 노인 인구 비율이 불과 지금부터 1년 후인 2018년에는 14%에 달할 것으로 예측되고 있다. 그리고 2026년이 되면 노인 인구가 20%를 넘어 초고령사회에 진입할 것으로 예측되고 있으며, 2060년에는 40.1%까지 꾸준히 증가할 것으로 예측되고 있다.

우리나라의 고령화사회에서 고령사회로의 진입속도를 다른 나라와 비교해 보면 얼마나 빠른지 짐작이 된다. 프랑스는 115년, 미국 71년, 일본 24년이 걸린 데 비해, 우리나라는 18년밖에 걸리지 않는다. 고령사회에서 초고령사회로 넘어가는 기간을 보면, 프랑스 41년, 미국 15년, 일본 12년인 데 비해 우리나라는 8년 만에 도달하게 된다. 이런 추세로 간다면 2020~30년에는 한국인의 평균수명은 100세가 넘을 것으로 예상된다.

이처럼 초고령사회가 되는 현실에서 우리의 삶에 대해서 미리 생각하고 이에 맞춘 준비를 하고 있어야 한다. 왜냐하면 예상이 아니라 현실로 곧 다가올 것이고, 어쩌면 생각보다 더 빠르게 우리 눈앞에 놓일 수 있으며, 그것은 바로 우리의 미래가 되기 때문이다. 흔히들 정년이니 은퇴니 하는데, 초고령사회를 맞이하게 되면서 우리 자신의 경제력을 위해서라도 적어도 80~90세까지는 일을 하게 될 것이다.

따라서 그 나이 대까지 일을 할 수 있도록 미래에 대한 삶을 설계하고 그에 맞춰 일할 수 있는 미래를 준비하지 않는다면, 계속해서 경제활동을 할 수 없게 되어 그때 가서는 실로 비참한 생활로 하루를 연명하는 수준이 될 것이다. 이쯤 되면 오래 사는 것이 축복이 아닌 재앙으로 여겨질 수도 있을 것이다. 그러니 길어진 미래의 삶을 축복으로 받아들이느냐, 재앙으로 받아들이느냐는 지금의 준비 여하에 달린 것이다. 지금은 실감이 나지 않겠지만, 우리에게 다가올 미래라 생각하고, 진지하게 생각하며, 우리 자신에 맞는 삶의 준비를 미래지향적으로 더욱 철저하게 해야 할 이유가 여기에 있다.

넷째, 유비쿼터스, 인터넷 시대

"언제 어디서나 동시에 존재한다."는 뜻에 맞게 현실 시대와 사이버 시대가 진정으로 공존하는 '유비쿼터스' 시대가 열리고 있다. 제록스사의 팰러앨토 연구센터 연구원 마크 와이저Mark Weiser는 1988년 유비쿼터스 컴퓨팅을 위한 연구를 시작하였으며, 1991년 9월 'Scientific American'에 그의 논문을 발표하였다. 그 제목은 "The Computer for the 21st Century"였으며 여기에서 유비쿼터스 컴퓨팅이라는 용어와 개념이 처음 사용되기 시작했는데, "사람을 포함한 현실 공간에 존재하는 모든 대상물들을 기능적·공간적으로 연결해 사용자에게 필요한 정보나 서비스를 즉시에 제공할 수 있는 기반기술"을 의미한다.

IT 통신 산업기술의 발전으로 BcNBroadband convergence Network, 즉 '통신·방송·인터넷이 융합된 품질보장형 광대역 멀티미디어 서비스를 언제 어디서나 끊김 없이 안전하게 이용할 수 있는 차세대 통합네트워크'를 기반으로 세상이 통합되고 지능화 되며 인터넷 기술과 정보기술의 발전에 힘입어 언제 어디서나 어떠한 서비스든 접속하여 사용할 수 있는 유비쿼터스 시대가 도래한다는 것이다.

예를 들어 u-Home, u-City, u-Government, u-Learning, u-Farm, u-Health, u-Payment 등으로 인해 모든 분야에서 더욱 풍요롭고 윤택하고 편리하게 살아갈 수 있게 되는 것이다. 여기서 우리가 생각해 봐야 할 것이 있는데, 그것은 '우리의 사고와 행동 준비가 어떠한가.' 하는 것이다. 점점 더 빠른 속도로 변화하고 발전해 나가고 있는 유비쿼터스 시대에 맞춰 우리는 미래 지향적 사고와 그에 맞는 준비를 해야 한다.

이렇게 변화와 발전의 속도가 빠르게 진행되고 있는데도 우리의 사고나 준비 행동은 현재에 안주하고 있거나 그의 범위를 벗어나지 못하고 머물러 있게 된다면, 그 자체만으로도 변화와 발전의 시대에 뒤처지고 있는 것이다.

지금 우리는 스마트폰을 스마트하게 사용하지 못하고 있는 것은 아닐까? 유비쿼터스, 인터넷 웹 3.0시대가 도래하였고, 웹 4.0시대가 도래함에 따라 우리의 삶을 위하여 스마트하게 미래를 예측하고, 그에 따른 정보를 활용할 역량을 스마트하게 맞춰나가야 한다. 이것이 곧 우리의 삶이 있는 미래세계에 대한 준비이니까. 단순히 스마트폰을 사용한다고 해서 곧 스마트한 미래 인재는 아니다.

다섯째, 신유목민 모바일 워크 시대

현대는 직업을 자주 바꾸는 사람, 꾸준한 관계를 싫어하는 사람, 사이버 세계시민, 국가를 넘나드는 사람과 방랑자의 기질로 세계를 떠돌아다니는 사람들로 넘쳐나고 있다. 이들은 단지 노트북, 스마트폰, 여권만이 있을 뿐이며, 평생 한 직장, 한 지역 그리고 한 가지 업종에 매달려 살지 않는다. 그들은 자신의 가치와 전문성을 정확히 분석하고 자신의 노동력을 자유롭게 사용할 줄 아는 현대인들로, 직업을 따라 유랑하는 현대판 유목민Nomade이란 신조어를 만들어 냈다.

독일의 미래학자이며, 『잡노마드 사회』의 저자인 군들라 엥리슈 Gundula Englisch는 '잡노마드Job Nomade 사회'와 관련해서 한마디 했다. "미래의 직업인들은 사무실을 조끼 주머니에 넣고 다니고, 아이디어는 머리에 저장해 두며, 가벼운 가방을 들고 자신의 판단에 따라 유동적인 노동 세계를 마음껏 활보할 것이다."라고 예측을 했다. 이미 그시대가 도래하지 않았는가.

디지털기기를 통해 언제 어디서든 일하는 세상이 열리고 있다. '스마트워크Smartwork'로 통용되는 시대의 변화는 일과 직장, 가정과 삶의 보편적인 개념을 송두리째 바꿔놓고 있다. 100세 시대가 눈앞에 있고, 평생직장은 사라지고 평생직업을 만들거나 찾아내야 하는 시대가 되었는데, 아직도 평생직장을 찾으며 그곳에서 안주하려는 이들이 있다. 우리라도 과감히 평생직장 개념을 하루빨리 벗어던지고, 평생토록 해야 할 평생직업을 만들거나 찾아내야 한다. 그러기 위해서는 우리 자신의 역량에 맞는 노동력을 자유롭게 사용할 줄 아는 사람으로서 모바일 워크 시대, 즉 잡노마드 시대에 맞춰 자신의 전문성을 갖춰나가도록 해야 한다.

예전에는 보기 힘든 모습들이었지만, 오늘날에는 거리나 버스 혹은 지하철 같은 곳에서 이어폰을 귀에 꽂고 음악을 듣거나 영화를 보는 모습을 보기도 하지만, 메일을 확인하거나 업무를 보는 모습도 종종 볼 수 있으며, 커피숍에서는 테이블 위에 노트북이나 태블릿, 스마트폰을 꺼내 놓고 커피를 마시면서 뭔가 열심히 작업을 하거나 비즈니스 통화를 하는 모습을 어렵지 않게 보게 된다. 이른바 모바일 워크 시대의 실제 모습이라 할 수 있다.

신유목민 모바일 워크 시대에 접어들면서 사회적으로 성과주의 및 능력주의 문화가 확산될 것이며, 디지털기술의 발전 및 통신네트워크의 광역화와 광속화, 그리고 개인통신기기의 기능이 확장될 것이다. 이에 우리는 다가올 미래의 로컬 및 글로벌 모바일 시대에 맞춰 우리 자신의 근로역량을 새롭게 무장하거나 한 단계 업그레이드를 해나가야 하며, 이를 위하여 게으름을 피워서는 안 된다.

여섯째, T전성시대

지금 우리가 살고 있는 시대를 뭐라 하는지 아는가. 모른다고? T시대가 아닌가. 그야말로 기술이 지배하는 세상. 기술의 시대이다. 정보기술 산업인 IT Information·Technology, 생물이 가지고 있는 고유한 기능을 높이거나 개량하여 필요한 물질을 대량으로 생산해 내거나 유용한 물질을 만들어 내는 기술 또는 생물학적 시스템을 이용하는 BT Bio Technology, 물질을 원자·분자 크기의 수준(10~9mm)에서 조작·분석하고 이를 제어할 수 있는 과학과 기술 분야인 NT Nano Technology, 로봇기술을 이용하는 RT Robot Technology, 환경오염을 저감·예방·복원하는 기술로 환경기술, 청정기술, 에너지기술 및 해양환경기술을 포함하는 ET Environmental Technology, 위성체, 발사체, 항공기 등의 개발과 관련된 복합기술 및 전자, 반도체, 컴퓨터 소재 등 관련 첨단기술 등을 포함하는 ST Space Technology, 디지털 미디어를 기반으로 한 첨단 문화예술

산업을 발전시키기 위한 기술 분야인 CT_{Cultural Technology}.

여기서 한 가지 생각해 봐야 할 것이 있다. T전성시대를 맞이하여 우리는 앞으로 어떻게 살아갈 것인가 하는 것이다. T전성시대가 도래한다는 것은 T가 정통적·사회적으로 운용되는 기술 분야는 물론 일반 분야까지도 미래 지향적으로 리딩해 나간다는 것을 의미한다. 우리가 첨단기술 분야와 관련된 직업을 선택하든, 아니든 그 속에 우리의 꿈과 비전이 들어 있다. 그렇기 때문에 어떤 분야의 직업군을 선택하는가도 중요하지만, 선택한 직업군에서 요구되는 업무역량은 물론 그 직업군의 발전추이에 뒤처지지 않도록 미래 지향적으로 관련된 포괄적 지식을 쌓고 역량을 개발하는 데에 게을리하지 않아야 한다.

일곱째, 에너지와 환경시대

석유가 언제까지 생산될 것이라 생각하는가. 그야말로 화석시대가 얼마나 오래 지속될 것이라 생각하는가. 사회가 발전하면 할수록 화석시대의 에너지가 그만큼 요구된다. 그래서 국가마다 화석시대가 끝나기 전에 새로운 대체 에너지를 개발해야 한다고들 난리다. 이미 태양 에너지, 원자력 에너지, 풍력 또는 조력 에너지, 수소 에너지 등 필요기술 개발에 혈안이 되어 있는 것도 사실이다. 자국의 에너지난을 해결하기 위해서뿐만 아니라 인류의 역사와 문명을 유지하고 발전하기 위해서 에너지 문제는 반드시 해결되어야 할 가장 시급한 문제가 아닐 수 없다.

지금 당장 석탄이나 석유 등 화석연료가 바닥이 났다고 가정해 보자. 어떻게 될지 쉬 상상이 되지 않는다. 현재 화석 에너지의 사용량이 증가 추세이며, 그로 인해서 지구 온난화 현상이 문제가 되고 있고, 생태계 전체를 위협하는 환경문제가 전지구적 문제로 확대되면서 결국 생활양식의 변화를 꾀하거나, 인간의 자연자원에 대한 근본적인 대책을 펴야 하나 현재로서는 뚜렷한 대안이 없어 보인다. 다만 지금 사용하고 있는 에너지원인 화석연료를 대체할 친환경적인 대체에너지로의 전환이 하루빨리 이루어지기를 희망할 뿐이다.

우리는 지금보다 더 나은 미래의 삶을 위해 노력하며 살아간다. 현재에 머물러 있기 위해 살고 있는 것이 아니란 것이다. 우리가 머물고 싶어도 시간이 흘러가니 현재에 머물러 있을 수 없다. 그러나 그것은 물리적 시간을 의미하는 것이지, 살아가는 자신의 삶에 대한 가치는 아니다. 희망이 있는 삶을 위한 노력하는 삶이란 어떻게 해야 되는가에 대한 물음이 떠오른다.

적어도 우리가 미래의 주인공이 되고, 생애사적 꿈과 비전을 실현시키고 행복한 성공을 이루며 희망 있는 삶을 살아가기 위해서는 현재의 트렌드를 읽어내는 것과 더불어 우리 자신의 꿈과 비전에 관련하여 미래에 새로이 떠오르는 직업군에 대한 트렌드도 꼼꼼하게 잘 살펴야 된다. 그리고 그에 맞는 역량을 꾸준히 길러내는 데 게을리하지 않아야 한다. 이것이 미래의 삶, 그것도 희망이 있는 삶을 살아가려는 우리가 당면한 시대적 요구다.

멀티 전문능력을
갖춰라

21세기는 '전문가 시대'라 한다. 매스컴에서는 말할 것도 없고, 일반 사람들 사이에서도 많이 회자되고 있다. 우리도 21세기는 전문가 시대란 것과 함께 '지식사회' 또는 '지식기반 경제사회', '창조경제'라는 새로운 단어들을 들어봤을 것이다. 왜 이런 말이나 용어들이 나왔을까.

어느 시대에건 전문가는 필요했고, 있었을 것인데, 유독 21세기 사회가 되면서 이런 말들이 회자되는 것은 무엇 때문이며, 이 용어들과 우리와는 어떤 연관성이 있는가. 또한 이 용어들의 핵심이 되는 '지식'이란 것이 우리에게 어떤 영향을 줄 수 있으며, 이런 사회에서 어떻게 대처하며 살아야 할지 생각해 보자.

막상 생각해 보면, 실상 직접적으로 와닿지 않은 다른 사람들의 이야기 같기만 하다. 왜냐하면 우리 주변을 봐도 크게 변화되거나 달라진 것이 없어 보이고, 20세기보다 좀 더 편리해진 정도, 이도 아니면 인터넷이 좀 더 빨라진 정도라고 생각하기 때문이 아닐까 한다. 20세기와 21세기. 무엇이 다른가. 20세기는 아날로그 시대였다. 과정이 있고, 그 과정에 의해서 도출되는 결과가 예측되었던 시대. 앞이 훤히 내다보이며, 결과를 뚜렷이 예측할 수 있는 그런 시대였던 것이다. 그런데 21세기는 그 과정에 의해서 도출되는 결과를 예측할 수 없는 시대. 그렇기에 21세기는 불확실한 미래라고 하는 게 아닌가. 즉 전형적인 삶이라기보다는 플렉시블Flexible한 삶이라 할 수 있다.

21세기 사회가 이렇게 급변하게 된 계기는 무엇일까. 하나는 정보통신 기술과 매스 미디어의 발달이라 할 수 있다. 공간의 개념이 거의 사라지고, 시간의 개념이 점점 짧아짐으로 해서 시·공간이 집약된 스마트폰 세상이라 할 수 있다. 우리 손안에 세계가 들어있는 것이다. 그래서 로컬 정보 교류를 뛰어넘어 글로벌 정보 교류가 급속도로 확대되어, 시·공간을 초월한 글로벌 수요를 창출하게 된 것이고, 21세기 글로벌 수요 창출은 20세기의 로컬 수요 창출과는 비교도 할 수 없는 세계 단일시장을 형성하게 된 것이다. 로컬이 곧 글로벌이 되고, 글로벌이 곧 로컬이 되는 단일 시·공간이 존재하는 4차원의 세상이 되었다는 것이다.

다른 하나는 최고를 지향하는 고수입이라 할 수 있다. 시·공간을 초월한 동시간대의 정보를 접하는 수요자는 '최고'에 관심을 갖게 되었고, '최고'가 된 자는 글로벌 수요층에 의해서 고수입을 올릴 수 있게 되는 것이다. 이는 '최고'가 아니면 살아남기 힘들게 되었다는 뜻이기도 하고, 최고는 최고를 원하는 수요에 의해서 또 다른 좋은 기회를 맞게 되었다는 것이기도 하다. 하지만 보통의 수준, 즉 중간수준이 설 땅이 그만큼 좁아지게 되었다는 것을 의미하기도 한다.

Part 1. 나의 삶을 열어라

양극수준만이 존재하고, 중간수준이 존재하지 않는 'Top and Bottom 시대!' 최고가 된다는 것은 전문가가 된다는 것이며, 고수입을 보장받을 수 있는 조건을 갖는 것이다. 그래서 '지식정보화사회'를 넘어 '지식창조사회'라 일컫는 21세기 사회 속에서 저마다 전문가가 되고자 치열한 경쟁대열에 서 있는 것이 아닐까 한다.

전문가가 되기는 어렵다. 전문가가 되는 것이 어렵긴 해도 된다면, 우리가 추구하는 명예와 돈을 동시에 얻을 수 있으니 부러운 대상임에는 틀림없다. 어느 분야에서든 전문가는 필요하고 요구되고 있으니까 우리도 전문가가 되어야 하지 않겠는가. 우리가 서 있는 곳에서 우리만의 노하우를 갖춰야 한다. 우리가 이미 알고 있듯이, 빠르지 않게 변하지 않는 분야가 없다. 평생직업의 시대에 맞춰 사회에서 요구되고 있는 인재상도 변화되고 있으니 말이다.

『The World is Flat』의 저자 토머스 프리드먼Thomas L. Friedman은 미래 사회의 인재를 '깊이Specialist와 넓이Generalist를 모두 갖춘 다재다능형 인재Versatilist'로 정의하고 있다. 이는 시대의 전문적 능력을 발휘하는 척도가 바뀌고 있다는 것이다. 시대마다 인재상이 어떻게 변화되었나를 보자.

첫째, I형 인재

I형 인재는 아날로그 시대인 60~80년대 산업시대를 거치면서 20세기에 필요로 하는 인재상이었다. 특정한 분야에 대한 깊이 있는 지식과 경험을 갖추고 자신이 맡은 직무에 대해 전문가적 역량을 발휘하는 인재를 일컫는 말이다.

둘째, T형 인재

21세기 정보화 시대에 접어들어 통용되던 대표적인 인재상이다. 자신이 일하는 분야에서만 정통한 사람을 말하는 20세기 'I형 인재'와 달리, 특정 분야의 전문가이면서 동시에 일반 경영 관련 교양 폭도 넓은 인재를 말함이다. T자형 인재는 일본 도요타 자동차에서 처음 사용한 단어인데 도요타에서는 이런 T자형 인재를 이상적인 인재상으로 보아 기업체 내에서도 T자형 인재를 육성하고자 하였다.

T형 인재가 되기 위해서는 전문 지식은 물론 다양한 분야의 지식을 쌓을 수 있도록 노력해야 하고, 인맥도 넓히도록 하며, 리더십과 커뮤니케이션 능력을 갖춰야 한다.

셋째, Π(파이)형 인재

Π(파이)형 인재는 21세기 지식정보시대에 들어 T형 인재에서 한 단계 발전된 개념이다. 2가지 이상 분야의 전문가적 자질을 갖추면서도 폭넓은 교양을 지닌 멀티플레이가 가능한 인재를 일컫는 것이다. 다빈치 인재라고도 불리는 이 파이형 인재는 이탈리아를 대표하는 천재적 미술가, 과학자, 기술자, 사상가인 레오나르도 다빈치Leonardo di ser Piero da Vinci를 모델로 삼은 인재상이라고 한다.

지금 우리는 어떤 인재형인가, I형, 아님 T형, 그럼 파이형 인재? 이렇게 시대가 변화하면서 인재상이 바뀌는 것은 무엇 때문일까? 그것은 바로 기업의 환경과 고객의 요구가 달라졌기 때문이다. 20세기의 고객 의미가 '너'를 포함한 모든 사람이었다면, 21세기에서의 고객 의미는 '나'를 포함한 모든 사람들을 의미한다. 그래서 고객 감동과 고객 만족을 넘어 고객 성공으로 개념이 확대되었다.

TV를 보다 보면 가수로 알고 있었는데, 코미디 프로에 나와서 코미디 연기를 하는 사람들이 있다. 이렇게 되다 보니 저 사람이 가수인지 코미디언인지 분간하기 어려울 때도 있다. 가수가 노래만 하는 것이 아니라 연기도 하고, 코미디 프로에 출연하여 다양한 자신의 끼를 보여주기도 하는 게 심심찮게 보이니 "저 사람은 코미디언이야, 가수야?" 주위 사람들에게 물어본 적도 한두 번이 아니다.

또한 개그맨이 사회를 보고, 아나운서가 예능 프로를 진행하고, 때론 함께 예능 프로에 참여하기도 하고, 운동선수가 TV 예능 프로에 단골 패널로 나오는 것도 흔히 볼 수 있는 광경이다. 비단 예능 분야만이 그런가. 아니다. 전문가 분야에서도 마찬가지다. 변호사가 법률만 다루는 것이 아니라 회계를 다루기도 하고, TV 패널로 출연하여 법률 분야가 아닌 사회나 정치이슈를 다루기도 한다. 노무사가 노무 분야뿐만이 아닌 회계 분야를 다루기도 한다.

어느 한 분야만을 다루는 것이 아니라 때론 고객의 요구에 맞게 부응하고 있는 것이다. 때론 자신이 하지 못한다면, 할 수 있는 사람과 협업을 해서라도 해내야 하는 시대인 것이다. 고객의 기대에 부응하거나 그들을 만족시켜야 하고, 더 나아가 그들을 성공시켜 주지 못하거나 그들에게 수익을 창출시켜 주지 못한다면 살아남지 못하는 시대가 되었기 때문이다. 이 모든 변화는 우리가 원하든 원하지 않든 고객 만족 지향과 생존법칙의 사회현상에 의한다고 할 수 있다.

우리의 고객은 누구인가. 앞서 언급했듯이, 우리 자신을 포함한 모든 사람이 되는 것이다. 그렇다면 적어도 우리 자신의 진정한 고객이 되는 우리 자신의 미래, 우리의 꿈을 실현시키고 성공시키기 위해서 우리는 어떻게 해야 하는가. 자신을 포함한 우리의 고객을 위하여 우리는 Π(파이)형 인재 또는 멀티 엑스퍼트Multi Expert가 되어야 한다. 단순 멀티 플레이어가 아닌 자신의 전문성을 갖추고, 다른 분야도 넘나들 수 있는 전문성을 갖춰야 한다는 뜻이다.

그래야만 시대적 요구에 맞게 우리 자신과 우리의 고객을 만족시킴과 동시에 성공시킬 수 있겠다. 이는 선택이 아니라 시대적 조건이다. 이를 위해서 우리는 '남과 같기'가 아닌 '남과 다르기' 위한 전문성을 키우기 위해서 폭넓고 깊이 있는 노력을 기울여야 한다. 전문성을 갖추는 것이 우리의 미래인 꿈과 비전을 실현시킬 수 있으며 우리의 삶을 보장해 줄 수 있는 최선의 방법일 수 있기에 그렇다.

처음부터 잘할 수는 없다. 성공을 위한 첫 시작이 중요하다. 이제부터라도 우리가 할 수 있고, 가장 잘할 수 있는 것을 찾아내어 처음에는 'I형 인재'가 되고자 노력하고, 다음은 'T형 인재'가 되고, Π형 인재로 전문성을 키워나가며, 조직과 사회환경에서 요구하고 있는 'A형 인재'가 되도록 노력하는 것이다. 단계별로 Step Up!

'A형 인재'는 이 시대의 이상적 인재라 할 수 있다. 한 분야에 대한 깊이 있는 전문 지식과 더불어 다른 분야에 대해서는 교양적 지식과 상식을 갖추고 수용성과 포용력을 가지며, 커뮤니케이션 능력, 팀플레이의 역량을 갖춘 조화된 인재라 할 수 있다. 구체적으로 말하면 인문학과 자연과학의 소양을 고루 갖추고 있는 사람이며 '통섭'할 수 있는 능력을 갖춘 인재를 말함이다.

통섭이 주목받는 것은 미국의 기업가이며 애플 사社의 창업자 스티브 잡스_{Steve Jobs}와 같이 새로운 것을 창조함으로써 새로운 부를 창출할 수 있고 시대를 리딩해 나갈 수 있다는 점 때문이다. 그래서 스티브 잡스를 21세기 아이콘이라 했는가 보다.

글로벌 문화를
익혀라

 20세기에 불었던 영어 솔바람이 이제는 태풍이 되었고, 세계화 바람에 더욱 거세어져서 이제는 영어 열풍이 되었다. 비단 영어뿐이 아니라, 중국어, 일본어, 러시아어 등등 다양한 언어를 배우려는 바람이 지역 풍으로 곳곳에서 불고 있다. 길거리를 지날 때 간판을 보노라면 마치 언어 박람회장을 방불케 하듯, 뜻도 모를 다국적 언어들로 치장된 간판들이 눈에 띄는 건 말할 것도 없고 사람들의 대화 중에서 몇몇 다국적 언어를 섞어가며 말을 하는 것이 자연스러워졌을 정도다. 시대의 흐름이라 막을 수는 없을 것이다.

 언어를 배운다는 것은 단순히 그 언어를 배우는 것만이 아니다. 그 언어권의 생활상은 물론, 역사와 문화, 그리고 가치와 철학까지도 수용·공유할 수 있는 기회를 갖게 된다. 단순 공유개념에서 공존개념으로의 사고전환까지 꾀할 수 있는 계기를 갖는 것이다. 예전과는 달리 요즈음은 다문화나 이문화 같은 단어들에 익숙해졌고, 문화산업, 문화관광콘텐츠산업 등의 용어에도 어색하지 않다.

한 사회 구성원들의 사상, 의상, 언어, 종교, 의례, 법이나 도덕 등의 규범, 관습, 가치관, 행동양식, 인간관계, 관행, 제도, 구조, 풍습 등등을 모두 포함하는 일종의 현지 사람들 또는 원주민들이 갖고 있는 삶의 양식이며, 철학이라 할 수 있는 문화Culture는 21세기 글로벌 시대를 맞이하여 개별 국가에 한정된 폐쇄적 문화에서 다국가 간 공유·공존되는 개방적 문화로 발전되고 있다.

영국 일간 텔레그래프가 8월 31일(현지시간) 인용 보도한 시민권 기획 업체 '헨리 앤드 파트너스'의 2016년 집계에 따르면, 한국은 무비자 여행 가능한 나라가 172국으로, 캐나다, 아일랜드, 룩셈부르크, 노르웨이, 스위스, 포르투갈 등과 함께 공동 6위를 발표했다(연합뉴스 2016.09.01.). 예전과는 달리 이제는 마음만 먹는다면 거의 가보지 못할 나라가 없어졌다는 것이다.

비즈니스든 일반 여행이든 해외에 나갔을 때, 외국 현지에서 외국인들과 어울려 그 나라 현지 음식을 먹기도 하지만, 현지 한국식당에 들어가 맛있는 냉면을 먹기도 하고, 김치찌개나 된장국을 먹기도 하였을 것이다. 국내 식당가에도 미국, 중국, 일본은 물론 인도, 몽골, 베트남 등등 각국의 전통 음식점들이 늘어나고 있는데, 이는 국가 간의 국경이 무너졌다는 의미를 넘어 지구촌이 하나의 공동 생활문화 공간으로 좁혀졌다는 것을 보여주는 것이다. 다른 국가들의 문화가 유입되고, 우리의 문화도 그들과 공유·공존되고 있다는 증거 아니겠는가. 좋은 현상인가 아닌가는 더 생각해 봐야 하겠다.

우리나라 사람들이 여행 때문이든 직장 때문이든 세계로 나가는 것처럼, 다른 나라 사람들도 우리나라를 찾는다. 이유야 어떻든 간에 그 수가 해마다 늘어나는 추세다. 과거에는 외국인 한 번 보는 게 신기할 정도였던 때도 있었는데, 요즈음은 대도시건 지방도시건, 심지어 시골이건 할 것 없이 자연스런 모습으로 받아들여지고 있다. 그러다 보니 여러 외국어를 쉽게 들어볼 기회를 갖게 되는 것도 당연한 일. 지하철을 타보면 우리나라 말로 안내방송이 나오는 건 말할 것도 없고, 영어, 일본어, 중국어 안내방송이 나오는 것이 이상하지 않고 자연스럽다. 그뿐이겠는가? 예전에는 이상했는데, 이제는 자연스럽게 받아들여지고 있는 국제결혼도 주위에서 흔히 볼 수 있는 풍경이 되었다.

기업이나 조직에서도 이런 문화적 교류가 일어나고 있다. 기업에서는 국경을 초월하여 적합한 인재를 찾고, 부족한 노동력을 수급하기 위하여 외국 인력을 채용하고 있으며, 산업연수를 받으러 많은 외국인들이 국내에 들어오고 있다. 그러다 보니 기업이나 조직에서도 하나의 목적을 갖고 다국민들이 함께 조직생활하며 일을 하는 시대가 된 것이다.

프랑스의 법 역사학자이자 사회학자 자끄 엘륄Jacques Ellul의 『세계적으로 사고하고 지역적으로 행동하라』라는 책 제목처럼, 기업은 더더욱 세계시장에서 경쟁을 벌여야 하기에 세계화·글로벌 시대에 맞춰 폭넓은 사고를 해야 하고, 우리에게 지역뿐 아니라 해외 현지에 맞는 글로벌 인재가 되기를 요구하고 있다.

글로벌 시대에 우리가 해야 할 것은 세계화 속 현지화에 대한 준비를 하는 것이다. 그래서 우리는 외국어를 배우는 것 못지않게 글로벌 문화를 익히는 것이 중요하다. 앞으로 세계 속에서 한국인으로, 한국

속에서 세계인으로 살아가야 된다면 이에 맞는 글로컬 인재로 새로이 태어날 수 있도록 준비를 해야 한다. 이것이 21세기에 진행되고 있는 우리 미래의 삶이기 때문이다.

　여기서 우리가 주목해야 할 것이 있다. 미래 직업인으로서 사회의 변화 트렌드를 읽어내고, 글로벌 문화를 익혀나가고 미래 시대가 요구하는 역량을 갖춰나가는 데 자신을 게을리하지 않아야 하는 것이다. 이제 우리는 원하든 원하지 않든 세상의 변화를 이끌고 있는 트렌드를 읽어 나가면서 로컬 및 글로벌 안목과 역량을 함양하고 개발해 나가야 하는 숙명에 놓여 있는 것이다.

행복감을
스스로 만들라

　행복이 무엇인가? 타고나는 걸까? 아님 만들어지는 걸까? 행복이 뭔지 알아야 우리가 행복한지 어떤지 알 수 있으며, 그런 행복이 타고나는 것인지, 만들어지는 것인지도 알 수 있겠다.

　물질주의가 나날이 팽배해지고 있다. 돈이면 다 된다는 식이다. 삶의 목적이 곧 돈이 되는 시대가 된 듯하다. 돈 때문에 갈등을 겪고, 천륜을 어기는 범죄를 저지르는 뉴스까지도 종종 접하게 된다. 숨 막히도록 경쟁해야 하고, 최고가 되어야 하는 세상에서 돈이면 이 모든 것에서 해방될 수 있다는 생각이 들게끔 사회 분위기도 한몫하고 있다. 하지만 다시 생각해 보자. 왜 이렇게 살아가는지, 무엇 때문에 하루하루 마음의 여유조차 없이 살아가고 있으며, 무엇을 위해 그리 살고 있는지 생각해 보자.

　우리가 살아가는 이유는 행복해지고, 나름 성공하는 삶을 살기 위해서다. 아닌가? 하지만 우리는 행복이 뭔지도 모르면서 행복해지려고 하는 건 아닌지, 행복도 모르면서 행복을 추구하고 있는 건 아닌지 모르겠다.

미국의 작가이며 재치 있는 경구를 잘 썼던 메이슨 쿨리Mason Cooley가 행복에 대해서 한마디 한 바 있다. "즐거움은 쉽게 오지만 행복은 그렇지 않다." 무슨 뜻일까? 행복은 즐거운 순간이나 초콜릿 등을 먹으면서 잠시 맛보는 감각적 즐거움이 가져다주는 것보다는 그 이상의 것이라 할 수 있다. 사람마다 각자 느끼는 평안하고, 안정된 느낌이 오래오래 지속되었을 때 나타나는 느낌을 행복이라 할 수 있겠다. 다음 예시문을 읽어보고 어떤 느낌이 드는지 생각해 보자(『긍정 심리학 프라이머』, 2010, 149.).

수녀 1

나는 1909년 9월 26일에 2남 5녀의 장녀로 태어났다. 중략. 본원에서의 예비수녀 기간 동안 나는 노트르담대학교에서 2학년 라틴어와 화학을 가르쳤다. 앞으로 주님의 은혜 안에서 우리의 사명인 전도, 내적 치유를 위해 힘쓰겠다.

수녀 2

주님은 한없는 은혜를 나에게 주시며, 나의 삶을 바꿔 놓으셨다. 중략. 내가 노트르담대학교에서 공부하며 예비수녀로 보낸 지난해는 너무도 행복했다. 이제 나는 큰 기쁨으로 거룩한 습관을 얻고, 신의 사랑이 함께하는 수녀회에서의 삶을 고대하고 있다.

수녀 두 사람이 쓴 에세이를 읽어보니 어떤 느낌이 드는가. 1917년 이전에 태어난 180명의 수녀들이 이 에세이 안에 담겨있는 긍정적 정서 단어가 포함된 문장의 수와 부정적 정서 단어가 포함된 문장의 수를 산출하는 방식으로 에세이의 정서적 내용을 평가하였다.

첫 번째 수녀의 글은 대부분 정서에 대한 수동적 묘사로 평가된 반면, 두 번째 수녀의 글은 행복이 가득 찬 긍정적 묘사로 평가되었다. 수도원에서 활기 넘치게 긍정적인 감정을 갖고 생활한 수녀들은 90%가 85세까지 장수하였으며, 54%가 94세까지 살았다. 그렇지만 무미건조한 감정으로 생활한 수녀들은 34%만이 85세까지 살았으며, 11%만이 94세까지 살았다.

두 예시문을 통해서 알 수 있듯이 행복한 감정은 단순히 순간의 감정이 아닌 우리의 미래 삶에 중요한 영향을 끼친다는 것이다. 이렇듯 행복이 우리의 삶에 바람직한 영향을 가져다준다면, 행복을 이끌어내는 방법은 없는가? 긍정심리학의 창시자 셀리그만은 '행복 공식'을 다음과 같이 제시하고 있다(Martin E. P. Seligman, 2009).

〈행복 공식〉

S 이미 설정된 행복의 범위
유전적 특징, 쾌락의 늪

＋

H = C 행복에 영향을 미치는 외적 환경
돈, 결혼, 사회생활, 부정적 정서,
나이, 건강, 교육, 날씨, 인종, 성, 종교

영속적인
행복의 수준

＋

V 개인이 통제할 수 있는 자율성(내적 환경)
과거에 대한 만족도, 미래에 대한 낙관주의,
현재의 행복

셀리그만은 'H = S + C + V'라는 행복 공식을 통해서 영속적인 행복의 수준(H)은 이미 설정된 행복의 범위(S)와 삶의 상황(C), 그리고 개인이 자발적으로 통제할 수 있는 요소들(V)을 더한 값이라는 것이다.

행복 공식에서 설정된 행복의 범위(S)는 유전적 특징과 쾌락의 늪과 같이 이미 정해져 있는 후천적 요소로 50% 정도 영향을 끼친다고 본다. 그러나 삶의 환경(C)은 돈, 결혼, 사회생활, 부정적 정서, 나이, 건강, 교육, 날씨, 인종, 성, 종교와 같이 행복에 영향을 미치는 외적 환경을 말하는 것으로써, 사람에 따라 다르겠지만, 행복을 증진시키는 후천적 요소로 10% 정도 영향을 미친다고 본다. 그렇지만 내적 환경(V)은 과거에 대한 만족도, 미래에 대한 낙관주의, 현재의 행복 등 자신이 스스로 생각하고 평가·판단하는 요소로 40% 정도 영향을 미친다고 본다.

따라서 설정된 행복의 범위는 변하지 않는 상수이지만, 삶의 환경은 어느 정도 외적 환경을 바꿔서 영향을 미칠 수 있는 것이다. 반면에 내적 환경은 개인의 자율의지인 마음먹기에 따라서 얼마든지 변화시킬 수 있는 요소인 것이다. 우리가 내적 환경을 바꾸려고 결단하고 노력을 기울인다면, 우리의 행복도는 지속적으로 증가되고, 행복한 삶을 살아갈 수 있게 된다는 것이다. 즉 언제나 우리에게 영향을 끼치는 것은 우리의 의지라 할 수 있다.

또한 셀리그만은 "행복도 바이올린 연주나 자전거 타기 기술처럼 자신의 노력으로 만들 수 있다."고 말하고 있는데, 그에 따르면 우리가 긍정적 정서를 많이 함양하고, 삶에 대한 낙관적 태도를 잃지 않도록 노력한다면 우리의 인생도 우리가 원하는 방향으로 변화되어 나아갈 수 있다는 것이다.

지금까지 우리는 우리의 모습을 보면서 이렇게 된 것은 우리의 환경과 조건 때문이라고 많이 한탄했었을 것이다. 그렇지만 셀리그만의 행복 공식과 그의 말에 의하면 우리는 잘될 것이라는 낙관적이고 긍정적인 정서를 갖고서 우리 자신이 좋아하는 일에 열심히 몰입한다면, 우리는 얼마든지 행복해질 수 있다는 것이다.

행복한 느낌을 갖기 위한 방법 중의 하나는 웃는 것이다. 그러니 웃자. 그것도 가능하면 많이 웃자. 진짜 많이 웃자. "행복해서 웃는 것이 아니라, 웃으니까 행복해진다."는 말도 있다. 그런데 웃음에도 진짜 미소가 있고, 가짜 미소가 있다. 일명 '뒤센 미소'와 '팬아메리칸 미소'이다.

진짜 미소는 '마음에서 우러나오는 웃음으로 양 입꼬리가 위로 올라가고 눈꼬리에 까마귀 같은 주름살이 생기며 웃는 미소'로 처음 발견한 19세기 프랑스의 신경심리 신경학자 기욤 뒤센_{Guillaume Duchenne}의 이름을 따서 '뒤센 미소'라 했으며, 가짜 미소는 '입은 웃고 있으나 눈은 웃지 않는 그런 웃음'을 의미하는 것으로, 팬아메리칸 항공사 TV광고에 등장한 승무원들의 미소를 빗대어 그 항공사 이름을 따서 '팬아메리칸 미소'라 했다. 얼마나 억지로 웃으며 일했으면, 항공사 이름이 '가짜 미소'의 대명사가 되었는지 안타까울 뿐이다.

웃는 것부터 시작하자. 우리 자신을 위해 뭔가 커다란 것을 하려 하기보다 웃는 것부터 하자. 성공한 사람들을 보라. 왜 그들의 얼굴이 밝게 빛나고 있는지를 잊지 말자. '그 얼굴이 그들의 인생을 바꿨다는 것을!' 그러니 우리도 웃자. 즐거운 마음을 갖자! 매 순간마다 우리 자신을 기분 좋게 하는 요인을 극대화하고, 불쾌하게 하는 요인을 최소

Part 1. 나의 삶을 열어라

화하자. 그런 모습으로 세상을 맞이하고, 세상에 우리의 모습을 보여주자.

살다 보면 좋은 일도 있고, 그렇지 않은 일도 있다. 뭐가 뭔지 엉망일 때도 있다. 좋은 일이 일어났거나 적어도 자기가 한 일이 괜찮다는 생각이 들면 자화자찬하듯 우리 탓으로 하자. 우리가 이렇게 해서 좋은 일이 일어났다는 식으로 능동적이고 적극적으로 생각하자. 그런데 좋지 않은 일이 일어났을 때에는 주눅들지 말자. 그럴 때라도 그것을 자기 탓으로만 돌리지 말고 웃으면서 마음의 여유라도 가져보자. 그런 다음에 내 탓인가, 남의 탓인가를 가려보려는 태도라도 가져 보자. 객관적 상황으로 보려는 태도를 가지란 것이다.

무조건 자학하듯 "왜 나에게만 이런 나쁜 일들이 일어나는 거야. 왜 이렇게 일이 풀리지 않는 거야." 식으로 하지 말자는 것이다. "이번에 이렇게 했더니 이런 일이 생겼네, 이런 결과가 나왔네. 이렇게 한 것이 실수였네." 등등 잘못된 방법을 찾아 고치려 하고, 그런 방법이 아닌 다른 방법이나 아이디어를 찾아보려는 태도를 갖도록 하자. 앞으로 우리에게 닥칠 일에 대해서 절망하지 말고, 희망적인 태도를 가지고 여러 대안을 찾는 자세를 갖도록 하는 것이 필요하다. 인생은 한 가지 방법이 아닌 다양한 방법으로 행복감을 찾아낼 수 있는 것이니까 말이다.

사람은 감정의 동물이다. 그러다 보니 무슨 일이 자기 뜻대로 되지 않으면 내 탓으로 돌리고, 자학하고, 더 나아가 자기 삶 전체를 절망적으로 보려는 태도를 갖곤 한다. 그러니 마음만이라도 바꾸자. 세상은 내 마음 같지 않지만 적어도 내 마음 같은 사람이 훨씬 더 많이 있다는 것을 믿자.

『행복은 전염된다』의 저자이자 하버드대학교 사회학자인 니콜라스 크리스태키스Nicholas A. Christakis와 캘리포니아대 정치학자 제임스 파울러James H. Folwer는 2008년 영국의 '의학저널British Medical Journal' 온라인 판에서 1983년부터 2003년까지 20년간 심장질환 연구에 참여한 4,700명의 반려자, 친척, 친구, 이웃, 직장동료 등 5만 개의 사회적 연결망 안에서 행복이 퍼져나가는 현상을 연구한 결과를 발표한 바 있다.

그 결과에 의하면, 한 사람이 행복하면 그 친구(A)의 친구(B)의 친구(C)까지 행복감을 느끼게 해준다는 것이다. 예컨대 우리가 행복하면 얼굴도 모르는 사이인 나의 친구(A)는 25%, 친구(B)는 10%, 친구(C)는 5.6% 행복감을 느끼게 된다는 것이다. 결국 행복은 단순한 개인의 정서가 아닌 집단적 현상이며, 전염성이 강력하다는 것이다.

'행복 바이러스!'

이처럼 행복은 나 스스로 만들기도 하지만, 주위에서 만들어주기도 한다는 것을 깨닫자. 그래서 우리 자신이 행복해지기 위해서뿐만 아니라 우리 곁에 있는 누군가의 행복을 위해서라도 행복해지도록 하자. 우리가 행복 바이러스가 되자. 늘 감사한 마음으로, 순간순간 느끼는 감정들을 소중히 여기고 주위의 친한 친구와 함께 나누고, 함께 즐거워하는 날들을 늘려나가자. 우리 마음속에서 느끼는 행복을 찾아가고, 오늘도 행복감을 느끼는 행복인이 되기 위해서 힘쓰자.

Prologue

최고의
인생 비전을
수립하라

Chapter **3**

근본은
인성이다

인간적
기본을 갖춰라

생각해 보자. '우리는 어떤 사람인가.' 인간성이 괜찮은 사람인지, 아닌지. 그리고 주위에서는 우리를 어떻게 생각하고 평가하고 있을지.

'저 사람은 인간적으로 인성이 괜찮네, 아니네.' '인간적이네, 아니네.' '싹수가 있네, 없네.' '보고 배운 데가 있네, 없네.' 등등 사람들 사이에서 타인을 나름 평가하는 이런 저런 말들을 들어봤을 것이다. '인간적으로 괜찮다.'고 하는 것은 근본이 바르고 인성이 되어 있다는 것이다. 남의 뒷담화를 하지 말고, 우리부터 근본을 바르게 갖고 인성을 갖춰서 개념이 있는 사람이 되도록 하자.

공자나 맹자 같은 옛 성현들의 말씀을 배우고 익혀 따르라는 것이 아니다. 우리의 수준에서, 우리가 아는 상식적 범위에서 인간이 갖춰야 할 최소한의 예의와 범절을 갖추자는 것이다. 그런 다음 사람을 대하고, 세상을 보자는 것이다. 부족함에 대한 겸손을 알고, 이를 채우려 배우고 익히며, 아는 만큼의 지식으로 행하고 실천하자는 것이다. 보통 사람으로서의 생각과 행동에 일치를 보이자는 것이다. 그래서 우리의 행동을 보고, 우리에게서 배울 것이 있다는 소리를 누군가로부터 듣게 될 때, 그때 가서 우리가 적어도 인간적이고 기본이 바로 된 사람이라 자부하자.

"똥 묻은 개가 겨 묻은 개 나무란다."는 속담이 있다. 이 속담이 왜 생겨났겠는가. '자기는 더 큰 흉이 있으면서 도리어 남의 작은 흉을 본다'는 뜻이 아니겠는가. 방송이나 신문을 통해서 많이 들었거나 봐왔을 것이다. 지금 당장은 어떤 지위나 덕망이 있는 것으로 비쳐도 과거의 잘못된 행실이나 행적이 드러나 그 수명을 다하지 못하고 물러나는 사람들. 정권이 바뀔 때마다, 혹은 인사철만 되면 신문과 뉴스에서 보도되거나 청문회장에서 밝혀지는 내용이나 사실들을 보고 듣노라면, 한마디로 놀랄 노 자가 아니던가. 그때마다 착잡하고 서글퍼지는 마음이 들곤 했을 것이고, 소주 한잔이라도 걸치고 이 탓, 저 탓, 세상 탓 모두 하고 싶은 마음도 있었을 것이다.

기본기 없이 얻어진 위치는 마치 모래 위에 지은 집과 같아 언제 무너질지 모르니 얼마나 불안하겠는가. 그 안에서 살고 있는 사람들은 언제 터질지 모르는 시한폭탄을 움켜잡은 듯 불안한 마음으로 살아가려니 얼마나 마음이 조마조마하겠는가. 적어도 잠잘 때만은 편안하게 두 발을 쭉 뻗고 자야 하는데 언제 닥칠지 모르는 상황에서 발이라도 제대로 뻗고 잘 수 없다. 적어도 발을 쭉 뻗고 자려면 인간적으로 인성과 기본을 갖춰 행실을 바르게 하고, 스스로 기본과 원칙을 지킬 수 있는 사람이 되도록 자기를 바로 세워야 한다.

가정교육이 무너졌느니, 학교교육이 무너졌느니, 사회의 질서가 무

Part 2. 최고의 인생 비전을 수립하라

너졌느니. 국가의 기강이 무너졌느니…, 온통 무너졌다는 소식이 들려온다. 최근에는 대통령 탄핵소식까지 들려온다. 어찌 이 지경까지 되었는지…. 왜 그럴까! 지금 우리는 가정이나 학교에서 인간의 됨됨이보다는 점수나 학교, 학력에 더 바탕을 둬서 사람을 평가하는 시대에 살고 있기 때문이겠다. 인성도 시험을 봐서 평가한다고 하지 않던가. 그 발상이 참으로 놀랍기만 하다.

이렇듯 모든 국민이 1등을 지향하는 시대, 그 1등이 되지 않으면 실수가 아닌 인간으로서의 실패로 몰아가는 학교와 사회 분위기. 학교에서는 공부를 잘하면 폭력을 휘둘러도, 왕따를 시켜도 용서가 되니, 초등학생들조차도 왕따, 빵셔틀, 폭력 등에 노출되어 있으며, 사회에서는 돈과 권력만 있으면 유전무죄가 되는 세상이다 보니…. 그러면서도 다 내 마음 같지 않다고 하소연하는 심사는 무엇이란 말인가.

지금 우리는 1등이 되어야 하고, 경쟁에서 이기지 못하면 살아남지 못하고, 인정받지 못하는 시대에 살고 있으니, 사람 냄새가 나는 세상에서 살고 있는 것은 아닌 듯싶다. 그래도 사람이 살아가는 세상에서 사람 냄새가 날 수 있게 내 마음 같은 세상이 되었으면 한다.

혹자는 이렇게 말할 수도 있겠다. "21세기를 살아가는 작은 나라에서, 그것도 남북으로 나뉘어져 휴전으로 대치하고 있고, 부존자원賦存資源도 부족하며, 인구밀도만 높은 이 작은 땅에서 살고 있는 우리가 세계무대에서 글로벌 국가들이나 기업들과 외교전을 펼쳐야 하고 경쟁해서 이겨야만 먹고 사는 치열한 무한 생존경쟁의 시대에 살고 있는데 별수 있겠나? 환경이 그렇고, 시대가 그러니 어쩔 수 없는 노릇 아니겠는가."

한 치의 틀림이 없는 옳은 말이다. 어쩌면 지금 우리가 이렇게라도 먹고사는 것은 글로벌 국가들이나 기업들과 치열하게 경쟁하여 이겨낸 결과일 수 있다. 중요한 것은 그래서 우리에게 무엇이 남아 있고, 남겨져 있는가이다. 그렇게 살아온 세월 속에서 우리는 너무나 많은 것을 잃어왔는지도 모른다. 가족도, 친구도, 심지어 자기 자신까지도…. 이런 세상일수록 필요한 것은 사람과의 관계이다. 사람 냄새가 나는 사람과 함께하는 것이다. 그러기 전에 사람 냄새가 나는 '나'와 '너', '우리'가 되어야 한다. 그리고 사람으로서 갖춰야 할 근본과 행함이 있어야 한다.

"태산에 부딪쳐 넘어지는 사람은 없다. 사람을 넘어지게 하는 것은 작은 흙무덤이다."라는 격언이 있다. 이 말은 큰일은 조심을 하기 때문에 실패하는 경우가 적지만, 사소한 일은 소홀하기 쉬워 자칫하면 큰일을 그르치는 원인이 된다는 뜻이다. 즉 우리 스스로를 망치는 것은 커다란 것이 아니라, 사람이 갖춰야 할 근본을 소홀히 하는 데 있다는 것을 일깨워 주는 소중한 말이다.

잠시 생각해 보자, 사람들과의 관계에서 마음의 상처를 입곤 하는 것이 무엇 때문인가. 결코 커다란 일 때문이 아니다. 눈에 보이지도 않을 만큼 아주 작아 먼지 같거나, 티끌 정도도 되지 않는 것들이 발단이 되곤 한다. 지금 우리 중에 누군가와 불협화음이 있거나 소원疎遠해져 있는 사람이 있다면 가슴에 손을 얹고 깊이 생각해 보자. 어쩌면 "미안하다."는 말 한마디로 해결될 정도로 남이 알면 아무것도 아닐 법한 것들 때문에 일어난 일들이 대부분일 것이다. 그때는 잘 모르다가 시간이 지나면서 차츰차츰 감정이 돌아서거나 섭섭한 마음의 앙금이 가시질 않으면서 어색해지고 소원해졌던 것이다.

사람의 감정은 아주 사소한 것으로부터 상처를 받는다. "가랑비에 옷 젖는다."는 속담처럼 하나하나 감정에 맺히고 쌓여가다가 결국에는 가슴속 응어리진 검붉은 티끌 덩어리가 뻥 하고 가슴 밖으로 응혈처럼 분출하게 된다. 그간 쌓였던 분노가 폭발하는 것이다. 사람과의 관계에서 인간적으로 우리가 갖춰야 할 것들을 갖추지 않는다면, 누군가에게 이와 같은 폭발을 일으킬 수 있다는 것이다.

『내가 정말 알아야 할 모든 것은 유치원에서 배웠다』라는 로버트 풀검Robert Fulghum이 쓴 책을 보더라도 알 수 있듯이, 우리는 '꿈을 꾸며 세상을 지혜롭게 살아가는 방법'과 '인간적 관계에서 갖춰야 할 기본'은 이미 유치원이나 초등학교에서 다 배웠다 해도 과언이 아니다. 그래서 그때는 비록 우리가 어렸겠지만, 사람 냄새가 나는 사람이었을 것이다.

"인사 잘해라!", "친절해라!", "꿈을 가져라!" "횡단보도를 건널 때는 파란 신호등이 켜졌을 때 손을 들고 건너라!" "어른을 만났을 때는 반드시 공손하게 인사를 드려라!" "어른들 앞에서는 바른 태도를 보여드려라!" "친구를 만나면 다정하게 인사해라!" 등을 배웠을 것이고, 익혔을 것이고, 실천했을 것이다. 그런 우리가 지금은 사람 냄새가 나지 않는 사람이 되어 있다니…. 우리가 그때처럼 '정직하고', '인사 잘하고', '친절하고, 예의 바르며', '꿈도 많았던 때'가 또 있었을까! 그 이후로 우리는 자라면서 현실을 배웠던 것이다. 소위 말해 철이 들어갔던 것이다.

'철이 들어간다.'는 잘 포장된 명제로 어느 순간부터 세상에 맞춰가는 우리가 되었고, 어른의 세계로 접어들면서 세상에 순종하는 나약한 모습으로 변해갔던 것이라 생각한다. 그것이 세상 살아가는 방법인 양 우리가 배운 것은 아닌가 싶다. 아마도 우리는 먹은 나이만큼이나 세상을 살아가는 약삭빠른 수단과 방법들, 경쟁에서 이기는 수법들을 익혔으며, 지식을 쌓으면서 남들이 모르는 요령과 옳지 않은 수단과 방법을 찾으려 했던 것은 아닌가 싶다. 배웠으니 써먹어야 한다는 식으로 그간에 배운 수법들을 우리가 살아가는 데 써먹고 있었던 것은 아닐까.

물론 "도의적으로는 몰라도 법을 어긴 것도 아니고, 부정한 방법이나 남에게 해를 끼치는 방법도 아니고, 단지 약삭빠른 방법을 쓴 것뿐인데 뭐가 잘못인가." 식으로 말할 수 있다. 단기간의 세상을 살아가는 데는 그런 방법들이 앞선 방법이고, 괜찮은 방법처럼 보이는 것 같겠지만 장기간 세상을 살아가는 데는 그런 방법들이 그리 필요치 않는 것 같다. 소위 사회에서 인정받고 성공했다는 사람들의 키워드를 보면, 그것은 바로 오랜 세월을 '성실'과 '기본'에 충실하였다는 것이다. 그렇기에 대접받고 찬사를 받는 것이 아니겠는가.

사람들은 나이를 먹어감에 따라 그만큼의 생각을 많이 하며 살아간다고 한다. 우리 역시 그렇다. 이렇게 생각하고, 저렇게 반성하거나, 저렇게 생각하고, 이렇게 반성하며, 때론 후회도 하면서 어제처럼 오늘도 살고 있다. 그런데 내일은? 아니면 내일도? 해가 바뀌는 신년 초에 떠오르는 태양을 보면서 우리는 신년을 어떻게 맞이하고 살지에 대해서 계획을 말하거나 소원을 빌곤 한다. 그러다가 그 해가 다 지나고 연말이 되었을 때, 서쪽에 지는 해를 바라보면서 신년 초에 계획했던 그 많은 계획들을 이루어 내지 못함에 반성하고 다짐을 다시 하곤 하였던 반복의 햇수가 지금 우리의 나이와 같지 않았으면 한다.

세상은 기본이 있다. 그 기본은 사람과 사람의 관계를 이어주기도 하고, 끌어 내리기도 한다. 그 관계의 출발은 자기 자신과의 관계부터이다. 그 관계에 따라서 자신을 바로 세우기도 하고, 쓰러뜨리기도 한다. 자신을 높은 곳으로 올라가게 할 수도 있고, 낮은 곳으로 내려가게 할 수도 있다. 그렇기에 우리가 아무리 뛰어난 재주를 갖고 태어난들 인간적 기본을 성실하게 행하지 않는다면, 우리의 꿈은 도중하차될 것이고 성공하는 사람들의 행복한 삶을 보면서 부러움에 자신을 한탄하는 삶이 되고 말 것이다.

우리는 성공하는 사람들과 다른가? 정말 그럴까. 우리의 삶이기에 남들처럼 재주가 있고 없고를 탓하기 전에, 타고난 우리의 소질과 능력을 바탕으로 우리의 뜻을 바로 세우고, 그 뜻을 이루고자 주위로부터 흔들림 없이 열정을 갖고 피나는 노력을 기울인다면, 우리는 꿈을 실현해 나가면서 행복감을 맛보며 살아갈 것이다. 이는 성공한 사람들이 우리에게 일러주는 팁이다. '사주팔자 고친다.'는 말이 있다. '노력하느냐.' '하지 않느냐.'에 따라 우리의 삶은 얼마든지 지금과 다르게 살아갈 수 있다. 그 시작은 인간이 갖춰야 할 자기와의 관계에서부터 출발하고, 기본에 있음을 잊지 말아야 한다.

지식이 아닌
지혜를 함양하라

"지혜란 무엇인가?" 그 뜻을 살펴보니 지혜는 "사물의 이치를 빨리 깨닫고 사물을 정확하게 처리하는 정신적 능력"이다. 그렇기에 지혜란 한마디로 '선견력'이라 말할 수 있다. 우리 육안으로는 한 치 앞을 내다보지 못한다지만, 조금이라도 마음의 눈으로 앞을 내다보려고 하고, 남들보다 먼저 그에 맞는 준비를 꾸준히 하거나 필요한 계획을 세워 나가다 보면 나름 선견력을 갖게 될 것이다. 그러기 위해서 우리는 생각하는 머리가 있어야 한다. 미리 세상을 내다보고 준비할 수 있고 생각할 수 있는 머리. 그런 머리가 필요할 때이다.

우리가 생각하는 머리를 갖고 있는 사람이라고 생각한다면, 우리 자신의 미래를 위해, 또는 우리가 원하는 삶이 되기 위해 지금 무엇을 어떻게 해야 할지에 대한 솔루션을 얻을 수 있도록 지혜를 짜내야 한다. 우리들 중에 지혜가 없다고 생각하는 사람이 있다면, 남들보다 두 배, 세 배, 아니 그 이상 땀 흘리며 노력해야 한다. 이도 아니면 다른 사람들의 지혜를 빌리는 노력이라도 해야 한다. 그런데 지혜는 눈곱만큼도 없으면서 아무런 노력도 하지 않는다면, 미래는 보지 않아도 뻔하다. 기대할 것이 뭐가 있겠는가. 결국 세상의 낙오자가 되거나 남보다 뒤처지게 되고, 자신이 꿈꿔왔던 꿈은 저만치 달아나게 되는 것일 뿐이다.

사람은 세 종류가 있다고 한다. 하나는 아는 게 많고 풍부한 학식으로 머리에 든 게 많은 '든' 사람. 다른 하나는 출세하여 세상에 이름이 알려진 '난' 사람. 그리고 나머지 하나는 지혜를 갖춘 '된' 사람이겠다. 세 부류 중에서 가장 힘든 경지가 된 사람이 되는 삶이다.

잠시 생각해 보자. 어떤 류의 사람들이 떠오르는가. 주위에서 종종 보았을 것이다. 공부도 많이 해서 출세도 하고 돈도 많이 벌었지만, 현명하지 못한 방법으로 얻어진 것이 밝혀지면서 신문이나 방송에 오르내리고, 결국에는 나락으로 떨어지고 마는 모습들. 그런가 하면 학식도 많고, 학문적 업적도 많이 쌓았는데, 부정한 방법이 드러나서 인간적 대접을 받지 못하고 마는 모습들. 그렇지만, 그들만큼은 아니라 해도 어느 정도 학식도 갖추고 있고, 자신의 분수에 맞게 처신도 잘하며, 주위 상황에 지혜롭게 대처하는 모습들.

우리가 사는 세상은 한순간만 살다가 끝낼 세상이 아니라, 한 세기를 살아가야 할 만큼 긴 세월이다. 그런 긴 세월을 살아가는 우리는 공부를 하면서 '든' 사람이 되어간다. 그리고 그동안의 '든' 것을 가지고 출세하여 세간에 이름을 알리려는 '난' 사람이 되는 정도다. 세상에 '된' 사람은 드문 것 같다.

'난' 사람이 되는 것도 쉬운 게 아니다. 아주 힘들게 노력해야만 얻어질 수 있는 삶이다. 그렇기에 난 사람이 된다는 것만으로도 세간의 축하를 받을 만하다. 그런 사람들은 살아서 무엇을 얻었고, 죽어서 무엇을 남기게 되는가. 남기려는 삶은 아니겠지만, 원하든 원하지 않든 뭔가는 남겨지게 되어 있다. 그간 살아온 흔적일 테니 말이다.

우리는 '된' 사람이 되는 법을 배웠으되 행하지 않는다. 된 사람이 되는 법을 몰라서 된 사람이 되지 못하는 것이 아니다. '함께 더불어'라는 공존·공생의 생각만을 좀 더 깊이 하면서 삶을 살아간다면 '된' 사람이 될 텐데, 세상은 그런 삶을 허락하지 않는 것 같다. 적어도 21세기 세상살이는….

죽음은 우리에게 얼마나 가까이에 있을까? 뜬금없이 죽음은 무슨? 죽음은 신이 인간에게 내린 선물 중의 하나라 생각한다. 만약 죽음이 없었다면 인간은 어떤 모습으로 세상을 살아갈지 생각이 떠오르지 않는다. 영생하고 싶은 마음이야 세상에 태어난 모든 피조물들은 다 갖고 있는 마음이겠다. 그러나 세상을 살아가는 존재가치를 깊이 있게 깨닫고 누리며 살아가게 하는 것은 죽음이란 선물을 받았기에 가능하다고 생각한다. 그렇기에 우리는 우리에게 주어진 삶을 좀 더 가치 있게 살아가기 위해서 지혜를 갖춰야 하고, 진정한 우리의 삶을 살아가기 위해서 지혜를 발휘해야 한다.

지혜는 어떻게 나올까? 지혜는 생각하는 머리, 이성을 갖춘 머리에서 시작해서 따스한 가슴으로 포근히 감싸져서 손끝으로 나온다고 봐야 하지 않을까. 머리에서 생각의 싹이 트고, 마음에서 자양분을 받아 손끝으로 행함이 나오기 때문이리라….

지식이 없다고 해서 지혜가 없다는 것은 아니다. 지식이 없는 사람도 지혜로울 수 있다는 것도 봐왔을 테고, 지식이 있지만 지혜롭지 못한 경우도 봐왔을 것이다. 뉴스나 신문에서 가끔씩 대형사고 소식을 접하게 된다. 그럴 때마다 누가 대형 사고를 치나 살펴보면, 지식은 있어 높은 자리를 꿰차고 있으면서도 그에 맞는 지혜가 부족하고 인간적이지 못한 방법으로 온갖 못된 짓을 다 저지르는 몰지각한 사람들임을 보았을 것이다.

지식이 있는 자가 지혜롭지 못하여 그 지식의 칼을 휘두른다면 큰 사고를 치게 된다. 그래서 지식을 쌓는 것도 중요하지만, 지식을 옳지 않은 일에 사용하지 않도록 그에 맞는 지혜를 갖추고 '된 사람'이 되기 위한 자기경계를 게을리하지 말아야 한다. 허홍구 시인의 「무섭다」라는 시가 있다. 언뜻 보기에 재미있게 쓰인 시詩지만, 깊은 뜻을 담고 있다. 그 뜻을 잠시 음미해 보자.

무섭다

미친 사람이
칼 들고 있으면 무섭다
무식한 사람이
돈 많은 것도 무섭고
권력을 잡으면 더 무섭다.

그러나 그보다 더 무서운 게 있다.
실력 있고 잘난 사람들 중에
사람이 아닌 사람은 무섭다.
참 무섭다.

언제나 웃고 있는
너그러워 보이는 탈을 벗기면
흉악한 얼굴들이 보인다.

언뜻언뜻 나의 얼굴도 보인다.
몸서리치게 무섭다.

지혜는 어떻게 얻어지는 것일까. 그냥 얻어지는 것이 아니라는 것쯤은 확실하다. 지혜는 많은 노력과 자신에 대한 투자가 필요하다. 꾸준한 생각과 명상, 끊임없는 지식의 탐구가 있어야 한다. 이런 과정을 통해서 지혜를 갖게 되는 것이고, 나름의 혜안을 얻게 되는 것이다. 또한 지혜를 얻었다고 해서 그것으로 만족해서는 안 된다. 지혜의 샘물이 마르지 않도록 꾸준히 자신에 대한 투자가 이어져야 한다. 그래야만 깊이와 넓이가 있는 지혜를 갖게 되고 혜안을 얻게 되며, 더 나가 예견력을 갖추게 되는 것이다.

물이 몇 도에서 끓어 수증기가 되는지는 다 아는 사실이다. 그 경계선은 100도이다. 그렇다면 물은 적어도 99도까지는 끓어오른다고 볼 수 있다. 그때까지는 물이지, 결코 수증기가 아니라는 것이다. 끓는 물이 100도가 되어야 비로소 그 끓는 물은 기체가 되는 것이다. 반대로 1도까지는 액체였던 물이 0도가 되면 얼어서 고체가 되는 것도 같은 이치라 할 수 있다. 이는 무언가를 완성하기 위해서는 마지막 도달점까지 가야 한다는 것을 깨닫게 해준다. 끝장을 봐야 하고, 뭔가를 이루어 내기 위해서는 그만큼의 땀을 흘려야 한다는 것이다. 그래야만 현재의 모습에서 새로운 모습으로 탈바꿈할 수 있는 것이고, 새로

Part 2. 최고의 인생 비전을 수립하라

운 모습으로 탄생하게 되는 것이다.

초여름 날 야외에서 매미 울음소리를 들어본 적이 있는가. 여름날 목이 터져라 울어대는 매미의 탄생을 잠시 생각해 보자. 매미는 애벌레에서 매미 성충이 되기까지 땅속에서 굼벵이로 보통 2~5년을 산다고 한다. 그리고 매미로 성충이 되기 위해서는 지상으로 나와서 자신을 둘러싸고 있는 마지막 각질을 탈피해야만 한다. 그런데 이렇게 성충이 된 매미는 겨우 한 달 정도 살다가 죽는다는 것이다. 생각해 보면 애벌레에서 자기 모습을 찾기까지 매미는 땅속에서 굼벵이로 살아남아야 했고, 다시 매미가 되기 위해서 자신을 둘러싸고 있는 각질을 벗어던져야 했다. 그렇게 해서 탄생된 매미들만이 무더운 여름날 시원하게 자신의 울음소리를 세상에 들려줄 수 있게 되는 것이다. 대단하지 않은가. 무더운 여름날 매미가 그토록 목 놓아 우는 의미를 새삼알 것 같다. 한갓 미물도 그렇게 자신의 삶을 살아가고 있는데, 우리 인간은….

독일의 문호 괴테Johann Wolfgang von Goethe는 이렇게 말했다. "첫 단추를 잘못 끼우면, 마지막 단추는 끼울 구멍이 없어진다." 옷을 입다가 한두 번 경험해봤을 것이다. 이는 뭐든지 시작이 중요하다는 것이고, 아무리 사소한 일이라도 모든 일에는 순서가 있다는 것이다. 그런데 실상은 어떤가. 순서 없이 즉흥적으로 떠오르는 대로 하고 있지는 않은가. 그렇게 해왔는데도 그 결과가 엉망이 되지 않았거나 뒤엉켜 있지 않았으면 오히려 이상한 것이다.

첫 단추를 잘못 끼우면 마지막 단추는 들어갈 구멍이 없어진다는 것으로 크고 작은 것이라 해도 처음 선택이 운명을 좌우한다는 것이고, 그 선택의 여하에 따라서 좋은 결실을 맺을 수도 있고, 그렇지 않을 수도 있다는 것을 일깨워주고 있다. 또한 자신의 관점과 선택기준에 의해서 자신이 갈 길을 찾아내는 지혜를 갖추라는 일깨움이 담겨 있다. 이는 누구나 할 수 있는 쉬운 일일 수 있으나, 아무나 하지 못하는 일이기도 하다. 그것이 지혜로운 자와 지혜롭지 않은 자의 미래 낚기 아니겠는가.

건강한 육체와 정신을 길러라

"건강한 육체에 건전한 정신이 깃든다Nous hugines ev somati huginei." 라는 말을 들어봤는가? 고대 로마의 풍자시인 유베날리스Decimus Junius Juvenalis가 쓴 『풍자시집Saturae』에 들어 있는 시 가운데 가장 유명한 말이다. 이와 유사하게 "건강한 정신이 건전한 육체를 만든다." 또는 "체력은 국력"이란 말이 유행했던 적이 있다.

건강한 정신이란 무엇을 의미할까? '건강하다'는 말은 신체적·정신적·정서적·심리적으로 안정되어 있으며, 주위환경에 잘 적응하며, 건전하고, 적극적인 생활태도로 자신의 노력으로 얻는 성취에 만족하는 것이라 할 수 있다.

지금 세대는 어른들이 자랐던 세대와는 달리 체격은 좋아졌는데, 체력은 오히려 저하되었다. 그래서 오히려 정신은 더 나약해졌다는 말을 많이 듣는다. 이는 예진과 다른 식습관과 밀접한 관계가 있겠다.

요즈음 사람들은 주로 라면, 피자, 햄버거, 햇반 같은 인스턴트나 패스트푸드에 길들여져 있다. 인스턴트나 패스트푸드를 즐겨먹는 것도 있지만, 특정 음식 한두 가지만을 즐겨 찾는 편식도 문제가 될 수 있다. 때때로 아침 일찍 나가야 하니 아침식사를 제대로 하지 못해, 편의점에서 빵과 우유, 때론 김밥으로 끼니를 때우기 일쑤고, 잠잘 시간도 모자랄 만큼 바빠 운동을 멀리하니 문제일 수밖에 없다.

물론 "누군들 인스턴트나 패스트푸드를 먹고 싶어 먹나, 김밥 하나에 달랑 우유 한 팩을 먹고 싶어 먹나, 매일매일 피곤하니 아침에 늦잠을 자게 되고, 아침은 먹어야 하루를 버틸 수 있으니 어쩔 수 없이 패스트푸드로 아침을 때운다."거나, "잘 먹고 싶어도 돈이 없으니 어쩔 수 없다." 또는 "다이어트를 하기에 굶는다."는 등 여러 가지 사정이야 다 있을 것이다. 그러다 보니 몸에 필요한 영양분을 골고루 섭취하지 못하거나 섭취한다고 해도 몸 안에서 한쪽으로는 영양과잉이 되고, 다른 한쪽은 영양부족으로 겉으로는 건강해 보여도 실제로는 그렇지 못한 것이다.

'젊다고 한평생 젊을 것인가.' 젊어서야 잘 모를 것이지만, 나이 들어 후회할 수 있다. 주위에 나이 든 분들을 보면서 우리의 건강을 미리 지키려고 노력하는 습관을 들이지 않으면, 삶의 긴 여정에서 건강 때문에 중도하차하고 마는 경우가 있을 수 있으며, 살아도 산 것 같지 않게 살아가는 신세가 될 수도 있다. 아무리 정신적으로 젊은 마음을 갖고 있다 해도 세월 따라가는 육체적 나이를 극복하기란 그리 쉬운 일은 아니다. 건강은 젊어서 지켜야 하고, 건강할 때 지켜서 건강한 정신을 유지하도록 노력해야 한다.

한 번 건강을 해치면 다시 본래의 건강한 모습으로 회복되기란 거의 불가능한 일일지도 모른다. "세월 속에 장사 없다." 하지 않던가. 우리가 가장 젊을 때는 바로 지금이 아니겠는가. 건강한 육체와 건강한 정신을 유지하고 길러내기 위해서 우리는 꾸준히 운동을 해야 한다. 의욕을 갖고 삶을 살아가기 위해서도 건강을 유지하고, 정신력을 길러내야 한다. 그러기 위해서는 인스턴트나, 패스트푸드를 줄여나가도록 해야 하고, 규칙적으로 꾸준한 운동을 하면서 생활에 활력소를 불어넣도록 해야 한다.

운동하는 것이 있는가? 뭔가 꾸준히 하는 운동이 있는가? 없으면 이번 기회에 한 가지라도 정해서 해보는 것이 어떨까? 규칙적인 운동을 지속적으로 해서 운동습관을 들이는 것이 좋다. 영국의 런던대학교 심리학과 제인 워들Jane Wardle 교수팀의 실험결과에 따르면, 건강에 도움이 되는 행동이 몸에 배려면 66일 동안 매일 해야 한다는 것이다. 그래야만 생각이나 의지 없이 행동해 습관으로 자리 잡게 된다는 것이다.

지금 우리가 공부를 하든, 일을 하든, 이것을 오래 유지하기 위해서 반드시 적당한 휴식을 취하고, 규칙적인 운동으로 육체적인 건강을 유지하는 것이 필요하다. 그러기 위해서는 의식적으로 습관을 들여야 하는데, 습관을 들이기 위해서는 반복적으로 꾸준히 실행하는 것이 필수 조건이다. 생존, 더 나아가 우리의 꿈과 비전을 실현하기 위해서 우리는 현대사회의 치열한 경쟁대열에서 굴하지 않아야 하고, 그 틈새를 활기차게 뚫고 나가야 한다. 그렇게 하기 위해서 우리는 건강한 몸과 튼튼한 체력, 그리고 건전한 정신을 갖춰야만 한다.

스스로 당당해질 수 있는 건강한 육체에 건강한 정신을 담아내기 위해서는 어떻게 해야 할까? 올바른 식습관, 규칙적인 운동, 금연, 금주 등을 통하여 일상생활에서 우리 자신을 관리하는 '자기절제'를 반드시 실행해나가야 한다. 신체적인 건강을 유지해야만 긍정적인 마음과 건전한 정신으로 우리 자신의 삶을 이끌 수 있게 되는 것이다.

"돈을 잃는 것은 조금 잃는 것이고, 명예를 잃는 것은 많이 잃는 것이며, 건강을 잃는 것은 모두 잃는 것이다."란 말이 있다. '건강하지 않으면 아무것도 할 수 없고, 할 기회도 없다.'는 뜻으로, 명심해야 할 글귀다. 우리 자신에게 무엇이 더 소중한 것인지를 깊이 생각해 보게 한다. 아직도 가야 할 길이 저 너머 구만리 인생길인데, 건강 때문에 예서 주저앉아서야 되겠는가.

자긍심을 가져라

"자기 스스로에게 긍지를 가지는 마음"이 자긍심이다. 우리는 자긍심을 갖고 있는가. 있다면 얼마나 갖고 있다고 생각하는가. 세상에 우리 자신과 똑같은 사람은 없다. 그러니 일단은 세상에 태어난 것만으로도 자긍심을 가져도 된다. 우리를 둘러싼 환경과 상황이 비록 우리를 흡족하게 만들어 주지 않고 힘들게 할지라도 기죽는다거나, 나약한 마음을 가지지 말자. 왜냐하면, 우리가 세상에 태어났다는 것만으로도 우리 자신은 자랑스러운 존재이고, 적어도 우리 자신과 똑같은 사람은 없으니까 말이다. 비록 일란성 쌍둥이라 해도 똑같지 않다는 것을 알고 있을 것이다.

우리가 태어난 때를 생각해 봐도 우리는 너무도 자랑스러운 존재이다. 어느 날 인터넷 유튜브에서 '탄생의 기원'이란 동영상을 본 적이 있다. 정자의 난자까지의 착상과정을 담은 내용이었다. 하나의 생명체가 세상에 태어나기 위해서는 정자가 난자에 착상해야만 한다는 걸 알아서일까. 의식이 있어서라기보다는 본능적이라 해야 할까. 아무튼 사정된 수억 마리의 정자들은 죽기 살기로 난자로 달려갔으며, 그 무리 속에서 모든 난관을 극복하고 이겨내어 정자 하나가 난자에 착상하게 되는 과정이었다. 경이로운 마음으로 그 과정을 보았다.

사정된 수억 마리에 달하는 정자들이 하나의 난자를 향해서 달려가는 모습은 그 어느 경기에서도 볼 수 없는 가장 경쟁률이 높은 치열한 싸움 그 자체였다. 난자까지 달려가다 힘이 빠져 낙오되거나, 힘에 겨워 중도에 포기하는 정자도 있었고, 돌기 같은 장애물에 걸려 넘어지고 마는 정자도 있었으며, 다른 정자에 밀려 앞을 내줘야 하는 정자도 있었다. 이처럼 생명 탄생의 긴 터널을 지나는 동안 무수히 많은 난관을 뚫지 못하고 중도 포기하는 정자들과는 달리 생명의 기원이 된 정자는 온갖 장애를 극복하고 이겨냄으로써 마침내 난자에 도달하여 완생으로 점을 찍었다. '착상.' 수억 분의 1의 경쟁에서 승리한 것이다.

우리가 태어난 경쟁률은 지구상 그 어디에도 없을 경쟁률이다. 그야말로 우주에서나 가능할 그런 경쟁률이 아니던가! 아마도 계산하기 힘들지도 모르겠다. 우리 중에 시간이 넉넉한 사람이 있다면 우주 속에서, 지구란 행성에서, 대한민국에서, 그리고 여기에 태어날 확률을 차근차근 계산하여 보면 어떨까.

먼저, "하늘에 은하가 몇 개나 존재할까?"부터 시작해야 할 듯하다. 그중에 지구가 포함된 은하도 있거니와 지구를 포함한 은하가 우주 속에 하나만 있겠는가? 그 은하 안에 있는 수많은 행성 중에서 지구별에서 태어날 확률은 얼마나 될까? 머리 아프다고? 무슨, 아직 시작도 안 했는데, 계산을 해 보라. 그러면 지구별 안에 있는 많은 국가 중에서 대한민국에 태어날 확률은 또 얼마나 될까? 대한민국에 태어난 반쪽의 생명체를 갖고 있는 남녀가 서로 만나 마음이 맞을 확률이 또 얼마나 될까? 그리고 우리 부모님으로 만날 확률은? 결혼할 확률은? 또 얼마나 되는 거고? 그리고 결혼해서 수정될 확률은? 그래서 우리가 태어날 확률은? 이쯤 되면 머리가 아파올 것이다. 그러니 축복이라 하기에도 너무 어울리지 않을 것 같다. 오히려 우리가 태어난 것은 기적이라 말하는 것이 맞을 것 같다. 그야말로 우주 대자연의 선물이라 하는 것이 맞는 것 같다.

자연의 생명 기원을 받아 기적적으로 태어난 우리인데, 우리의 가치에 걸맞게 행동하고 기적의 삶을 펼쳐나갈 수 있도록 해야 하지 않을까. 그러니 우리 자신에 대해서 그만큼의 자긍심을 가져도 된다는 것이고, 자부심과 자존감을 높여 나가야 하는 것이다. 그렇지 않으면, 생명의 미생에서 완생이 되고자 그토록 치열하게 생명 탄생의 긴 터널을 뚫고 나온 보람이 없어지게 된다. 그러니 우리 자신이 우리 자신의 자존감을 높이지 않으면 누가 높여준단 말인가.

미국의 사상가이며, 시인 랄프 왈도 에머슨Ralph Waldo Emerson은 "내 자신에 대한 자신감을 잃으면, 온 세상이 나의 적이 된다."는 말을 했다. 멋진 말이다. 그리고 목사이면서 작가인 노먼 빈센트 필Norman Vincent Peale은 "자신을 믿어라, 자신의 능력을 신뢰하라. 겸손하지만 합리적인 자신감 없이는 성공할 수도 행복할 수도 없다."라고 말한 바 있다. 그만큼 우리 자신에 대한 자신감, 자긍심, 더 나아가 자부심은 우리의 앞날에 기적 같은 삶을 가능케 하는 밑거름이 되는 것이다. 그러기 위해서는 자기효능감을 높여 나가야 한다.

자기효능감이란 '자신이 어떤 일이나 상황에 처했을 때, 그 일을 내가 잘해 낼 수 있을 것이라는 자신의 능력에 대한 신뢰와 믿음의 정도를 말하는 것'으로, 캐나다 심리학자 알버트 반두라Albert Bandura가 제시한 개념이다. 우리 자신에게 주어진 과제를 성공적으로 잘 수행할 수 있다는 신념이라 할 수 있다. 자연의 생명기운을 받고 기적같이 태어난 우리의 과제는 무엇이겠는가.

　세상에 우리와 똑같은 사람은 없다. 우리는 세상에서 유일한 존재인 것이다. 우리는 적어도 2016년 11월 기준 세계 74억 6천만 명 중의 1명으로 태어났다는 것이다. 그러니 현재 존재함에 대한 자존감과 자부심을 갖고 뭐든지 할 수 있는 능력의 소유자임을 믿고 실행해 나가야 한다. 우리가 능력이 없는 것이 아니라, 우리가 우리 자신의 능력을 믿지 못하고, 신뢰하지 못하고 있는 것이 아닐까.

　"제대로 해보기나 했는가?"라고 되물어 보자. "해본 것이라도 있기나 한가?" 그 질문에 우리 자신의 답은 어떤지 생각해 보자. 지금 당장! 작은 것이라도 하나하나 실천하고 이루어 나간다는 것이 중요하다. 그러니 지금 당장 그렇게 해야 한다. 어떻게? 머리에서 발끝까지 겸손한 마음을 갖되 우리 스스로를 당당하게 보이게 하는 것이다. 앉아 있을 때도 어깨를 활짝 펴고 반듯하게 앉아 있고, 걸을 때도 당당하고 활기차게 걷는 것부터라도 시작하자.

　지금 우리를 둘러싸고 있는 환경이나 상황이 좋지 않다 해도 굽히거나 굴하지 않는 당당함을 갖도록 해 보자. 자만하지 않는 자존감으로 늘 겸손하며, 부끄럽지 않은 내가 되도록 늘 노력하는 것이다. 우리 자신의 주인이 되고, 우리 존재에 부끄럽지 않게 우리 존재의 확신감을 갖는 무엇인가라도 해보는 것이다. 그렇게 해서 우리를 '우리 되게' 하고, 우리를 '우리답게' 지키자는 것이다.

　이런 태도와 실행정신이 우리 자신의 꿈과 비전 실현을 위한 목표 실행에 집중하고, 내일의 기회를 만들어 나가게 할 것이다. 어려움도 있겠고, 실수도 있겠으며, 좌절도 있겠다. 삶의 굴곡에서 뭔들 없겠는가? 그러나 우리가 주인이고, 우리다워지고, 우리답게 우리를 지켜내기 위해서 뒤로 물러서지 않고 힘차게 앞으로 나아가자. 자존감과 자부심을 갖고 도전하자. "내 삶의 주인은 바로 나"라는 자긍심으로 세상 속에서 빛날 우리의 미래를 마음껏 준비하자. 영국의 시인이며 비평가인 윌리엄 어네스트 헨리William Ernest Henley의 「불굴Invictus」이라는 시를 읽어보며 우리 자신을 생각해 보자.

불굴

나를 감싸고 있는 밤은
구덩이 속 같이 어둡다
어떤 신에게라도 정복되지 않는 영혼을
내게 주심을 감사하리라.

가혹한 상황의 손아귀 속에서도
나는 움츠러들거나 소리 내어 울지 않으리
운명의 막대기가 날 내리쳐
내 머리가 피투성이가 되어도 나는 굽히지 않으리

분노와 눈물의 이 땅을 넘어
어둠의 공포만이 거대하고
오랜 재앙의 세월이 흘러도

나는 두려움에 떨지 않으리

지나가야 할 문이 얼마나 좁은지
얼마나 가혹한 형벌이 날 기다릴지라도
개의치 않겠다.

나는 내 운명의 주인이며
나는 내 영혼의 선장이다.

 # 올곧아라

"올곧다."란 말이 있다. 좀 어려운 말인가? 원래는 "실의 줄이나 가닥을 뜻하는 '올'이 곧으면 천이 뒤틀림이 없이 바르게 짜인다."는 데서 나온 말이라 한다. 그런 말뜻과 상통하게 '바른 마음을 가지고 정직하게 살아가는 사람의 바르고 곧은 성품'을 나타낸 말이 되었다.

세상을 올곧게 살아간다는 것은 성인군자가 아닌 이상 무척이나 힘든 것이다. 부모들로부터 우리는 '정직하게 살아야 한다.'거나 '착하게 살아야 한다.'는 말을 꽤나 지긋지긋하게 많이 들으면서 자랐다. 정직하게, 착하게 살아간다는 것이 참으로 어려운 것이기에 되도록 그렇게 살아가라는 뜻이 아니었을까 한다. 내 마음 같지 않은 경쟁심이 만연된 요즈음 같은 세상에서 착하고, 정직하게 살아간다는 것은 더더욱 어려운 것이고, 속세를 떠난 자연인自然人들만이 가능하지 않을까 싶다.

우리는 지금 세상 사람들과 치열하게 경쟁하는 분위기에 휩싸여 정신없이 살아가고 있다. 그래도 부정할 수 없는 것은 그 사회를 벗어나 살 수 없다는 것이고, 그 속에 우리의 삶이 있고, 우리가 이루어 내려는 꿈과 비전이 들어 있다는 것이다. 일상이 경쟁이고, 매 순간 치열하게 부딪히는 비즈니스 경쟁상황에서 의도했든 아니든 순간적으로 실수할 수 있겠고, 때론 크고 작은 좋지 않은 일에 휘말릴 수 있겠다. 정신없이 살아가고 있는 우리가 늘 경계해야 하며, 정신을 바짝 차려야 할 일이다.

우리는 주위나 언론매체를 통해 사람들이 과거에 저지른 잘못된 일이나 부정한 것들이 다시 회자되거나 밝혀지면서 그들이 누리는 현재의 상황을 낭패로 만들거나 수포로 돌아가게 하는 소식들을 종종 접하게 되지 않던가. 당시 그들의 위치나 파워를 이용하여 저지른 잘못된 일이나 부정한 것들은 그때는 감춰지기도 하고 어떻게 통과되었거나 넘겨버릴 수 있었고, 무마될 수 있었는지도 모른다. 하지만 사사로운 것들도 밝혀지는 오늘날에 이르러 그것들이 다시 회자되거나 재조사 되면서 전모가 드러나고 그들의 잘잘못이 밝혀지고 있다. 그러니 지금부터라도 새롭게 정신 차림이 옳지 않겠는가!

요즈음 세상은 공개된 세상이다. 개인의 사생활까지도 거의 보장되지 않은 세상이다. 열린 세상이라 말하지만, 열린 세상이 아니라 노출된 세상이다. 언제든, 어디에 있든 우리의 일거수일투족을 누군가 보고 있을지도 모르고, 그 흔적이 어딘가에 차곡차곡 DB로 쌓일지도 모르며, 그것이 어느 순간 우리가 원치 않은 어떤 형태로 노출되거나 가공되어 우리를 어떻게 할 수 있을지도 모르는 세상에 살고 있다. 좋게 생각하면 '투명한 세상에서 산다.'고 하겠지만, 반대로 생각하면 '다

까발려지는 세상에서 산다.'고 해야 하겠다. 이런 세상에서 우리는 정직하고 바르게만 살아간다고 말할 수는 없겠다.

치열하게 경쟁심이 만연된 사회에서 하루하루 살아가다 보니, 때에 따라서는 원하든 원하지 않든 올바르지 않거나 옳지 못한 방법으로 살아갈 수밖에 없는 경우도 있겠다. 왜 없겠는가. 그래서 "어찌하여 바르게 살아갈 수 없는가?" 물어보면, 우리 중에 누군가는 "나는 정직하고, 바르게 살아가려고 하는데 남이 그렇게 하지 않으니 어찌 나만 그렇게 살 수 있겠는가. 남부터 그렇게 살아가야 나도 그에 맞춰 살아갈 것이 아닌가."라고 답할 것이다.

우리 자신부터 정직하고 바르게 살아가야 하는데, 그리 하지 않는 것 같다. '남이 하니까 나도 한다.'는 식이다. 그도 그럴 것이 우리는 지금까지 그런 식으로 살아오지 않았나 싶다. 이제부터는 '남이 하니까.' 식에서 벗어나자. 투명한 세상이니 우리부터 투명하게 살아가자. 누구를 위한 삶도 아니요, 누구에게 보여주려 하는 삶도 아니지 않은가.

열린 세상에서 우리의 사생활이 만천하에 드러난다 해도 하늘을 우러러 한 점 부끄럼이 없게 우리 자신을 위한, 우리 자신에 맞는, 우리 자신의 생각과 틀에 맞춰, 우리라는 존재를 느끼며, 세상을 받아들이면서 살아가자. 그것이 바로 우리의 자존감과 자기 존엄을 지키는 것이라 본다. 세상에 태어나 우리 자신에게 명명된 이름 석 자를 더럽히지 않으면서 살아가는 방법. 그것이 정직이요, 바르게 살아가는 것이 아니겠는가. 남이야 어떻든 우리만이라도 우리의 생각과 우리의 가치에 맞는 삶을 살아가려는 최소한의 노력이 필요하다.

"호랑이는 죽어서 가죽을 남긴다."고 했다. 우리는 죽어서 무엇을 남길 것인가를 생각해 보면서 오늘의 삶을 되짚어 보는 것이 중요하다. 뭇사람들은 세상을 살아가면서 최고의 방법은 정직이라고들 말한다. 그렇게 살아가는 사람들이 얼마나 정직하게 살아가고, 바르게 살아가는지는 잘 모르겠다. 그 사람만이 알 수 있을 테니까 말이다.

가끔 결혼식장에 축하객으로 가곤 한다. 결혼 축하 분위기로 장내는 시끄럽고 혼란스럽기까지 한 속에서 결혼식 주례를 맡은 주례 선생님이 열심히 주례사를 하는 것을 듣게 된다. 듣고 있노라면 대부분은 "양가 부모님께 효도 잘하고, 남편은 아내에게, 아내는 남편에게 사랑을 다하며 행복하게 살라."는 '효'와 '사랑'에 대한 내용이다. 다른 곳에 가서 주례사를 들어봐도 그 내용이 대동소이하다.

주례 말씀을 듣다 보면 궁금한 마음이 슬며시 들곤 한다. 그것이 무엇이냐고? 주례 말씀에서 효와 사랑을 일러 주시는 주례 선생님께 "선생님은 지금 결혼한 신랑신부에게 일러주시는 '효'와 '사랑'에 대한 말씀처럼 당신의 부모님과 배우자께 잘하셨는지요?"라고 여쭤보고 싶은 마음이다. 그러면서도 '혹, 주례 선생님께서 효와 사랑을 다하지 못하셔서 그렇게 주례 말씀을 하시는 건 아니겠지?' 하는 마음이 한편에 자리하는 것은 왜일까. 아마도 주례 선생님만이 아시겠지만….

정직하고 바른 행동을 하고 있느냐 아니냐는 자신만이 알 뿐이다. 남이야 어떻게 하든 비교하지 말고 자신의 정직한 마음과 바른 행실에 중심을 갖자. 세상에 태어날 때 다 다르게 태어났듯이, 우리의 삶도 다 다른 것이다. 생각도 다르고, 살아가는 방식도 다르며, 세상을 대하는 태도 역시 다 다를 것이다.

정직이 최고라 하더라도 그렇게 받아들이지 않고, 눈앞에 놓인 이

익에 눈이 멀어 있는 사람들도 있을 것이다. 세상에는 온갖 부류의 사람들이 함께 뒤엉켜 살아가고 있으며, 그 사람들 속에서 우리도 하나의 부류로 비춰질 것이다. 그렇기에 정직이 최고의 가치가 되도록 해야 한다. 자신에게 당당할 수 있고, 떳떳한 자신의 모습을 세상에 보여줄 수 있기 위해서라도 말이다.

오늘날은 문명의 이기의 도움으로 모든 것이 노출되고, 밝혀지며, 알려진다. 아니, 알려지는 정도가 아니라 송두리째 드러나는 정도의 세상이라 해야 할 것 같다. 이런 세상이다 보니 뭔가 이상하다 싶으면 집요하게 파고드는 부류의 사람들도 많다. 잘잘못을 떠나 언제, 어느 순간에 그동안 고유하게 간직되었던 것들이 공개되고, 남의 이목을 집중 받게 되며, 본의 아니게 오해를 사게 될지 모른다. 가만 보면 사람들은 잘한 것에 관심을 갖기보다는 잘못한 것에 더 관심을 갖는 것 같다. 그것이 인간이 갖고 있는 본성의 하나라고 느껴진다.

설사 그것이 진실이 아니라 할지라도 진실 여부엔 아랑곳없이 밝혀지는 것에 재미를 느끼는 사람들도 있기 때문이다. 그것이 진실이 아니면 말고 식이라 할까! 가끔씩 인터넷이나 신문지상에서 한 사람을 매장시키듯 쓴 기사들을 보곤 하는데, 그렇게 된 원인을 살펴보면 아주 오래전에 있었던 일이라서 본인은 거의 기억에도 없는 경우가 많다. 그것을 했을 당시에는 지금과 같은 순간을 염두에 뒀겠는가. 이제와 후회해본들 어찌할 수 없다. 이미 엎질러진 물이다.

특히 정치권을 보자. 인신공격은 아무것도 아니다. 정치 생명이 끝나는 것에서 더 나아가 사회적으로 매장되는 경우를 종종 보지 않았던가! 앞으로는 더더욱 사생활 보호가 잘 되지 않을 것이기에 이런 일들은 더 잦아질 것이라 본다. 그로 인해서 사람들 운신의 폭은 더욱 좁아지게 될 것이고, 대중의 오해를 풀어줄 변명이나 소명의 기회도 없이 한 개인이 매장되는 것은 순식간의 일이 되고 말 것이다. 그러니 정직한 마음과 바른 행실만이 우리 자신의 존재를 잃지 않게 해주는 비법이 될 것이다.

세상에는 유혹의 크고 작은 가지들이 너무 많다. 그 가지들을 헤치고 나갈 수 있는 용기가 필요하다. 그 용기는 정직한 마음과 바른 실행에서 나오는 것이다. 정직한 마음과 바른 실행은 자신을 떳떳하게 앞으로 이끌어 줄 자신감이요, 더 나아가 삶의 지혜가 될 것이다. 그래서 '정직과 바름이 최선의 방법이고, 최고의 가치다.'라 할 수 있다. 미국의 제16대 대통령이었던 에이브러햄 링컨Abraham Lincoln이 정직과 관련해서 명언을 남겼다. "당신은 모든 사람들을 잠시 동안 속일 수 있다. 그리고 어떤 사람들을 항상 속일 수는 있다. 그러나 모든 사람들을 항상 속일 수는 없다." 얼마나 멋지고, 와닿는 의미 깊은 말인가! 그러니 명언이라 할 수 있겠다. 시 한 편을 읽어보자.

서시

죽는 날까지 하늘을 우러러
한 점 부끄럼이 없기를,
잎새에 이는 바람에도
나는 괴로워했다.

별을 노래하는 마음으로
모든 죽어가는 것을 사랑해야지

Part 2. 최고의 인생 비전을 수립하라

윤동주의 「서시」인데, 이 시구처럼 '하늘을 우러러 한 점 부끄럼 없는 삶'을 살아갈 수 있다면 얼마나 좋을까. 그런 것은 신선神仙이나 가능하지 않을까! 아님 산속에서 이른 새벽에 내린 이슬을 먹고 살아가는 산사람이나 가능할 것 같다. 실제로 그렇게 살아간다는 것은 불가능할 것이란 얘기다. 하물며 정직한 마음을 갖고 바르게 행동하면서 살아가야 한다는 것을 배우며 자라났어야 하는데, 우리들은 정직을 말씀하시는 어른들 밑에서 정직하지 않은 마음과 바르지 않은 행실을 보면서 자라왔던 것이니 더더욱 불가능할 것이다.

"교통신호 잘 지켜라." 하시면서 교통신호를 어기는 어른들의 모습을 자주 보면서 자랐던 것처럼 어른들의 좋지 않은 이런 저런 모습을 보며 자라났다고 해도 과언이 아니다. 어쩜 우리는 유치원을 졸업하면서 정직도 함께 졸업했는지 모른다. 우리는 어른이 되기 전에 어쩌면 이미 어른 같은 마음이 먼저 되었는지 모르겠다. 그러니 어려서 배운 정직하고, 겸손하며 예의 바른 자세는 어디에도 남아있지 않은 듯하고, 자신의 능력을 마음껏 펼쳐내고자 하는 용기, 당당한 모습은 어느새 기죽은 듯 조용해졌으며, 올바른 방법보다는 올바르지 않은 어른들의 세상 살아가는 방법을 어느새 익히게 되었던 것일지도 모른다. 그렇게 자라온 우리의 태도를 보면서 세상은 '우리가 철들었다.'고 말한다. 우습지 않은가.

현실 세계에서나 인터넷 가상 세계에서 어른들이나 할 법한 모방범죄가 끊이지 않는 것도 이런 환경 때문일 것이다. 어쩌면 우리는 꿈도 제대로 없을뿐더러 뭐 하나 똑바로 준비하는 것도 없으면서 될 것이란 과장만 하고, 허풍스럽고, 속 빈 자랑만 늘어놓고, 쓸데없이 부풀리고, 거짓말하고, 남을 해코지하는 마음으로 지금까지 자라왔고, 생활해 온 것은 아닌지 반성할 필요가 있겠다 싶다. 다음 영국 격언을 읽어보면 정직이 인생에서 어떤 의미인지를 깨닫게 해준다.

"하루만 행복하려면 이발소에 가서 머리를 깎아라.
1주일만 행복해지고 싶거든 결혼을 하라.
1개월 정도라면 말을 사고, 1년이라면 새 집을 지어라.
그런데 평생토록 행복하기를 원한다면, 정직한 인간이 되어라."

지금은 평균수명이 늘어나서 100세를 내다보는 시대가 되었다. 문명의 발달 덕분이다. 우리는 그야말로 정보화 시대, 글로벌 시대인 동시에 시니어 시대이며, 무한경쟁의 시대, 개인주의와 이기주의가 만연하는 시대, 소위 까발려지는 시대… 등등 온갖 수식어가 따라다니는 세상에서 살아가고 있다. 이렇게 복잡한 시대적 환경 속에서 정신없이 살아가다 보면 자칫 소홀히 지나치거나 간과하고 넘기는 것이 있다. 그것은 바로 사람을 존중하는 덕목인 '정직하고 바른 행실'이다. 우리는 이를 함양하고 행해야 한다. 그렇지 않으면 성공을 해도 성공한 것이 아닐 수 있다. 왜냐하면 정직과 바른 행실이 빠진 성공은 언제 쓰러질지 모르는 모래성일 뿐이기 때문이다.

특히 우리가 올곧게 경계해야 할 덕목은 돈과 관련된 것이라 생각한다. 살아가면서 돈은 생활의 기본수단이기 때문에 늘 우리 곁에 붙어 다닌다. 돈을 버는 방법에는 정직한 방법이 있고, 정직하지 않은 방법이 있다. 정직한 방법으로 번 돈은 건전하고 생산적이나, 정직하지 않은 방법으로 번 돈은 비생산적으로 흥청망청 불건전하게 쓰이게 된다.

우리도 경험한 적이 있지 않던가. 부모님께 받은 용돈이나 주위로부터 쉽게 번 돈이 그리했을 것이다. "복권에 당첨되어 '일확천금'을 손에 쥔 사람들 대부분의 말로가 참 비참하게 끝난다."는 기사를 보면 금세 알 수 있다. 그러나 우리가 직접 몸으로 부딪치면서 번 돈을 쉬 쓰지 못하고 오래 간직하거나 때론 그 한 푼을 쓰기에 한참을 망설이기도 하고, 경우에 따라서는 손을 부들부들 떨기까지 했던 경험이 있었을 것이다.

그러니 우리들은 우리의 꿈과 그에 맞는 비전 실현을 위해 올곧은 태도와 행실을 견지하고 뚜벅뚜벅 당당하고 바르게 앞으로 걸어 나가는 용기를 가지고 쉼 없는 실천을 해나가야 한다. 평생토록 행복하고 성공하는 삶을 위해서는 정직과 바름이 최선의 창이요, 올곧음이 그 방패가 될 것이다.

Chapter **4**

무엇할지를
고민하라

어디서 무엇을 어떻게
시작할지를 고민하라

    살아가는 것은 무엇일까. 순간순간의 출발이요, 매 순간마다의 선택이기도 하다. 우리가 다니던 학교를 졸업하고 사회에 첫발을 내딛게 될 때부터 지금까지 우리는 순간마다 선택을 해왔다. 우리가 직접 했든 주위 사람들이 해줬든 선택은 늘 있었다. 그리고 그 첫출발은 다 같았다. 아니 그렇게 보였다. 또 그렇다고 말하기도 하였다. 그러나 사실 겉으로 보이는 것과는 달리 보이지 않거나 드러나지 않는 첫출발의 조건은 저마다 다 달랐다는 것이다. 대다수 사람들의 겉의 조건은 같아 보인다. 그러나 보이지 않는 그 내면의 조건은 사람 수만큼이나 천차만별이다. 출발선도 출발 조건도 다 다르며, 나아가고자 하는 방향도 다 다를 것임은 말할 것도 없다.

    그렇기에 우리는 고민해야 할 것이다. 지금 이 순간에 남은 삶을 위하여 우리가 꿈꾸는 삶의 방향을 향한 비전을 세우고, 그 목표를 향해 어디에서 어떻게 무엇을 가지고 출발할지를 고민해야 한다. 단순 취업이나 전직을 중요하게 두는 것은 아주 근시안적 접근이라 할 수 있다. 적어도 현재 자신의 위치에서 자신의 새로운 삶을 향한 출발점이 되어야 한다. 행복해지기 위해서 살아가는 것이다. 우리 자신이 행복하고, 행복해질 수 있는 곳으로 방향을 잡아야 하는 것은 굳이 말하지 않아도 당연한 것이다. 인생은 단거리가 아니라 장거리를 달려가야 하니까. 우리에게 남은 삶의 소중한 시간을 위해서 더더욱 그렇게 해야 하는 것이다.

언젠가 길을 걷고 있을 때, 잠시 쉴 겸 길 옆 벤치에 앉아 있었던 적이 있다. 그때 벤치 밑에서 부지런히 움직이는 개미군단을 보게 되었다. 개미들을 한동안 바라보다가 그 모습이 너무 재미있어서 오랫동안 관찰을 하게 되었다. 그 모습들을 찬찬히 살펴보니 개미가 인간에게 어떻게 살지에 대한 깨달음을 주고 있었다. 하잘것없는 개미가 우리에게 어떻게 살아가야 할지를 분명하게 보여주고 있었던 것이다.

먹이를 찾아 나선 일개미는 먹이를 찾아 사방을 이리저리 돌아다니는 모습이었다. 먹이가 어디 있는지 모르니 이리저리 돌아다니는 것은 당연한 것이다. 그렇게 일개미는 이리저리 돌아다니다가 드디어 먹이를 발견하게 되면, 먹이 크기에 따라 다른 동료 개미들을 모은다든가 하여 그 먹이를 자기 집으로 물고 돌아간다. 그런데 그 먹이를 물고 집으로 돌아갈 때는 먹이를 찾을 때 보여줬던 이리저리 돌아다니는 모습이 아니었다. 돌아갈 자기 집이 어디에 있는지를 알고 곧장 그쪽으로 돌아가는 모습이었다. 물론 당연한 것이겠지만, 뭔가 깨닫게 하는 것이 있다. 개미뿐만 아니라 우리도 뭔가를 찾으려면 이리저리 돌아다니는 것이 당연하고, 때론 방황을 하기도 한다. 그것을 찾고 나면 곧장 원래 있던 곳으로 돌아오는 것은 개미와 다를 게 없다.

　일개미가 우리를 깨닫게 해주는 교훈이 무엇인지 알 것이다. 일개미가 자기 집을 나서는 근본 이유는 먹이를 찾아 나서는 것이다. 즉 사전에 목표가 있어야 출발을 하는 것이며 그 출발은 목표에 맞춰져 있다. 이뿐이냐. TV프로 '동물의 왕국'에서 보더라도 '사자'나 '호랑이' 같은 포유동물들은 배가 고파지면, 먹잇감을 찾아 이리저리 정글 속을 돌아다닌다. 그러다가 눈에 먹잇감이 띄면 간격을 좁혀 서서히 다가가서 전력질주를 하여 먹잇감을 쫓아가서 잡아먹는다. 조금의 흐트러짐도 없이 오로지 먹잇감을 잡겠다는 일념 하나로 온 힘을 다해 달려가는 모습이다.

　때론 운 좋게 먹잇감을 잡아 놓고서 한숨 돌리며 여유 있는 모습으로 배불리 포식하는 모습을 볼 수 있기도 하지만, 먹잇감을 잡겠다고 죽기 살기로 전력질주를 하였음에도 운 나쁘게 놓치고선 입가에 허연 거품을 물고 서서 헉헉거리며 가쁜 숨을 고르지도 못하고 허탈한 모습으로 달아나는 먹잇감의 뒷모습을 멍하니 바라다보는 모습을 보기도 한다. 그렇게 봐서일까? 그때 그런 사자나 호랑이의 눈망울에는 '어디 가서 또 어떻게 먹잇감을 찾는담!' 하는 아쉬움이 가득 담겨진 것 같은 느낌이 든다.

　그럼 우리에게로 눈을 돌려 보자. 우리는 어떤가. 우리는 먹잇감을 제대로 찾았는가? 찾고 있는가? 설사 찾았다 해도 그 먹잇감을 쫓아서 전력질주를 하고 있단가? 단순하게 갖춰진 조건에 의해서 직업을 구하고, 남들처럼 그럭저럭 직장생활을 한다면, 혹은 하고 있다면, 어떻게 될 것이라 생각하는가.

잠시 동안은 몰라도 얼마 가지 못해 자의든 타의든 그 직장에서 나올 수밖에 없게 될 것이다. 그리고는 자신도 모르게 사회에서의 경쟁 대열에서 어느새 밀려나 있거나 낙오되어 있을 것이다. 전직을 하려 해도 결과는 매한가지가 아닐까 싶다. 그렇기에 남들처럼, 남들 식으로 따라하거나 쫓아가는 것이 아니라 우리 식으로 우리의 삶의 방향인 꿈 그리고 그에 맞는 비전, 꿈과 비전을 실현하기 위한 목표를 바로 세워야 한다. 그런 다음 그 목표를 달성하기 위해 전력질주를 해야만 한다.

제대로 하지 않는다면 우리 중 일부는 제자리걸음에 멈추고 아님 주변만 빙빙 돌거나 낙오가 될 것이다. 그렇게 되지 않도록 우리는 각자에 맞춰 수립된 목표를 달성하기 위해서 어느 곳에서 언제 출발할지를 고민하고, 멀리 보고 달려가야 한다. 남들과 같은 식이 아닌 우리 자신의 방식으로 철저히 준비할 수 있는 때와 장소를 잘 고르도록 해야 한다. 그리고 무엇을 가지고 출발할 것인가도 곰곰이 생각해야 한다. 출발을 했다면 뒤도 돌아보지 않고, 그 목표를 이룰 때까지 앞만 보고 달려가야만 한다.

많은 사람들이 성공을 꿈꾸고, 행복을 노래하고 있지만, 자신의 그릇에 맞는 성공을 이루어 내고 행복감을 충족시키기 위해 노력하고 있는가를 묻고 싶다. 성공을 이루어 내지 못하고, 행복감 역시 충족되지 않는 것을 남 때문이라고 탓하는 마음만 하루하루 가득가득 쌓여가는 것은 아닌가. 우리가 살아갈 삶이기에 우리가 어디에서 시작할 것인가를 고민하고, 무엇을 어떻게 시작할지를 또 고민해야 하는데, 남의 탓만 하면서 손 놓고 있다가는 아무것도 하지 못하고 만다. 맹수가 먹잇감을 찾았을 때 있는 힘을 다해 전력 질주하듯 우리도 우리 자신이 수립한 목표를 이루어 내기 위해서 오늘, 지금부터 그렇게 달려가자고 마음속으로 다짐하고 실행해야 한다.

먹잇감을 향해 전력 질주하는 맹수도 때론 먹잇감을 놓쳐 헉헉거리면서 굶주린 배를 채우지 못하고 허기진 몸으로 저 멀리 달아나는 먹잇감의 뒷모습을 쳐다보며 "좀 더 열심히 달릴걸!" 후회라도 하는 듯한 회한悔恨의 눈망울을 굴리며 맥 빠진 맹수가 되어 다시 먹잇감을 찾아 나서기도 하는데, 우리는 그런 모습이 되어서는 안 된다. 우리가 수립한 목표를 실현해 내지 못하면, 먹잇감을 놓친 맹수가 다시 먹잇감을 찾아나서는 것과는 다르다. 그것으로 인해서 우리의 인생이 바뀔 수도 있기 때문이다.

지금 실현하고자 하는 목표는 우리가 원하는 삶을 살아가기 위한 꿈과 비전에 맞춰진 것이기에 인생의 이정표가 되는 중요한 점이다. 고민하자. 그리고 자문하자. 어디서 무엇을 어떻게 다시 시작할지 진지하게 깊이 있는 질문을 우리 자신에게 던져보자. 그리고 그에 대한 답을 찾아내자. 그러지 못한다면 정글의 법칙으로 살아가는 동물의 세계보다도 더 힘들어질 세상이 우리 눈앞에 놓일 수 있다. 그때를 위해 지금부터 마음의 준비라도 단단히 해두는 것이 좋을 듯하다. 세상은 결코 우리를 그냥 있는 그대로 순수하게 받아들이지 않는다.

자립심을 길러라

자립심이란 "남에게 예속되거나 의지하지 않고 자기 스스로 서려는 마음가짐"이다. 다시 말하면 남으로부터의 지원을 바라지 않고, 남의 도움에 의존하지 않는다는 것이다. 스스로 만족하는 자족적인 자만심이 아니라 우리가 홀로서기를 할 수 있다는 것으로서 세상을 향한 대담성을 의미하는 것이다.

인간은 태어나서 혼자서 살아갈 수 없는 사회적 동물이란 말은 익히 들어봤을 것이다. 혼자서 살아갈 수 없기 때문에, 남으로부터 지원도 받고 도움도 받으며 때론 도와도 주고 지원도 해주면서 더불어 살아가는 것이 당연한 것처럼 생각할 수 있다. 맞는 말이다. 그렇기에 인간은 사회적 동물이라 했을 것이다. 이는 혼자만이 살 수 있는 것이 아니라 다른 사람들과 함께 더불어 살아가는 것을 필요로 한다는 의미겠다.

그런데 여기서 깊이 생각해 봐야 할 중요한 것이 있다. 그것은 바로

Part 2. 최고의 인생 비전을 수립하라

우리가 혼자 살아가는 것이 아니지만 혼자 살아가야 한다는 것이다. 자립심을 가져야 한다는 것이고 세상에 대담성을 보여줘야 한다는 것이다. 자립은 익히 알고 있듯이 남에게 예속되거나 의지하지 않고 자기 스스로 홀로 서려는 독립된 마음가짐이다.

즉 스스로의 만족감으로 다른 사람들과 어울리며 함께 살아가는 것이다. 그러니까 다른 사람에게 의존해 있거나 뭔가를 부탁하는 부담스런 존재가 아니며, 필요한 것을 충족시켜 줄 것을 요구하지도 않는 사람이 되는 것이다. 그야말로 완벽하게 홀로서기가 되는 독립심을 갖는 것을 말한다.

그런데 그런 마음을 갖기란 말처럼 쉽지만은 않다. 힘들면 누군가에게 의지하거나 도움을 받고 싶어지며, 또 필요한 것이 있으면 부탁하거나 해서 얻고 싶은 마음이 드는 것은 당연지사다. "세상에 완벽한 인간이 어디 있겠어?" "나도 그렇고 너도 그렇고 우리들 대부분이 그렇지 않나?"라고 생각할 것이다. 하지만 되도록 그런 마음을 갖거나 의존하려 하지 말고, 스스로 채워나가거나 이루어가도록 노력해야 한다는 것이다.

21세기 사회에서 요구되는 인재상이 어떤지 생각해 보자. 아마도 자립형 인간이지 않을까 생각한다. 시대의 흐름에 따라 요구되는 인재가 되기 위해서라도 우리는 우리 자신을 그 시대에 맞게 경영해 나가야 한다. 어느 시대에서도 마찬가지였겠지만, 다른 사람의 영향이나 간섭 또는 요구나 지시 같은 것에 의해서 행동하는 우리가 되어서는 안 된다. 맹목적으로 타인을 추종하거나 뒤따른다는 것은 더더욱 안 된다.

물론 치열하게 각축전이 벌어지는 경쟁공간에서 때론 맹목적으로 옳게 보이는 쪽으로 자신을 기울여 보기도 하고, 때론 사람들이 옳다고, 그렇게 해야 한다고 하는 쪽으로 마음을 두는 것 또한 자연스러울 수 있다. 물론 그렇게 살아가는 것도 하나의 방법일 수 있다. 삶에 어찌 이런 방법이 맞고, 저런 방법이 맞지 않는다 말할 수 있겠는가. 살아가는 방식이 다를 뿐인데. 인생을 살다 간 현인賢人도 쉽게 답을 일러주지 않고 저세상으로 떠나고 말았는데, 인생을 다 살아보지도 않은 우리가 이렇다 저렇다 말하는 것은 어불성설語不成說만이 될 뿐이다.

분명한 것은 21세기 자기경영 시대답게 자신이 살아가고자 하는 방향에 맞춰 꿈을 찾고, 그에 맞춰 비전을 수립하고, 그를 이루기 위한 목표를 세우고, 그것을 달성하기 위한 구체적 장기·단기 실행계획을 수립하여 지금부터 차근차근 실행해 나가는 것이 필요할 뿐, 정답은 없겠다. 이것이 곧 자기경영이고 참 인생살이일 것이다.

자기경영은 곧 우리 자신이 CEO가 되어서 우리 자신을 경영해야 한다는 의미가 된다. 스스로 자기를 경영한다는 것은 스스로 모든 것을 계획하고 행동하며, 그에 따른 결과에 책임을 져야 하는 것을 의미한다. 자기경영을 어떻게 했느냐에 따라서 부富를 보상받을 수도 있겠고, 스스로 파산선고를 할 수도 있겠다. 적어도 적자가 아닌 흑자를 내기 위해서라도 실력을 키우고 지혜를 갖춰 세상과 경쟁할 수 있도록 자립심과 세상에 겁먹지 않을 대담성을 갖추는 것이 필요하다.

흔히들 말한다. "학교에서 우등생이 사회에서 우등생이란 법도 없고, 학교에서 열등생이라 해서 사회에서 열등생이란 법도 없다." 돌고 도는 것이 세상 이치, 당연한 것이겠다. 학교에서 우등생이 사회에서 열등생이 될 수 있고, 학교에서 열등생이 사회에서 우등생이 될 수 있는 것이다. 모든 것이 다 저 하기 나름이니까. 그야말로 우등생이 열등생이 될 수 있고, 열등생이 우등생이 될 수 있는 것이다.

그렇다면 어찌하여 부모들은 자기 자식들을 적어도 유치원에서부터 초·중·고등학교에 이르기까지 더 좋은 학교에 보내지 못해 안달을 내는 것이며, 넉넉하지 않은 살림에 과외라도 시켜서 더 좋은 대학에 보내려고 그토록 아우성을 치고 있는 것일까? 또한 대학을 졸업하는 학생들 역시 더 좋은 직장이나 사회조직에 들어가지 못하면 어찌하여 힘든 고난의 취업재수 또는 삼수를 선택하는 것일까? 세상 이치대로라면 학교에서의 우등생이 사회에서 우등생이란 법도 없고, 학교에서의 열등생이 사회에서 열등생이란 법이 없다는데 말이다.

말장난 같은 호랑이 담배 피우던 시절에 있을 법한 이야기는 더 이상 생각하지 말자! 부모들이 자녀들을 더 좋은 학교에 보내려고 한 것이나, 학교를 졸업한 학생들이 더 좋은 직장에 들어가려 한 것은 시대적 가능성과 미래를 내다보았기 때문일 것이다.

"개천에서 용 난다."란 말이 있었다. 이 말에 얼마나 많은 사람들이 희망을 걸었는지 모르겠다. 한마디로 희망고문을 당하고 살고 있는지도 모르겠다. 그러나 일찌감치 부모들이나 학교를 졸업하여 사회를 경험한 사람들은 "개천에서 용 안 난다."는 냉엄한 사회현실을 깨달은 것이리라. 그래서 부모들은 사회에서의 가능성을 높여줄 수 있는 진입조건과 토대를 마련해 주고자 그토록 애를 쓰는 것이겠고, 학생들은 더 나은 복지혜택과 직장을 통한 사회적 위치 기반 마련을 위한 몸부림이 아닐까 생각한다.

현실적으로 볼 때 가능한 더 좋은 서열의 대학에 들어가는 것이 그만큼의 가능성이 높다고 볼 수 있다. 더 나은 조건과 환경에서의 출발이 사람들의 장래를 그만큼 더 보장해줄 수 있는 가능성을 가진다는 것이다. 사회에서 좀 더 나은 위치에 오를 수 있는 가능성 말이다. 출발점은 같으나, 출발조건은 다 다르니까 말이다. 사람들은 겉으로 드러난 출발점이 아닌 속으로 감춰진 출발조건을 마련하고자 애쓰는 것이리라!

　우리가 살아가는 세상에서 없어지지 않을 3가지 불멸의 사회적 끈이 있다. 그것은 친인척으로 이어진 혈연, 학교출신으로 이어진 학연, 출신 지역에 따라 연결된 지연이겠다. 그리고 그에 따른 낙하산 인사가 있다. 우리가 3가지 불멸의 사회적 끈이 한 개라도 있어 이를 이용하여 더 좋은 조건으로 사회생활을 할 수 있다면 좋겠지만, 한 개라도 이용할 수 없다고 해서 좌절하거나 주저앉지 말라는 것이다.

　당당함을 갖고 해보는 데까지 해 보자는 것이다. 우리가 있는 곳에서 우리의 담대함을 보여주자. 적어도 우리가 속한 곳에서 우리다운 모습을 보이도록 하자. 우리가 학생이면 학교에서, 직장인이면 직장에서, 사회인이면 사회에서 말이다. 우리는 금수저도 아니고, 은수저도 아니며, 흙수저는 더더욱 아니다. 우리는 우리의 가치를 갖고 '우리다움'인 것을 보여주는 것이다.

　다양한 사람들이 모여 사는 사회다 보니 자기가 속한 곳에서 이런저런 이유들로 해서 불평불만을 갖거나 토로하는 경우를 보게 된다. 집에서도 마음에 들지 않는 곳이 있을 텐데, 하물며 사회에서야 뭘 더 말하겠는가. 그런데 언제까지 불평불만을 갖거나 토로할 것인가. 불평하거나 불만을 갖기 시작하면 한도 끝도 없이 이어지는 진행형이 된다. 어쩌면 습관처럼 하게 될지도 모른다. 그럴 시간이 있으면, 이렇게라도 해 보자. 스스로 우뚝 일어서는 것이다. "어떻게?" 자기가 속한 곳에서 모범생이 되어보는 것이다. 모범생이 된다는 것은 스스로 뭔가를 한다는 것이고, 자기 증명의 한 방법이라 할 수 있다. 그렇게 함으로써 우리도 이렇게 해낼 수 있다는 것을 세상에 보여주는 자기 퍼포먼스를 해보는 것이다.

자립심을 갖고 모범생으로서 자신의 영역을 다져나가고, 세상에 움츠러들지 않는 대담성으로 자신의 영역을 넓혀나가는 것이다. 이렇게 하다 보면 소위 잘나가는 사람이 되어 있을 것이고, 사람들의 입에 오르내리게 되지 않겠는가. 비록 그렇게 되지 않는다 해도 실망할 필요도 없다. 우리는 우리 자신이 할 수 있는 최선을 다해 잘 살고 있노라고 자부할 수 있게 될 것이니까 말이다.

세상은 사람들을 '성공' 또는 '실패'라는 두 단어로 명명한다. 그러고는 부러워하거나, 업신여긴다. 그리고 우리 곁에 모이거나, 떠나간다. '소리 없이 밀려들다가 빠져나가는 밀물과 썰물처럼. 그것이 세상인심이다. 세상을 탓하지 말고, 자립심을 함양하여 세상에 대한 대담성과 함께 의지력을 발휘해 나가자. 우리에게 그런 마음이 없는 것이 아니라, 그런 마음을 꺼내려는 용기가 없는 것은 아닌지.

사람은 생각이 아닌 행동을 통해서 자기가 어떤 사람인가를 세상에 보여주게 된다. 행동 없이 말로만 늘어놓은 사람들을 수도 없이 보아왔을 것이다. 어쩜 우리 자신이 남의 눈에는 그렇게 보일지도 모르겠지만…, 홀로 서서 자립심을 갖고 걸어간다는 것은 그만큼 어려운 일일 것이다. 쉬우면 누군들 못 하겠는가. 우리가 홀로 서려는 마음을 갖고 굳건한 자세로 하루하루 노력해 나간다면, 우리는 이미 절반의 우등생이고, 우리 인생에서 절반은 성공한 것이다.

"시작이 반이라." 했다. 우리가 지금 학생이라면 뭐든지 배우고 익히는 곳인 학교에서 우리의 존재 가치를 당당하게 보여줄 힘을 연마하면 된다. 학교는 그야말로 우리의 능력과 역량을 갖춰나갈 수 있으며, 동시에 마음껏 펼칠 수 있는 '실천의 장'이며, 사회에 나가기 위한 '준비의 장'이니까 말이다. 만약 우리가 사회인이라면, 더욱 노력해야 한다. 작은 불만과 불평의 시간이라도 아껴 치열한 경쟁공간에서 우리가 살아남을 수 있게 힘을 기르고 세상 속에서 당당하게 홀로설 수 있도록 해야 한다.

'꿈과 비전을 가져라', '목표를 세워라', '진로계획을 세워라', '일의 순서를 정하라', '시간 관리를 철저히 하라', '경력을 개발하라', '인맥을 관리하라' 등등의 주제를 담고 있는 자기계발 또는 성공이나 행복에 관한 책들이 무수히 많이 쏟아져 나오고 있으며, 성공이나 행복을 찾아 헤매는 사람들을 호객하듯 한다. 마치 그 책만 읽으면 금방이라도 성공이 찾아들고, 행복해질 것 같은 풍부하고 화려하게 포장된 어휘들로 가득 채워져 있다.

우리도 성공이나 행복을 찾아 헤매는 사람들 중 한 사람이 되어 자기계발서 또는 성공이나 행복에 관한 책들을 적어도 한두 권쯤은 읽어보았을 것이다. 그런데 왜 많은 사람들이 성공적인 삶을 살아가지 못하고, 행복한 삶을 누리지 못하고 있는 것일까? 책을 제대로 읽지 않았기 때문이다.

아마도 그 책에 씌어 있는 주옥같은 말들에 형광펜으로 밑줄을 긋

기도 하고, 수첩 같은 곳에 옮겨 적어 놓기도 하였을 것이다. SNS로 가까이 지내는 지인들과 공유도 하였을 것이고, 암기하기도 하였을 것이다. 이렇게 책을 읽는 것이 잘못되었다는 것이 아니다. 대부분 이렇게 책을 읽을 것이다.

그런데 적어도 자기개발서는 지식을 쌓기 위해서 읽는 책이 아니라, 어떻게 하면 자신의 삶을 행복하고 성공적인 삶과 희망 있는 삶으로 살아갈 것인가에 대한 지혜를 찾기 위해서 읽는다. 그렇기 때문에 자기계발서 한 권을 읽고 난 뒤에는 반드시 그 이상의 시간 동안 저자가 책을 통해서 말하려는 삶과 자신이 살아가는 현재의 삶을 비교하면서 생각하고, 버리고, 깨닫고, 정리하는 최소한의 고뇌 과정인 사유思惟시간을 통해 성숙成熟되어야 하고, 실천해야 하는데 그렇게 하지 않았던 것이리라. 지식으로야 훤하게 꿰뚫고 있겠지만, 정작 우리 자신의 삶을 위한 지혜는 그리 함양되지 못하였으니, 손발을 움직일 열정까지는 담아내지 못하였던 것이다.

일부 사람들은 대학이 필요 없다고 한다. '세상을 살아가는 데 대학 교육이 필요 없다.'는 것이다. 그렇다면 사람들은 어째서 대학을 그토록 가려는 것일까? 그야말로 학연? 아니면 대학 졸업장? 대학이 필요 없다고 말하는 것은 대학을 제대로 다니지 못한 사람들이 하는 소리겠다. 산에 높이 오르면 오를수록 더 먼 곳까지 내다볼 수 있는 것처럼, 대학 역시 삶에 있어 그와 같은 이치를 깨닫게 해주는 공간이다.

자신의 꿈과 비전을 이루며 세상을 살아갈 방식을 찾아내고 준비하기 위해서는 지식과 경험을 쌓아야 한다. 그리고 그 지식과 경험이 풍부하면 할수록 그만큼 삶에 대한 혜안을 갖출 가능성이 더 높아진다.

삶에 있어서 대학은 적어도 그런 곳이다. 대학을 다니면서 쌓는 지식과 경험을 통해 지혜와 혜안을 갖춰야 하며, 갖춰진 지혜를 바탕으로 자신이 내다볼 수 있는 먼 거리만큼의 세상을 조망해야 한다.

지혜와 혜안을 갖췄다 해도 행동으로 바로 이어진다면 어설픈 행동이 나올 것이다. 세상을 맞이하기 전에 연습해 볼 연습공간이 필요하다. 인생은 바로 본경기로 시작하고, 사회에는 연습경기장이 없다. 그런데 유일하게 연습경기장이 있는 곳이 있다. 바로 대학공간이다. 대학이란 연습장에서 제대로 연습하여 사회로 나갈 때 더욱 도약할 수 있는 가능성을 마련하게 되는 것이다.

지금은 지혜를 갖추고 우리가 꿈꾸며 살고 싶은 세상살이를 위해 몸소 실천하는 연습이 중요한 때이다. 왜냐하면 우리의 삶은 바로 우리 자신의 삶이기에 남이 들려주는 좋은 말씀이나, 책에 쓰여 있는 좋은 글로써 얻어지는 지식도 있겠으나, 우리 자신이 진지하게 고민하고, 성찰하고, 사유하면서 실행해 나갈 지혜와 용기로 이루어지기 때문이다.

성공한 사람들은 각자 성공한 방식이 있다. 그들이 자기계발서 또는 성공에 관한 책을 읽고서 성공한 사람이 되었는가! 성공한 사람들의 성공한 방식은 누가 만들어 준 것이 아니다. 스스로 터득해서 찾아진 방식이고, 자신을 믿고 실천한 용기와 스스로에게 동기를 부여하면서 끝까지 실행한 결과로 오늘날 성공 반열에 오른 것이겠다. 이미 알려진 방법은 우리 자신을 성공으로 이끌어줄 비법이라기보다는 성공하는 여러 방법 중의 하나일 뿐이다. 그렇기에 남이 행한 방식을 단순히 따라 하는 수준이 아닌 자신의 지혜와 혜안을 담아야 한다.

"새는 알을 깨고 나온다. 알은 새의 세계다. 태어나려는 자는 한 세계를 파괴해야만 한다." 독일의 소설가·시인 헤르만 헤세Hermann Hess 의『데미안』에 나오는 한 구절이다. 새는 알을 깨고 나와야 비로소 자신의 세계를 날 수 있는 것이다. 스스로 알을 깨고 나오면 예쁜 병아리란 생명체로 태어나지만, 남이 깨어준다면 맛있는 프라이가 되고 마는 이치리라. 자신을 믿고 사랑하는 마음으로 자신의 세상을 위한 날개를 펼쳐야 한다. 자립심은 불안한 삶을 벗어나 자기 본연의 삶을 살기 위한 마음의 힘이 되어줄 것이며, 자발적으로 행동할 수 있는 긍정적인 태도를 갖게 해줄 것이다.

"이 세상에 나보다 더 소중한 사람은 없으며, 나는 뭐든지 잘할 수 있는 위대한 사람이다."라고 스스로에게 갈채를 보내며 자신의 용기가 이끄는 대로 행동할 수 있도록 하자. 날마다 조금씩 쉼 없이 그러나 꾸준히 노력해야 함을 가슴에 새기며 오늘을 맞이하고, 내일을 준비하자. 자기 자신에게 단호한 태도를 갖고, 남에게 의존하지 않고, 욕심 부리지 않으며, 스스로 직접 행할 수 있도록 배우고 익혀 나갈 온전한 힘을 기르자.

새로움을
찾아 나서라

우리는 변화에 익숙한 편인가 무딘 편인가? 아니면, 새로운 것을 좇는 편인가. 아닌가? 한번 생각해 보자.

사람들은 뭔가에 익숙해지면 그것을 떼어놓기란 그리 쉽지만은 않다. 좋은 것이라면 몰라도 좋지 않은 것이 있어 이를 떼어놓으려 하면 잘 버려지지 않아 힘이 많이 드는 것 또한 사실이다. 그래서 누구나 할 것 없이 싫든 좋든 습관 하나 정도는 몸에 지니고 있는 것 같다. 우리 중에도 그런 습관 하나쯤은 갖고 있는 사람이 있을 것이다. 가끔은 그렇지 않은 경우가 있다. 관심을 갖고 있거나 꼭 그렇게 해야만 하는 경우인데 우리의 경우에는 스마트폰이 아닐까 싶다.

우리가 스마트폰을 처음 구입한 이후로 얼마나 자주 스마트폰을 바꿨는지 생각해 보자. 습관과 달리 스마트폰을 바꾸는 것은 그리 어렵지 않은 것 같다. 그동안 사용하느라 손때가 묻고 익숙해져 있는 스마트폰을 버리고, 스펙과 디자인이 업그레이드되어 새로이 출시된 스마트폰과 쉽게 바꾸곤 하지 않았던가. 우리 중에 누군가는 얼리 어댑터 Early Adopter를 자처하면서 말이다.

처음 출시된 스마트폰과 요즈음 출시되는 스마트폰을 비교해 보면 불과 몇 년 사이에 그야말로 비교할 수 없을 만큼 엄청난 스펙으로 업그레이드되어 출시되고 있다. 또 하나 놀라운 것은 출시되는 기간이 점점 더 짧아지고 있다는 것이다. 그럼에도 불구하고 여전히 관심을 끄는 스펙과 디자인으로 업그레이드된 새로운 스마트폰이 출시가 되어 사람들의 마음을 사로잡고 있다. 진행형에 있는 스마트폰의 변신은 정말 무죄인 것 같다.

생각해 보자. 스펙과 디자인이 업그레이드된 새로운 스마트폰이 몇 개월이 멀다 하고 출시되고 있는데, 비단 스마트폰만 그렇게 변화하고 발전하고 있는 것인가? 우리가 일상에서 그렇게 빠르게 변화하는 속도감을 느끼지는 못한다 해도 '아니다'라고 말할 것이다. 우리가 아니라고 말하는 순간에 어떤 생각을 하게 되는가?

21세기 들어서면서 가장 많이 회자되는 단어 중에 하나가 '속도'나 '변화'겠다. 얼마나 빠르게 변화할지 모르니 앞을 알 수 없는 시대라고 까지 하지 않던가. 변화와 진화 또는 발전은 세상이 갖고 있는 속성이요, 본질이라 할 수 있다. 그 변화는 멈춤이 없이 시간의 흐름에 발맞춰 생로병사生老病死의 모습으로 우리 곁으로 다가왔다가 사라지고 새로운 모습으로 또다시 다가오고 있다.

세상이 변화하고 진화하는 것은 우주의 시간이 존재할 때부터 멈추지 않고 이어져 온 자연의 속성이며 에너지라 할 수 있다. 우리 역시 자연의 피조물로서 진화의 본성을 갖고 있기에 생물학적이든 아니든,

의식적이든 그렇지 않든 진화의 진행형에 있다. 우성의 유전자에 의해서 만들어진 우리는 이 세상에 태어나 진화와 발전이란 변화를 통해 새로운 모습을 갖춰나가고 있으며 그 과정은 자연적인 것보다는 우리의 의식된 존재론적 가치를 추구하기 위한 인위적인 노력의 연속선連續線상이라 할 수 있다. 그래서 우리는 어제 노력한 결과가 오늘의 모습이 되고, 오늘 노력한 결과가 내일의 모습이 되는 변화의 진행형에 있는 것이리라. 우리가 태어나 그 시간이 멈춰질 때까지 그렇게 시간으로 이어져 엮어진 것이 우리의 삶이 되는 것이다.

지금 우리의 모습은 우리가 태어나서 지금까지 의식적이든 무의식적이든 진화의 결과이고, 발전된 모습이라 할 수 있으며, 열심히 노력하여 갖춰 놓은 모습인 것이다. 열심히 살아온 삶에서 더 새롭게 그리고 더 열심히 살아가야 한다. 시대가 바뀌고 변화의 속도가 빠르다 해도 우리 자신이 더 새로워지고, 원하는 것을 추구할 수 있는 공간은 세상 속이다. 우리 자신의 삶을 위한 노력이 펼쳐지기 위해서는 현재 우리가 안주하고 있는 보금자리가 아니라 세상 속으로 나서는 용기가 필요하다. 보금자리에 머물지 않고 세상 속으로 나설 때에 비로소 우리 자신이 희망하는 것을 얻을 수 있게 된다.

우리가 더 나은 삶을 희망한다면 지금의 보금자리에서 세상 깊숙이 들어가야 한다. 보금자리에서 세상을 안다고 해도 막상 대하면 세상은 우리가 생각했던 세상이 아닐 수 있음이다. 그렇기에 행복하고 희망 있는 우리의 삶을 추구하고, 성공하는 삶을 살아가기 위해서 세상속을 제대로 알아야 하며 직접 체험하고 익혀야 한다.

지금 이대로의 삶을 살아가고자 한다면 지금의 보금자리에 그래도 안주하고 있으면 된다. 그렇지 않다면 더 넓은 세상 속으로 나아가야 한다. 그래서 우리가 살아가야 할 세상을 제대로 둘러보고 체험하며 우리가 살아가는 세상이 얼마나 넓은지를 몸소 살피고 살펴야 한다. 어디에 무엇이 있고, 어디를 가면 무엇을 얻을 수 있는지, 또 무엇을 하려면 무엇을 어떻게 준비하고 배워야 하는지, 어떤 일을 하려면 어떻게 어디서부터 시작하여야 하는지, 새롭게 일을 하려면 등등….

지금 우리에게 필요한 것은 무엇인가? 여러 가지 덕목이 필요하겠지만 보금자리에서 일어서는 용기가 필요하다 하겠다. 용기가 무엇인가? 한마디로 씩씩하고 굳센 기운이다. 넓고 넓은 세상 속으로 나아가려면 용기가 있어야 하고, 용기가 있어야만 세상 속에서 주눅 들지 않고 우리 자신이 원하는 것을 제대로 얻을 수 있게 될 것이니까.

용기와 관련해서 "주사위는 던져졌다."로 유명한 로마의 영웅 율리우스 카이사르Gaius Julius Caesar는 "겁쟁이는 일생 동안 여러 번 죽지만, 용기 있는 자는 꼭 한 번의 죽음을 맞는다."라고 했다. 그만큼 용기는 우리 자신의 존재가치를 찾아주고 높여준다는 뜻이겠다. 괴테도 『파우스트』에서 "용기를 잃으면 모든 것을 잃는다."라고 했다. 무엇을 말하고 있는지 그 의미를 알 수 있을 것이다.

용기와 관련해서 필요한 덕목이 하나 있다. 그것은 '위험을 무릅쓰고 어떠한 일을 하는 것'을 뜻하는 '모험'이다. 모험이야말로 세상 속에서 우리 자신의 삶을 살아가게 하고 그 속에서 우리의 희망인 행복하고 성공적인 삶을 살아갈 수 있게 하는 덕목인 것이다. 『톰 소여의 모험』으로 잘 알려진 미국의 소설가 마크 트웨인Mark Twain은 모험과 관련해서 이렇게 말하고 있다.

"지금부터 20년 뒤, 당신은 한 일보다 하지 않은 일로 후회하게 될 것이다. 닻줄을 풀고, 안전한 항구에서 나와 항해를 시작하라. 탐험하고, 꿈꾸고, 발견하라."

뭔가 깨달아지는 것이 있는가. 사람들은 천성적으로 편안한 것을 찾는다. 그리고 나이가 들면서 점점 뭔가 새롭고 어려운 것을 하지 않으려는 습성을 갖게 된다. 새로운 것을 시도하기보다는 지금의 상태에 머무르면서 자신의 합리화를 꾀하는 경우가 많아진다. 우리에게는 멈출 만큼의 시간이 아니라 아직도 깃털처럼 많은 앞날이 남아 있다. 곧 죽을지언정 마음은 백 년까지 산다고 믿고 있지 않은가. 이제부터 우리가 원하는 진짜 우리 자신의 삶을 살아가기 위해서 그리고 후회하게 되는 날이 오지 않게 하기 위해서, 이도 아니면 "그 나이 먹도록 이것도 안 해보고 뭐 했어?"라는 말을 듣지 않기 위해서라도 지금 무엇인가를 하지 않으면 또다시 그때 가서 후회하게 될지 모른다. 우리에게 주어진 삶을 위해 수고하고 노력하여 이루어질 미래의 행복하고 성공하는 삶을 그리며 머뭇거림 없이 세상 속으로 길을 떠나야 한다. 그 떠남의 가장 좋은 시간은 바로 '지금'이 아니겠는가.

지금까지 열심히 그리고 성실하게 살아온 삶. 그렇지만 여전히 우리 자신이 원하는 삶, 행복하고 희망이 있는 삶을 살고자 하는 우리라면 새로움을 찾아 세상 속으로 떠나자. 축복으로 태어난 인생 그러나 물릴 수도 없고, 연습도 없이 그저 앞으로만 나아갈 뿐인 삶. 워밍업도 없고, 되돌림도 없으며, 컴퓨터처럼 리셋도 할 수 없는 단 한 번의 삶을 살고 있지 않은가.

인생은 게임이라 한다. 실제 게임과 인생 게임은 다르다. 실제 게임에는 연습게임이 있고 본게임이 있다. 또 예선전도 있고 결승전도 있다. 승패가 나지 않는 경우에는 연장전도 치른다. 인생은 그렇지 않다. 게임은 게임인데 연습게임이 없이 바로 본게임으로 들어간다. 예선전도 없고, 결승전도 없이 바로 본게임이다. 오직 한 번뿐인 게임이고 실전만이 있을 뿐이다. 이게 인생 게임인 것이다.

우리가 살아가는 인생이 곧 실전이고, 그 실전이 치러지는 곳은 세상 속이며, 그 속에는 우리가 게임을 제대로 치르지 못하도록 곳곳에 위험도 있고 함정도 도사리고 있다. 우리가 뭔가 해보려 한 발짝 내딛는 순간부터 본게임이 시작되며 치열한 경쟁 속에 감춰진 반칙에 언제 당할지 모르고 위험과 함정에 어떻게 빠질지 모른다. 심지어는 지금 내딛고 있는 길이 지뢰밭인지도 모른다. 경험이 없이 세상 속에 뛰어들었으니 그럴 수밖에 없다고 할 수 있다. 그럼 다른 사람들은? 그들은 좋은 방법이든 아니든 그만큼의 노력에 노력을 거듭해서 세상 사는 이치를 터득했다고나 할까. 그렇다고 세상 속으로 들어가지 않을 수도 없다. 잠시 동안이야 그것이 가능하겠지만 언제까지 가능하겠는가.

용기와 모험이 필요한 것이다. 세상을 알기 위해서라도 세상 속으로 들어가야 하는 것이다. "호랑이를 잡으려면 호랑이 굴로 들어가야 한다."는 이치다. 때론 목적이 있기도 하고, 때론 아무런 목적이 없이 그냥 모험을 할 수 있겠다. 그래도 얻어지는 것이 있고, 세상을 살아가는 방법을 나름 터득할 수 있게 되는 기회가 될 것이다. 목적이 있어서든, 아니든 상관없다. 그런 시간의 점들이 모여 하나의 의미 있는 시간으로 엮어지고, 그것은 우리 자신에게 행운으로 다가올 에너지가 될 수 있는 것이다.

　한 번뿐인 우리의 인생, 어찌 그냥 흘려버릴 수 있겠는가. 비록 연습게임 없이 본게임으로 바로 들어간다 해도 우리의 인생에서 우리 자신이 이루고 싶은 큰 꿈을 찾아 그 꿈을 이루기 위해 노력해야 한다. 그것이 이 세상에 축복으로 태어난 피조물로서의 사명감이고, 의무감이라 할 수 있겠다. 그렇기에 어쩌면 지금까지 제대로 해보지 않아 우리 가슴에 그대로 담겨져 있을 뜨거운 열정을 통해 어떤 난관과 위험이 닥쳐와도 때론 실패를 거듭한다 해도, 두려워하지 않는 용기와 모험심으로 세상 속에서 우리의 존재가치를 마음껏 펼쳐나가는 자세를 되찾도록 해야 한다. 그것은 우리 자신의 꿈을 이루기 위해 세상 속에서 새로움을 찾아 나서는 에너지가 될 것이다. 세상에서 성공한 사람들은 말하고 있다.

　'열정과 용기가 있는 자세만이 진정 자신이 얻고자 하는 것을 얻을 수 있고, 큰 꿈을 이룰 수 있다.'

　이런 용기는 자신의 운명도 바꿔놓을 만큼 힘이 있는 것이기에 우리의 삶의 크기는 세상 속에서 보여주는 우리의 용기와 모험, 그리고 그 태도에 달려 있음을 잊지 말자.

생애적 삶을
디자인하라

중동 아랍에미리트의 두바이 주메이라Jumeirah 해변에 가 보았는가! 그 해안에는 우리의 눈을 의심케 하는 거대한 호텔이 바다 위에 우뚝 솟아 있다. 그야말로 장관이 아닐 수 없다. 사진만으로 봐도 호화로움과 장엄함에 가보고 싶은 충동을 저절로 느끼게 해준다. 죽기 전에 꼭 가봐야 할 호텔 중의 하나라 한다.

그 호텔이 세계에서 가장 아름답다고 하는 '버즈 알 아랍Burj al Arab 호텔'이다. '아랍의 탑'이란 상징적 뜻을 갖고 있는 이 호텔은 프랑스 파리의 에펠탑이나 호주 시드니의 오페라 하우스같이 두바이의 상징적 건축물로 세계적으로 잘 알려져 있다. 두바이의 경제적 성장과 미래로의 진입을 보여주는 위풍당당한 호텔의 모습이다.

이 호텔은 해안에서 280미터 떨어진 인공人工섬 위에 그들의 전통 배 다우Dhow의 돛을 형상화한 모습이다. 육지와는 인공 다리로 연결되어 있고, 무려 높이가 321미터나 된다. 우리나라에서 잘 알려져 있는 여의도 63빌딩이 264미터가 되니까, 63빌딩보다 무려 57미터가 더 높은 장엄함을 선사하고 있다.

이렇게 아름답고 웅장한 호텔은 어떻게 탄생되었을까? 이 호텔이 탄생될 수 있었던 것은 영국의 건축설계 및 엔지니어링 회사인 '앳킨스WS Atkins PLC의 건축가 톰 윌스 라이트Tom Wills Wright라는 한 사람의 머리에 스치듯 떠오른 아이디어에서부터이다. 바로 '다우의 돛' 모양. 그것을 형상화한 이미지를 바탕으로 설계를 하고, 호텔이 세워질 인공 섬을 만들고, 주메이라 해변과 연결하는 인공다리를 놓으며, 호텔을 시공하는 등 여러 시공과정을 거치면서 지금 우리가 보게 되는 호텔이 탄생하게 된 것이다.

여기서 생각해 볼 것이 있다. 그것은 '이 호텔을 설계한 톰 윌스 라이트의 머릿속에는 완성된 호텔의 모습이 있었을까?'이다. 궁금하지 않을 수 없다. 어떻게 생각하는가.

기억을 더듬어 보자. 우리는 우리 자신이 생각했거나 생각하는 어떤 것을 그림으로 그려본 적이 있을 것이다. 그때 우리는 그림을 그리다가 마음에 들지 않아서 지우고, 덧그리기를 반복하면서 그림을 완성해 본 경험이 있었을 것이다. 어딘가 마음에 들지 않아서 수차례 수정을 하곤 했던 경험들도. 그렇다면 우리는 어째서 그림을 그리다가 지우고, 때론 덧그리기를 하고 수정을 반복하며 우리가 생각한 어떤 것을 그려내려고 애썼던 것일까.

우리가 생각해 볼 것은 그림을 그리면서 지우거나 그리기를 반복했던 기준은 무엇이며, 어디에 근거한 것인가 하는 것이다. 어쩌면 우리가 그리려는 형상은 이미 구체적이고 세세한 부분까지는 아니더라도

Part 2. 최고의 인생 비전을 수립하라

우리 머릿속에 들어 있었던 것은 아닐까? 그렇다면 버즈 알 아랍 호텔을 설계한 톰 윌스 라이트 머릿속에도 이미 호텔에 대한 완성된 모습은 들어 있었고, 그것을 어떻게 정교하게 다듬어 건축물로 세상에 구현시킬 것인가 하는 문제만 남겨두었던 것이리라.

하나의 건축물이 탄생되는 것은 설계를 통해서 이루어진다. 설계 없이 지어진 건축물이 있을까? 건축뿐만 아니라, 기계는 물론 크고 작은 작품에 이르기까지. 하다못해 뭔가 사소한 것을 하려 할 때도 구상을 하게 되는데 이것도 설계와 비슷한 것이겠다. 무형의 뭔가가 세상에 형태를 갖고 탄생되기 위해서는 설계라는 과정이 필요하고, 그 설계 과정에 의해서 만들어진 것이 '설계도'인 것이다. 다른 말로 구상도構想圖라 할 수 있다. 즉 뭔가를 만들어 내기 위해서는 그 용도와 목적에 맞는 '설계도'가 반드시 필요하다는 것이다. 그렇기에 설계를 하지 않고 이루어지는 것은 없을 것이다. 중요한 것은 그러한 것을 설계한 사람의 머릿속에는 이미 완성된 그 모습이 들어 있다는 사실이다. 다만 그것을 어떻게 세상에 구현시켜낼 것인가를 고뇌하는 과정이 뒤따를 뿐인 것이다.

우리가 살아가는 삶도 이와 다르지 않을 것이다. 그렇지 않겠는가. 우리가 살아가는 삶도 무형에서 유형으로 뭔가를 만들어가는 것이라 하겠다. 알몸으로 세상에 태어나 삶이 뭔지를 모르다가 차츰 자기를 알고, 세상을 알아가면서 어떻게 자기만의 세상을 살아가야 할지를 깨닫게 된다. 그 깨달음이 클수록 그에 맞는 기획을 하고, 계획을 세워야 한다. 우리가 살아가는 데 있어 우리 나름의 삶에 대한 설계도, 즉 '인생 설계도'가 있어야 한다는 것이다. 세상에 탄생되는 것에는 설계도가 있는데, 우리가 살아가는 무형에서 유형의 삶에 설계도가 없다는 것이 말이 되는가!

그렇기에 우리 삶에도 설계도가 필요한 것이다. 이렇게 말할 수 있다. "설계도 없이 집을 지을 수 있다." 물론 가능은 하겠고, 그렇게 말할 수 있다. 그런데 그 집을 어떤 식으로 지으려고 하는 것인지, 또는 어떤 규모로 지으려 하는 것인지, 자재는 어떤 것을 얼마큼 준비해야 하는지… 등등 아무것도 모르면서 집을 짓는다? 그건 집을 짓는 것이 아니라 집 짓는 흉내라 하면 지나치다 할 것인가. 설사 그렇게 해서 어느 정도 집 모양을 만들어냈다고 하자. 완성된 것인지, 미완성된 것인지 이렇다 말할 수 없다. 준비된 자재가 다 들어갔으니, 완성되었다 말할 수는 있으나, 글쎄다.

우리가 어떻게 살아갈 것인가에 대한 고뇌의 산물. 10년도 아니고 20년도 아닌, 어쩌면 100년을 살아갈 우리의 삶인데, 인생에 대한 설계도 없이 그냥 막연하게 살아간다는 것이 말이 되지 않는다. 있으면 있는 대로, 없으면 없는 대로 그냥 그렇게 무형으로 살아가려는 것이라면 모를까. 우리가 빈손으로 왔다가 삼베로 지은 수의壽衣 한 벌 입고 간다지만, 우리가 어떤 삶을 살려고 하는지 그려봐야 하는 것은 아닐까? 그래야만 우리의 삶이 성공한 삶인지 아닌지 그때 가서 알 수 있게 되는 것이 아닐까 싶다.

돈 많이 번다고 성공하는 것인가, 그건 아닌 것 같다. 세상이야 그렇게 생각할 수 있겠지만 돈만이 성공의 척도는 아닌 것 같다. 적어도 우리 자신이 어떤 삶을 살겠노라고 한 설계도를 바탕으로 살다가 삶을 마무리 짓는 즈음에 이를 가지고 '얼마큼의 완성도를 보였느냐.'

'무엇을 이루고 이루지 못했느냐.' 등등의 판단에 따라 비로소 우리의 삶이 어떤 삶이었는지 말할 수 있을 것이다.

　한번 생각해 보자. 우리가 살아가는 데 삶의 설계도가 없다면, 우리의 삶이 앞으로 어떤 모습으로 전개되고 완성될 것인지 전체 모습을 조망해 볼 수 없다. 더 나아가 우리가 살아가려는 삶이 어떻게 완성될 것인지 감이 잡히지도 않는다. 완성될 모습도 없으니, 시작할 시점도 없거나 모르는 것이 당연하다. 그러니 그때그때 상황이나 여건에 따라 다르거나, 남이 살아가는 방식을 따라 살아가는 수준에 머물고 있는 것은 아닌지 모르겠다.

　남의 방식을 따라가는 삶이 아니라, 우리가 살아가야 하는 삶이다. 그렇기에 어떻게 살아가야 할 것인가에 대한 설계도를 그려야 한다. 좀 귀찮고, 힘들긴 해도, 어려운 것은 아니지 않은가. 남과 다른 우리가 원하는 삶을 살아가기 위해서 꼭 필요한 것이다.

　지금 여기서 우리가 머나먼 인생 여정의 끝에 머무는 우리 삶의 마지막 모습을 어떻게 알 수 있을까 싶겠다. 하지만 그래도 우리가 삶을 다 살았을 때의 모습을 그려 봄으로써 지금 무엇을 어떻게 해야 할지를 알 수 있을 것이다. 지금까지 누구보다도 열심히 살아왔을 것이다. 이제부터는 그냥 '열심히'가 아니라, 어떻게 살아갈지에 대해서 좀 더 깊이 있고 진지하게 생각하고 설계해 봄으로써 '어떻게 살아가야 되겠구나.' 하는 실천이 시작되는 계기를 마련하고 동기를 갖게 되어 더 열심히 살아가게 될 것이다.

　누구나 행복하고 성공적인 삶을 꿈꾸고 그런 희망을 갖고 있다. 우리 역시도 지금 뭔가를 하고 있는 것은 행복하고 성공적인 삶을 살아가기 위함이다. 지금까지는 설계도 없이 열심히 살아온 삶이라면, 이제부터 새롭게 멋지고 아름다운, 행복한 성공을 담아내는 삶을 디자인해 놓고서 그 설계대로 열심히 노력하며 살아가자. 그러면 세상은 우리에게 하나씩 하나씩 선물을 안겨 줄 것이고 희망의 문이 열릴 것이라 믿는다. 생각만 해도 설레지 않는가. 인생 설계도를 그려놓고 사는 사람들은 매일매일 설레는 삶을 산다고 한다. 에너지 넘치는 활기 있는 삶이다. 그런 삶이 우리가 살아가는 참맛이고 그것이 인생이 가져다주는 행복 맛이 아니겠는가.

그럼, 어떻게 인생 설계도를 그려야 하는가? '먼저 우리가 어떤 방향으로 삶을 살고 싶은지.' 그 방향을 찾아보는 것이다. 그런 다음 그 방향에서 우리가 이루고 싶은 꿈이나 비전을 생각해 보는 것이다. 그러고 나서 그에 맞춰 우리가 하고 싶은 일, 그 일이 어떤 의미와 가치가 있는가도 생각해 보는 것이다. 여기에 세상을 대하는 우리의 가치관도 빼놓을 수 없다. 세상 속에서의 우리 모습을 하나씩 하나씩 만들어내기 위한 과정을 정성껏 꼼꼼하게 구체적으로 디자인하면 되는 것이다. 즉 우리만의 방법으로 우리의 삶을 설계하면 되는 것이다. 그 설계대로 우리의 인생을 창업하고, 창업정신에 맞게 경영하면 되는 것이다. 나는 내 인생의 CEO이니까 말이다. 그렇기 때문에 지금 우리가 해야 할 것은 우리 자신이 행복하고 성공적인 삶을 살아가기 위한 것이 무엇인지 파악하고 그 생각을 그려내는 것이다.

남들처럼 하려는 마음만을 갖는 것이 아니라, 우리 자신이 꿈꾸는 삶, 우리 자신이 행복하고, 성공하는 삶을 살아간다고 느낄 수 있는 모습을 디자인하는 것이다. 그런 다음 작성된 인생 설계도에 따라, 우리 보폭으로 걸어가는 것이다. 쉬지 말고, 서두름 없이 우리 스타일

Part 2. 최고의 인생 비전을 수립하라

대로 짜인 인생 설계도에 맞춰 징검다리 건너듯 정성껏 조심해서 인생길을 걸어 나가는 것이다. 열심히 한 발짝 한 발짝 앞으로 건너가는 것이다. 남 따라 건너가다가는 당장은 잘 건너가는 것 같지만, 실제로는 우리 것이 아니라 남의 것임을 뒤늦게 알게 될 것인데, 언젠가 후회하게 되는 날이 반드시 온다는 것도 잊지 않는 것이 좋다.

독일의 고속도로를 아우토반Autobahn이라 부른다. 아우토반은 자동차가 무한 속도를 내면서 달릴 수 있는 자동차 전용도로이다. 운전자들이 무한 질주를 하면서 속도의 짜릿함을 느끼고 맛보며 달려보고 싶은 도로. 그런데 우리의 삶은 독일의 아우토반에서 자동차처럼 무한 속도를 내면서 달려가는 것이 아니라, 우리 자신의 페이스에 맞춰 근면·성실하게 땀 흘리며 뚜벅뚜벅 걸어가면서, 옆도 보고 때론 뒤도 돌아보면서 살아가는 것이다.

우리의 앞에 펼쳐지는 세상도 멋있는 세상이겠지만, 앞을 향해 나아가면서 스치듯 지나치는 옆의 세상에서도 아름다움을 느끼거나 힐링할 수 있는 마음의 여유를 갖게 될 것이다. 세상은 앞에서든 옆에서든 그때그때 느껴지는 조화로움이 있으니까 말이다. 지금 이 순간에도 우리가 걸어가야 할 인생길을 잘 찾고 앞을 향해 제대로 걸어 나가고 있는지, 인생 나침반을 삶의 지도 위에 놓아 보자. 바늘이 어느 쪽을 가리키고 있는가?

도전하는 마음을
길러라

　'선구자'와 '선각자.' "그 차이가 무엇인가?" 선각자는 남보다 먼저 사물이나 세상일을 깨달은 사람이고 선구자는 어떤 일이나 사상에서 다른 사람보다 앞선 사람이며 행동이 함께한다는 것으로 구별할 수 있겠다.

　시대에 따라서는 영웅도, 선각자도 필요하고, 선구자도 필요할 것이다. '난세에 영웅이 난다.'고 했다. 지금 우리는 시대의 요구에 의해서 뭔가를 해야 할 운명에 놓여 있다. 늘 그랬듯이 미래에도 그럴 것임에는 분명하다. 무슨 말인가 하면, 시대와 더불어 살아가고 있는 우리는 끝없이 시대가 요구하고 있는 것에 부응하면서 살아가야 할 운명이기 때문이다. 그럼 지금 시대가 우리에게 무엇을 요구하고 있는지를 생각해 보자.

　언뜻 생각해 봐도 많은 것을 요구받고 있다. 많은 지식 쌓기를 요구받고 있고, 전문성을 갖추라고 요구받고 있으며, 다양한 인맥도 갖춰

놓으라고 요구받는 등, 셀 수 없는 크고 작은 것들을 갖춰놓으라고 요구받고 있는 것은 틀림없는 사실이다. 이렇게 많은 것이 요구되는 시대에 유독 우리에게 더 요구되는 것이 바로 도전이다. 땅이 좁고 인구 밀도가 높은 지역에 살고 있는 사람들에게 반드시 요구되는 것이 아닐까 싶다.

"도전하라!"
"저 드넓은 무한한 세계로 도전하라."

우리의 삶과 더불어 생각해 보자. 우리가 현재에 안주하여 주어진 것에만 만족하고, 그 어떤 것도 하려 하지 않는다면, 우리의 육체는 살아 있으되 정신은 죽은 것이나 마찬가지겠다. 삶은 도전이라 했기에 우리 삶의 방향인 꿈을 찾고 비전을 이루기 위해서는 도전하는 자세를 갖고, 실천하는 마음은 더더욱 중요하다.

"도전하는 자만이 꿈을 이룰 수 있다."는 말처럼 21세기 지금의 시대는 우리에게 도전정신으로 자기 스스로의 변화와 혁신을 요구하고 있다. 그러나 우리는 정작 시대의 변화에 대비하여 준비하고 도전하기보다는 현재에 안주하거나 걱정만 하는 모양새 같다. 우리 자신에게도, 세계를 향해서도 당당해야 한다. 당당해진다는 것은 준비된 자의 자세에서 나오며 그것은 곧 도전으로 표출된다. 그렇게 표출되지 않으면 아무것도 이룰 수 없는 것이다.

적극적으로 도전하고 또 도전하는 자만이 어제보다 더 나은 오늘을 만들 수 있고, 미래를 꽃피울 수 있으며, 미래의 성공을 꿈꾸며, 세상을 자기편으로 만들 수 있는 것이다. 세상을 자기편으로 만든다는 것은 이미 성공을 예견한다는 뜻이 아니겠는가.

영국의 역사가 아놀드 토인비Arnold Joseph Toynbee는 인간의 역사를 '도 전과 응전'이라 했다. 도전하는 사람이 역사를 변화시키고, 성장시킨 다는 뜻이다. 소수만이 행할 수 있는 전유물이 아니라 평범한 우리도 도전하여 우리의 삶을 변화시키고 혁신시켜 나갈 수 있는 것이다.

『20대에 하지 않으면 안 될 50가지』 저자이며 처세학으로 인기를 누리고 있는 나카타니 아키히로Nakatani Akihiro는 "세상에서 가장 이자 가 높은 은행은 도전이라는 은행"이라고 했다. 도전은 쓰면 쓸수록 줄 어드는 것이 아니라 오히려 몇 배가 되어 돌아오는 것이기 때문이다. 인생에서 도전은 하면 할수록 유리해지고, 세상은 우리 편이 되어간 다는 것이다.

산다는 것은 좌절도, 쓰라림도 맛보고 실패도 겪게 되며, 즐거움도 맛보게 된다. 심지어 "그런 것이 없으면, 어디 싱거워서 살아갈 수 있 겠어?"라고 말하는 사람들도 있다. 긴 삶의 여정에서 평탄하기만 하 다는 것이 오히려 이상한 것 아닌가? 삶의 맛은 도전을 해야 맛볼 수 있는 참맛인 것이지, 도전하지 않으면 맛볼 수 없는 것이다. 도전이 없으면 평탄하기만 할 것 같지만, 그것은 평탄이 아니라 오히려 세상 으로부터 위축되는 것이며, 자신의 존재가치를 찾아내지 못하는 나약 해진 모습일 뿐이다.

인생은 도전의 연속. 우리가 꿈에 대한 갈망이 크면 클수록, 간절히 열망하면 할수록, 실수는 하나의 과정일 뿐이다. 우리는 실패한 것이 아니라 성공으로 나아가기 위한 과정에서 단순 실수한 것일 뿐이다. 그런 실수를 통해서 성공하는 방법을 하나씩 하나씩 찾아간다고 생각하면 되는 것이다. 그런 마음을 갖고 있는 우리라면 실수가 어찌 우리를 주저앉힐 수 있겠는가. 그 어떤 것으로도 그렇게 하지 못할 것이다. 우리를 주저앉힐 수 있는 것은 이 세상에 단 한 사람, 우리 자신밖에 없다.

사람이 태어날 때는 어떤 모습인가. 처음 태어난 후 누워 있기만 하다가 얼마 후부터 네 발로 기어 다닌다. 그리고 다시 어느 순간부터 두 발로 걷게 된다. 그런데 어린아이가 네 발로 기다가 두 발로 걷기까지 얼마나 넘어지고, 또 넘어지면서 연습을 하는지 아는가? 어린아이는 네 발로 기다가 조금 익숙해지면, 손으로 옆에 있는 물건 등을 잡고 걷는 연습을 1만 번 정도 하고서야 비로소 걷게 된다고 한다. 1만 번 정도 넘어진 후 걷게 된다는 이 놀라운 사실. 생각만 해도 놀랍지 않은가. 어른도 하기 어려운 어린아이의 끈기가 마냥 놀랍기만 하다.

연습에 연습을 거듭하는 그 끈기. 무엇이 그토록 끈기를 갖게 했을까. 그것이 바로 우리가 갖고 있는 내면의 에너지가 아니겠는가. 우리가 그만큼의 연습을 하고 걷게 된 것은 포기하지 않는 내면의 에너지가 있기 때문일 것이다.

꿈의 크기를 비교해 봐도 바로 알 수 있다. 유치원 때는 "꿈이 뭐였니?" 물으면, 손을 번쩍 들면서 "대통령!", "장군!" 당당하게 소리치곤 하지 않았던가. 기억에 없다고? 부모님께 물어보면 알 것이다. 초·중·고 때에는 어땠을까? 그리고 대학교 때에는? 지금의 꿈은? 취업하는 거, 직장에서 진급하는 거, 회사에서 정년까지 무사히 다니는 거, 그리고 편안하게 생을 마감하는 거, 꿈에 대해서 잊은 지가 오래

됐는데…. 그런 것이 진정 우리의 꿈이라 할 수 있겠는지 자신에게 물어보자.

평발의 불리함에도 멈추지 않는 도전으로 영국의 프리미어리그에 진출한 축구스타 박지성 선수를 떠올리지 않더라도, 네 손가락의 피아니스트 이희아를 보자. 우리 자신이 부끄럽지 않은가? 건강한 신체를 가진 우리는 도전정신을 갖고 있는지, 도전을 하고 있는지 스스로에게 물어보지 않을 수 없다.

어릴 적 걷기 위해서 그토록 연습을 거듭했던 그 끈기는 어디로 갔는가. 이제부터라도 아주 사사롭게 도전한 것들이라도 새롭게 하나하나 음미해 보자. 그것이 큰 도전을 행할 수 있는 힘과 자신감, 그리고 도전할 수 있는 몰입감을 줄 것이다. 찾아보자, 그리고 그때의 그 느낌을 다시 느껴보자. 그리고 둔화된 도전에 대한 우리의 기지개를 다시 활짝 켜자!

비록 돈키호테 식의 도전이 무모해 보일지는 몰라도 도전하지 않고 안주해 있는 것보다는 더 나을 것이다. 거기에 준비까지 해서 도전한다면 금상첨화일 것이다. 우리 삶의 방향에 맞춘 꿈과 그에 걸맞은 비전을 수립하고, 그에 맞는 목표를 향해 준비된 도전을 지금 당장 시작함이 어떤가. 할 수 있다! 지금 당장 시작하자! 우리 삶에서 '선각자가 될 것인가, 선구자가 될 것인가' 망설이지 말자!

Prologue

삶의
관계적
인간미를
갖춰라

Chapter **5**

관계적
인간미를
갖춰라

관계십을
길러라

"멀리서 친구가 찾아오면, 이 또한 반갑지 아니한가有朋自遠方來 不亦樂乎."라는 공자님 말씀이 있다. 멀리서 찾아올 친구가 있고, 반겨줄 친구가 되는가? 한번쯤 생각해 볼 일이다.

공자님 말씀처럼 우리도 멀리서 찾아오면 반갑게 맞이할 친구가 있는가. 언제나 함께할 수 있는 친구 말이다. 많은 말을 하지 않아도 늘 편안하고, 늘 서로 염려해 주며, 때론 티격태격 말다툼하다가도 금세 화해하며 미안하다 먼저 말해주는 사이. 늘 서로의 말을 들어주고, 함께 이야기를 나누며 응원해 줄 수 있으며 굳이 말을 다 하지 않아도 서로의 마음을 헤아려 주고 이해하는 사이. 기쁠 때나 슬플 때나 함께하고 마음을 나눌 수 있는 그런 사람. 그런 사람이 있다는 건 행복이고, 행운이 아닐까 한다. 요즈음 같은 시대에는 더욱 그럴 것 같다. 오히려 축복이라고 해야 맞을 것 같다는 생각까지 든다.

'군중 속의 고독'이란 말이 있다. 우리가 갖고 있는 스마트폰에는 많은 연락처가 들어 있을 것이다. 하지만 정작 필요해서 전화를 걸려고 하면 어떤가. 우리 주변에는 분명 사람들이 많은데 함께하거나 우리 곁에서 힘이 되어주는 사람은 드문 것 같다. 우리 역시 그런 사람이 되어주지 못하고 있는 것이 사실일 테니까. 그래서일까? "아버지는 보물이요, 형제는 위안이며, 친구는 보물도 되고, 위안도 된다."라고 미국의 정치가 벤자민 프랭클린Benjamin Franklin이 말했듯이, 살아가면서 친구는 그만큼 소중한 보배가 되는 것이다.

오늘날 황량하고, 메마르고, 각박한 세상에서 서로를 아껴주는 친구가 있다는 것은 행복이고, 행운이다. 성공을 했거나, 오래 사는 사람들을 보면 늘 그 곁에는 함께하며 자신을 믿어주는 다정다감한 친구가 있었다. 오늘날 같은 시대에서는 없어서는 안 될 보배라는 생각이 든다. 우리에게 그런 친구가 있는가를 생각해 보자. 그러면서 우리는 누군가에게 그렇게 좋은 친구일 수 있는지를 되짚어 보자.

살아가면서 친구 1명을 얻는다면 세상이 즐겁다 했는데, 고전적 개념으로 보지 않더라도 참다운 친구 1명을 얻는 것은 의미 있고 보람된 것이다. 지금은 21세기. 그 어느 시대보다도 관계가 더 중요해진 시대가 되었다. 다양하게 많은 사람들을 소중하게 사귀는 것이 더 중요한 시대가 되었다. '곰과 두 친구'에 대한 「이솝우화」가 있다. 들어봤을 법하다.

아주 절친한 두 친구가 함께 산길을 가고 있었는데, 갑자기 커다란 곰 한 마리가 길가에 나타났다. 이때 같이 산길을 가고 있던 약삭빠른 한 친구는 쏜살같이 옆에 있는 나무 위로 올라가 버렸다. 나무에 올라

가지 못하고 다급해진 다른 한 친구는 숨을 곳을 찾지 못해 엉겁결에 땅바닥에 납작 엎드리게 되었다.

이렇게 땅바닥에 몸을 납작 엎드리고 숨을 죽이고 죽은 듯 누워 있기를 얼마 후, 길을 막고 서 있던 덩치 큰 곰이 성큼성큼 걸어와 땅바닥에 납작 엎드려 죽은 듯이 숨을 죽이고 누워있는 친구에게 다가가서 쿵쿵 냄새를 맡으면서 귀에 뭐라고 속삭이더니 사라졌다. 곰이 사라지고 난 후 나무에서 내려온 친구가 물었다. "괜찮은가? 그런데 곰이 무슨 말을 하던가?" 땅바닥에 엎드려 있던 친구는 흙먼지를 툭툭 털면서 말하길 "위기가 닥쳤을 때 혼자 도망가는 사람과는 친구로 지내지 말라더군."

이 이야기는 친구관계, 더 나아가 사람관계가 어떠해야 하는지를 일깨워주는 교훈이다. 우리가 친구와 산길을 가다가 이 이솝우화처럼 곰을 만났더라면 어찌했을 것 같은가?

지금의 시대에는 국내외를 막론하고 경쟁이 없는 곳이 없다. 그렇기에 경쟁에서 이겨야 살아남는다는 생활방식이 몸에 뱄다. 마치 태어날 때부터 그런 유전자를 갖고 태어난 듯하다. 태어날 때부터, 혹은 적어도 유치원에 들어가면서 오늘에 이르기까지 경쟁이 없었던 적이 있었던가. 경쟁해야 하고, 살아남는 자만이 살아남는다는 신념 아닌 신념으로 지금까지 살아왔던 것이다. 그러니 참다운 친구가 제대로 있을 리 만무하다. 설사 친구가 있다고 해도 그냥 친구일 뿐, 위기를 같이하는 진정한 친구는 흔치 않다.

친구가 많다고? 카카오톡, 밴드, 트위터, 페이스북 등등의 어플을 사용하여 매일 수 명에서 수십 명, 아니 수백 명 그 이상의 사람들과 대화를 주고받거나 때론 댓글을 달면서 우리들은 많은 사람들과 대화하고 있다고 말하기도 한다. 하지만 정말 그런가? 그렇다면 한번 깊이 생각해 보자. 그것이 우리와 진정 대화를 하고 있는 건지, 아니면 그냥 단순히 일방적으로 활자를 찍어내서 보내는 텍스트는 아닌지. 대화는 얼굴을 마주 보면서 표정도 읽고 마음이나 감정을 느끼면서 공유하고 나누는 것이 아닐까. 물론 얼굴을 보지 않고서도 대화는 얼마든지 나눌 수 있는 건 사실이다. 그러나 SNS 어플을 이용한 이런 대화가 진정 대화라고 하기엔 뭔가 좀 부족하다고 생각되지 않는지.

시대의 흐름을 거스를 수는 없다. 거스르는 것도 물론 좋은 생활방식은 아니다. 관계가 필요한 시대. 굳이 네트워킹 시대라 말하지 않아도 시대적으로 볼 때 관계는 그 어느 시대보다도 더 중요해졌다. 그래서 우리는 폭넓고 다양하게 많은 사람을 사귀는 것이 시대를 순응하며 살아가는 좋은 태도라 생각하게 된다. 이는 이 시대에서만 요구되는 건 아닐지도 모른다. 과거에도 그랬을 것이고, 지금도 그렇고, 미래에도 당연히 그럴 것이라 생각이 드는 건 우리만은 아닐 것이다.

"폭넓게 다양한 친구를 사귀어라." 이는 시대를 초월하는 명제이기에 뭇사람들에게 영향을 주는 파워가 되어 왔다. 다만 지금 시대에는 사람을 더 확장된 의미로 사귄다는 것이 좀 다를 뿐. 그야말로 '관계십으로 사귀란 것이다.

관계십이란 무엇인가? 영어로 하면 'Relationship'이 되겠다. '둘 이상의 사람과 사물, 현상 따위가 서로 관련을 맺거나 관련이 있음. 또는 그런 관련'을 뜻한다. 친밀한 사람들 간의 관계를 뜻하는

'Friendship'의 개념을 뛰어넘은 '필리아Philia'개념이다. 필리아는 '상대방이 잘되기를 바라는 순수한 마음으로 쌍방적인 바람이면서 동시에 그러한 상태를 쌍방이 인지하고 있는 품성 상태'를 말하는 것으로, 수평적·수직적 관계 없이 사회적 인간관계에서의 친근성 혹은 친화성이라 할 수 있다(아리스토텔레스 『니코마코스 윤리학』(해제), 2004. 서울대학교 철학사상연구소). 따라서 관계십은 개인적인 관계 이상을 뛰어넘는 의미를 담고 있는 것으로서, 사적이든 공적이든 서로의 성공을 진심으로 바라고 이끌어 주면서 정신적으로 교감을 하며, 서로에게 도움을 주고받는 절친한 관계를 뜻하는 것이다. '이런 관계가 과연 있겠는가?' 싶기도 하겠으나 이런 관계에서만이 서로를 발전시켜 나갈 수 있을 것이라 생각한다. 이런 관계가 왜 필요한가? 21세기에 요구되는 인재상에서 그 답을 찾을 수 있다.

21세기에 요구되는 인재는 한 분야만을 전문으로 하는 스페셜리스트에서 더 진화하여 여러 분야를 두루 섭렵하여 전문능력을 겸비한, 다시 말해 다방면으로 많은 지식과 정보를 갖추고 여러 가지 분야를 잘 접목시킬 수 있는 제너럴리스트이다. 더욱이 관계의 중요성으로 인해 제너럴리스트이면서도 관계십을 갖춘 인재를 원하고 있는 것이다. 우리가 관계십과 인적 파워를 함께 갖추고 있다면 어떻게 되겠는가. 이것이 오늘날 우리의 파워가 되는 것이다.

세상은 혼자 살 수 없는 곳으로, 사람들과 만들어 나가는 관계집단이다. 그렇기에 사람들을 우리 관계로 만들어 놓으면 놓을수록, 그만큼 사람들과의 관계에서 나오는 인적 파워는 점점 더 좋아지고, 커지고, 힘을 가지는 것이다. 그 속에서 많은 다양한 정보도 교류할 수 있게 되고, 필요한 정보를 생성해 낼 수 있게 되며, 때론 모르는 분야도

간접적으로 알게 되고, 서로에게 도움이 되며, 서로 의지할 수 있는 폭넓은 지지대가 만들어지게 되는 것이다. 그것이 네트워킹의 파워인 것이고, 결국 우리 자신의 힘과 자산이 되는 것이다. 그래서 친구이면서 파트너가 되는 관계십을 키우는 것이 중요한 것이다.

우리는 경쟁을 배워 왔고, 경쟁하며 여기까지 왔다. 앞으로도 그런 마음으로 살아갈 것이라 본다. 아마도 우리 마음속에는 경쟁심만 가득 들어 있을지도 모른다. 태어나서 그렇게 자라 왔고, 그런 세상에서 살고 있고, 또 살아가기 위해서 어쩔 수 없다 말할 수 있다. 그렇기에 함께할 친구가 없는 건 아닌지, 있어도 비즈니스적인 관계 이상은 넘지 못하고 있는 것은 아닌지 모르겠다. 어쩌면 당연한 것이라 생각된다. 우리 역시 누군가에게 그런 관계일 수 있을 것이니까….

그렇기에 함께 생의 동반자가 되어주고, 함께 파트너가 되어줄 친구를 찾기란 더더욱 힘들 것이다. 하지만 그럼에도 사람들은 외롭거나 어려울 때, 뭔가 힘든 상황에 빠졌을 때 따스한 마음으로 위로해주며, 기쁠 때나 즐거울 때 항상 웃어주며, 자신의 이야기를 들어주고, 함께할 수 있는 친구를 원하는 것 역시 누구도 부인하지 못할 것이다. 우리 역시 마찬가지일 테니 말이다.

커피숍에 앉아 조용히 커피를 마실 때가 있다. 원고 정리를 하는 경우도 있고, 좋은 음악을 들으며 잠시 망중한忙中閑을 즐기는 경우도 있는데, 이럴 때면 으레 잡스런 이야기들이 귀에 들려온다. 30~40대이건 40~50대이건 사람들이 모여서 나누는 이야기들은 거의 큰 의미 없는 내용들이다. 살다 보면 어찌 생산적인 이야기들만 나눌 수 있겠는가. 이해가 되면서도 한편으로 이해가 되지 않기도 한다. 그러다가

Part 3. 삶의 관계적 인간미를 갖춰라

도 또 이건 너무하다는 생각이 들기도 한다. 생산적인 이야기는 아니더라도 일상의 이야기들이면 그마나 괜찮다. 이도 아닌 그냥 소비적인 이야기를 나누는 것을 듣게 되면 은근히 마음이 불편해진다.

"하는 일이 안 되는데….”
"누군가 도와주지 않네….”
"돈도 많은데 좀 풀지….”

그런가 하면, 자신을 자랑하며 거들먹거리는 이야기도 종종 들려오곤 한다. 어찌하라는 대화인가 싶기도 하다. 함께 힘내어 이겨보자는 이야기는 거의 없고, 푸념과 원망이 이야기에 꼬리를 문다. 이럴 때 입에서 툭 터져 나오는 말이 있다. "그럴 시간에 방법이라도 찾아보고, 노력이라도 좀 해 보지.”
진정한 친구를 원하면서도 진정한 친구가 없는 세상. 참다운 친구가 되어주고 동반자가 되어줄 친구를 만난다는 것은 앞으로 더욱 어려워질 것 같다. 아니 어려운 것이 아니라, 우리가 누군가에게 그런 친구가 되어주지 못한다는 말이 더 맞는 말일 것 같다. 우리는 누군가의 그런 친구가 되어 왔는가? 스스로에게 물어보는 것이 필요할 때가 된 것 같다. 이제 자신만 아는 생활에서 벗어나자. 옆 사람을 보고, 옆 사람을 배려할 줄 아는 사람이 되자. 그것이 친구를 만드는 시작이 될 것이고, 관계십을 키우는 첫걸음이 될 것이라 생각한다. "내 마음 같은 세상 사람이 없다.”고 말하기 전에 우리가 누군가에게 그들 맘 같은 세상의 한 사람이 되도록 노력해 보는 것이 더 낫지 않겠는가.

작은 나라에서 많은 사람들이 살고 있고, 그 틈에서 자신의 실력을 인정받거나 경쟁해서 이겨야 먹고 사는 무한경쟁의 일상에서 우리는 그야말로 매일매일 스트레스의 연속이니 어쩔 수 없다 말할 수 있다. 당연한 말이다. 어찌 부정할 수 있겠는가. 하지만 우리는 평소 우리가 꿈꾸는 성공을 가져다주는 것은 우리 자신의 노력과 행운이라고 믿는다. 이는 맞는 말이지만 반드시 그렇지만은 않다는 것이다. 때론 친구가, 때론 주위에 있는 사람이, 때론 이름도 모르는 누군가가 가져다준 것도 있지 않았던가? 우리가 여기까지 살아온 것 자체가 우리의 노력만이라 말할 수 있겠는가? 아닐 것이다. 우리 이외의 누군가가 가져다준 행운 덕분에 여기까지 왔을지도 모른다.

　그렇기에 혼자 사는 세상이 아니라, 함께 살며 공존하는 세상인 것이다. 누군가의 노력과 행운으로 우리가 이렇게 살고 있음에 감사하며, 그 감사한 마음으로 우리도 누군가에게 우리의 노력과 행운을 줄 수 있도록 해야 할 것이라 본다. 앞서 이야기했듯이 니콜라스 크리스태키스와 제임스 파울러의 연구 결과에서도 나타나지 않았던가. 우리가 행복하면 친구의 친구의 친구까지 행복하게 한다는 것인데, 이는 우리의 노력과 행운이 우리 곁에 있는 누군가에게 행운이 된다는 것이리라.

　사마천은 "옛 친구를 잃으면 천하를 잃는다."고 했다. '천하를 잃는다.' 할 만큼의 소중한 친구를 사귀는 것은 매우 중요한 것이고, 축복일 것이다. 지금 우리가 갈수록 사막화되어 가는 세상인심에 목마름을 잊게 하는 오아시스나, 은은하게 세상을 비춰 주는 달빛처럼은 되지 못한다 해도 우리 가슴 크기만큼의 관계집을 갖도록 함은 어떤가. 그리고 우리의 보폭만큼의 실천은 또 어떤가. 그래서 우리를 알고 있는 사람들 중 그 누군가에게 행복과 성공의 에너지를 줄 수 있는 기부 천사가 되어보면 어떨까.

더 나아가 우리가 비록 못난이 얼굴을 하였거나 우리의 존재가 세상에 비하면 너무나 미미하고 보잘것없어 보일지라도, 우리의 미소가 누군가에게 한 번 더 미소 짓게 하고 그들의 마음을 여는 시그널이 되어주면 어떨까. 누군가를 미소 짓게 한다는 것은 우리가 웃고 있다는 것이니까!

배려심을
함양하라

혼자 있는 세상이 아니다. 혼자만 있는 세상은 더더욱 아니다. 내가 있고, 네가 있어 우리가 있는 것이다. 그리고 너와 그가 있어 그들도 있는 것이다. 우리와 그들이 세상이란 한 공간에서 함께 있는 것이다. 우리는 같은 모습을 한 사람들이 한 사람도 없는 공간 속에서 각양각색의 사람들과 이리저리 부닥치며 함께 살고 있는 것이다. 공존의 미학이라 할까. 이 세상에 같은 모습이 있을까? 도플갱어Doppelganger가 있다고는 하는데, 아직 보지 못하였으니 믿기에는 그렇다.

그럼 우리의 아바타가 있을까? 아바타Avatar란 가상사회에서 자신의 분신을 의미하는 시각적 이미지로 '내려오다'라는 뜻을 지닌 산스크리트어 '아바따라Avataara'에서 유래된 말이라고 한다. 하지만 과학이 발달하여 아바타를 만들기 전에는 우리 자신과 똑같이 닮은 모습은 없을 것 같다. 그렇기에 이 세상에는 나와 똑같이 생긴 얼굴 없이 사람 수만큼이나 다른 얼굴을 한 사람들이 공존한다는 것이다.

한 개의 수정란이 분열하는 과정에서 두 개로 갈라져 생겨난 일란성 쌍둥이라 할지라도 어딘가 그 모습에 차이가 있다고 한다. 외형적인 얼굴 형태나 모습, 태도, 행동, 그리고 내면적으로 성격이나, 흥미, 정서, 습관 같은 것에서 유전적으로 비슷한 부분은 있겠으나 완전히 같지는 않다는 것이다. 같은 얼굴, 같은 모습이 없다는 것은 사람들 각자만의 세상이 있다는 것이다. 그야말로 지구상에 오로지 자신만이 존재하기에 자신만의 스타일에 맞는 삶이 있다는 것이다. 세상을 받아들이는 것이 다 다른 것이고, 사람마다 받아들이는 방법 역시 다양한 것이다.

그렇기에 이는 옳고 그름의 문제가 아니라 세상을 어떻게 받아들이느냐에 달린 것으로서 우리와 다른 생각을 하거나, 다른 행동을 하는 사람도 받아들이고 존중하며 그들 입장에서 생각하려고 노력하는 마음이 필요한 것이다. 그래야만 지구촌에서 함께, 때론 다르게 살아갈 수 있는 것이다. 공존·공생의 법칙이다. 혼자 살아가는 것이 아닌 다양한 사람들과 함께, 때론 부닥치고 때론 어울리면서 그렇게 더불어 살아가야 하는 우리의 삶에서 반드시 갖추어야 할 것들이 여러 가지가 있겠다. 그중 하나가 바로 배려심이란 것이라 할 수 있다.

혼자가 아니기에 다른 사람들과 함께 더불어 살아가기 위해서 필요한 관계의 법칙이라 할까. 함께 더불어 살아가야 하는 지구촌에서 '나'와 '너'가 모여서 '우리'가 되고, '너'와 '그'가 모여서 '그들'이 되어 모이고 어우러지는 관계의 아름다움을 만들어 주는 덕목이라 하겠다. 배려심이 없는 사회는 인간적인 따뜻함과 향기가 없는 건조하고 메마르며, 냉랭하고 황폐하며 황량하기까지 한 사막과도 같을 것이다.

배려심이란 뭘까? 남을 도와주거나 보살펴 주려고 마음을 쓰는 것으로 남의 사정을 두루 살펴 도움을 주거나 도움을 주려고 힘쓰는 마음과 행위를 의미한다. 더 나아가 자기에게 엄격하고 타인에게 관대하며, 타인의 잘못을 이해하고, 용서하는 태도를 갖는 것이다. 배려심은 혼자가 아닌 사람들과의 관계 속에서 갖추어야 할 덕목인 것이기에 '관계의 윤활유'라 할 수 있다. 사람 관계를 부드럽게 이어내기 위해서 서로에게 즐거움과 기쁨을 주는 것. 혼자 살 수 없으니까 살아가는 데서 삑삑거리는 관계의 틈새를 부드럽게 하기 위해서 기름을 치는 것과 같다고 할 수 있다.

그런데 우리 주위를 둘러보면 어떤가? 보고 들어서 잘 알겠지만, 남녀노소 누구 할 것 없이 배려심이 예전만 못하다는 말들을 하곤 한다. 이는 우리가 일상의 생활을 하며 살고 있는 사회 분위기와 무관하지 않다고 볼 수 있다. 학교, 직장, 사회, 그 어느 곳에서든지 1등만이 최우선으로 대접받는 세상이 되다 보니 그럴 수밖에 없겠다. 1등만이 기억된다고, 전 국민 모두가 1등이 되어야 한다고 한 줄 세우기를 하는 세상 분위기에서 어찌 배려심이 있을 수 있으며, 배려심이 나올 수 있겠는가.

1등은 혼자 하나! 아니다. 2등이 있어야 되는 것이다. 1명이 무슨 1등이 되겠는가. 1등을 만들어 주는 사람들이 있기에 1등의 가치가 있는 것이다. 삶은 한 가지 방식이 아닌데 우리는 한 가지 방식으로 세팅된 삶을 강요받고 있는지도 모른다. 그것을 잊고 있거나 그렇지 않다고 착각하는 망각의 세상에서 살고 있는지도 모르겠다. 1등이 되기 위해서는 배려심보다는 경쟁심을 더 갖춰야 되는 세상에서 남보다 한 발짝 더, 아니 반 발짝이라도 더 앞서지 않으면 바로 낙오가 되는 양 그렇게 심리적 압박을 받으며 지금껏 살아오고 있었던 것은 아닌지 모르겠다.

　지금 우리가 살고 있는 경쟁사회에서는 소위 '정글의 법칙'이 존재할 뿐이다. 이 말은 2011년부터 SBS에서 방영되고 있는 지구촌 오지를 체험하는 리얼리티 프로그램에서 나온 말이다. 정글에서는 그야말로 약육강식의 법칙으로 강한 자만이 살아남게 된다. 그런데 우리가 살고 있는 세상이 곧 정글이고 다른 사람보다 반 발짝이라도 앞서야 하며 다른 사람을 이겨야만 사는 세상이 되어 버렸다.

　우리라고 별 수 있겠는가. 경쟁대열에서 낙오되어 뒤처지지 않고 그 자리에 들어가거나, 있거나, 오르기 위해서, 때론 물러나게 되지 않기 위해서 얼마나 발버둥 치며 살고 있는가. 그러니 이렇게 해서라도 세상에 자신을 맞춰가는 것이 더 현명한 처사라 할 수도 있지 않겠는가. 누가 이런 생각과 행동을 막을 수 있겠는가. 어쩜 그것이 옳게 살아가는 것처럼 보일 수 있다. 그러니 자연히 다른 사람이 우리보다 앞서는 꼴을 절대로 용납 못 하는 것이다. 무슨 수를 써서라도 우리보다 앞서 있는 상대방을 제압하고 선두로 나서야만 직성이 풀리는 것처럼 행동하곤 하지 않았던가!

　도로에서 자기 차를 추월한다고 해서 이에 뒤질세라 그 차를 추월하고, 또 추월당하고, 또다시 추월하곤 하다 결국 추돌사고로 이어지는 건 말할 것도 없고 그렇게 하다가 목숨까지 잃었다는 뉴스를 접했던 적이 있다. 이 또한 배려심이 있었더라면 일어나지 않았을 것들이다. 실제 운전을 하면서 우리도 여러 번 경험했을 것이다. 사회가 만든 심리적 외상성 증후군인 셈이다. 오죽하면 암행 교통 단속차가 생겨났겠나!

차선을 바꾸려 할 때, 사이드 미러로 옆 차선 뒤에 자동차가 달려 오지 않는가를 살피고 난 후, 이 정도 차간이면 옆 차선으로 진입해도 되겠거니 생각하고 방향표시등을 켜고 여유 있게 들어가려는 순간 저 뒤쪽 먼 거리에 있어 사이드 미러에서 잘 보이지 않았던 자동차가 상향 전조등을 켜면서 갑자기 속력을 내어 달려오면서 차로를 내주지 않아서 옆 차로로 차선 진입하려는 것을 방해받아 본 적이 여러 번 있었을 것이다. 결코 추월을 주지 않겠다는 단호한 의지를 담고 달려오는 자동차의 태도. 다 내 마음 같지 않으니 부아가 날 때도 많이 있다. "조금 양보해 주면 안 되나, 아님 어디가 덧나나." 이뿐이던가! 잘 달리고 있는데, 갑자기 옆 차선에서 방향지시등도 켜지 않고 끼어드는 것은 어떤가! 생각해 보면 우리도 다른 누군가에게 우리만의 자동차 운전 태도를 보여주었던 것은 아닐는지….

모두들 운전에 있어서는 자칭 베스트 드라이버다. 대한민국 운전 자 모두가 자칭 베스트 드라이버이다. 그런데 이 '베스트'란 말이 참으로 아이러니하게 사용된다. '베스트'는 영어의 '좋은Good'의 형용사 최상급이다. '최상의' 또는 '제일 좋은' 이런 뜻의 형용사이다. 그렇기에 집단 중에서 최고에게 부여되는 말 아닌가. 당연 최고에게만 부여되는 형용사가 될 것인데, 많은 운전자들이 베스트 드라이버란 완장을 붙이고 있다. 집단의 최상급에게 부여되는 의미의 형용사가 기준치도 없는 일반적 수준에 의해서 붙여지고 있는 것은 그렇다 쳐도 이렇게 난발해서는 안 된다고 생각한다. 시대적 변화에 의해 단어의 의미가 변한 것인지는 알 수가 없겠으나, 우습게 사용되는 말임에는 틀림없는 것 같다. 그럼에도 베스트 드라이버라고 자랑하고 있으려는가.

무모함이 통용되는 세상. 세상에 목숨보다 더 귀한 것이 어디 있다고…. 목숨 걸고 까부는 어리석음도 2등이 되기 싫어 1등을 고집하는 세상. 한마디로 세상이 온통 외상성 증후군을 앓고 있다는 말 외에 무슨 말이 어울릴까 싶다. 조금이라도 상대를 배려했더라면, 알면서도 못 하는 인간의 어리석음이라 할까. 다 내 마음 같지 않은 세상에서 남 마음으로 살아가려니 어쩔 수 없는 일이라 해야 할 것 같다.

우리 속담에 "사촌이 땅을 사면 배가 아프다."란 말이 있다. 사촌이면 누군가? 아버지의 친형제나 자매의 아들이나 딸과의 촌수다. 가까운 사이다. 그런 사촌이 땅을 샀다고 배가 아파서야 되겠는가. 이는 형제간에도 자기보다 나은 것을 용납하지 못한다는 경쟁심이겠다. 응당 기뻐하고, 축하해 줘야 마땅하거늘, 축하는 못 해줄망정 시기와 질투를 해서야 되겠는가. 이렇게 형제간이나 사촌 간에도 배려를 못 하는데 하물며 이도 아닌 남에게 있어서야 뭘 더 말할 수 있겠으며 바라겠는가.

사회가 발전할수록 더욱 이렇게 변해갈 것임은 불을 보듯 뻔할 것이기에 그저 말문이 막힐 뿐이다. 그야말로 '동방예의지국'이란 말이 무색하다. 아니, 부끄럽고 창피하기까지 하다. 점점 더 각박해지는 세상이 되는 것 같아 서글퍼지기까지 하다. 그런데 재미있는 건 이렇듯 경쟁심만 팽배해져 있고, 배려심이 부족한 것과는 딴판 다르게 자기 잘못에 대해서는 매우 몰염치할 정도로 관대하다는 것이다.

주위를 둘러보면, 배려심 없는 사람들이 말은 청산유수로 그럴듯하게 정말 잘하는 것 같다. 다른 사람에게 배려심은커녕 뻔뻔스럽기까지 한 사람들이 자기 자신에게 배려심을 베풀지 않으면, "세상이 각박해졌네, 예전에는 안 그랬는데, 인정이 메말랐네, 사람 살 데가 못 되네…." 등등 온갖 푸념을 연신 늘어놓기도 한다. 한마디로 몰염치의 극치인 셈이다. 물론 '옛날 사람들은 배려심이 많았을까?'라고 묻는다면 그렇지 않았을 것 같다. 옛날에도 배려심은 부족했을 것이라 보인다. 왜냐하면 먹고사는 데 급급했으니까. 그래도 서로 이웃을 생각하는 마음은 더 있지 않았을까 싶다. 지금보다 사람과 사람들이 서로 부딪히며 살지 않은 옛날일수록 더 인간적이고, 더 순박하고 더 순수했을 것이라 생각한다. 사람이 귀했고, 다 같이 어려웠으니까.

못살던 옛날에는 쌀밥을 해 먹고 싶어도 그 쌀밥을 짓는 냄새가 같은 동네의 형편이 좋지 않은 사람에게 풍길까 봐 제대로 지어 먹지 않았다는 이야기도 있다. 이 얼마나 이웃을 생각하며 배려하는 인간적 마음인가. 비록 직접적인 배려심은 아니라 해도, 남을 생각하고 행하는 그 마음은 더 인간적인 정감이 있는 따스한 마음이 아닐 수 없다. 그렇게 인정이 많은 DNA가 우리 몸에 들어 있는데, 우리가 환경에 휩쓸려 지배받으며 살고 있는 것일까. 사람이 환경의 지배를 받을 수야 있다지만, 이렇게까지는 아니지 싶다.

배려심은 문화적 수준과 비례한다고 봐야 할 것이다. 선진국일수록 사회 구성원들 간에 신뢰가 깊고, 법치주의가 잘 통하는 투명한 사회임을 알 수 있다. 결국 문화적 수준이 높다는 것인데, 문화적 수준이 높으면 신뢰를 바탕으로 상대에 대한 배려심도 높아지고, 문화적 수준이 낮으면 상대에 대한 배려심도 그만큼 낮아지는 무례한 사회가 된다고 생각한다.

선진국은 단순히 경제적 수준만 올라갔다고 해서 되는 건 아닌 것 같다. 선진국은 단순히 경제적 지표가 아닌 여러 가지 지표를 가지고 평가되는 것만 봐도 그렇다. 우리나라는 세계 10위권에 들 정도로 경제적 수준은 높아졌다고 하나 아직은 선진국이라 하지 않는 것도 이런 문화적 수준이 선진국 수준보다는 낮은 탓일 것이다. 어느 누구에게 물어봐도 선진 문화를 갖고 있다고 말하는 이가 많지 않은 걸 보면 아직은 아닌 듯하다.

생각해 보자. 우리는 얼마나 다른 사람에게 양보하고, 배려하는가. 대중교통을 이용할 때, 엘리베이터나 에스컬레이터를 타고 내릴 때, 줄 서서 기다릴 때, 그리고 건물이나 사무실 문을 열고 들어설 때 뒤따라오는 사람이 없나 뒤를 살피는 자세 등등. "1초가 급해 헐레벌떡 뛰어다니는데, 무슨 소릴 하는 거냐."고 말할 수 있다. 이 정도는 뛰어다녀야 먹고살 수 있으며 인정받을 수 있는 세상이니 그렇게 말하는 것도 틀린 말은 아닐 것이다. 그렇기에 다른 사람들은 안중에도 없고, 오직 우리 자신만을 생각하며 이리 뛰고 저리 뛰는 사람이 되었던 것이 아니겠는가. 우리뿐만 아니라 다른 사람들도 그렇고 그렇게 살아가고 있으니까 말이다. 그런데 왠지 마음이 씁쓸하고, 답답해지는 것은 무슨 연유 때문인가….

일화가 있다. 밤중에 앞을 보지 못하는 맹인이 걸어가고 있었다. 앞이 보이지 않는 그 맹인은 등불을 들고 걷고 있었다. 이를 본 행인들이 그 맹인에게 물었다. "당신은 앞을 볼 수가 없는데, 어찌하여 등불을 들고 걸어가고 있습니까? 앞이 보이지 않는데 등불을 들고 걸어가는 것이 무슨 소용이 있겠습니까?" 그러자 그 맹인은 행인들에게 이렇게 말을 하였다고 한다. "소인은 등불을 볼 수 없는 맹인입니다만, 다른 사람들이 소인을 볼 수 있도록 하려는 것입니다. 그래야만 앞을 못 보는 소인과 부딪지 않을 테니까요."

이 말을 들은 행인들은 고개를 끄덕이며 남을 배려하는 마음에 감동했다는 것이다. 짠하게 울림이 있지 않은가. 비록 앞을 보지 못하는 맹인이지만, 다른 사람들이 자신을 알아보고 부딪치지 않고 피해 가도록 남을 먼저 생각하는 마음, 이 마음이 곧 배려심인 것이다. 우리만을 생각하는 시대에 우리만이 소중한 것이 아니라 때론 함께, 때론 부닥치면서 그렇게 더불어 살아가고 있는 다른 사람들도 역시 소중한 것이고, 그렇기 때문에 다른 누군가를 생각하고, 행동하려는 마음을 갖는 것이 배려의 첫걸음임을 일깨워주는 일화이다.

배려심은 타고나는 것인가, 아니면 배우고 익힐 수 있는 것인가. 만약 그렇다면 배려심을 함양하기 위해서 어떻게 해야 하는 것인가. 배려심은 그야말로 우리만이 소중한 것이 아니라 남도 소중하기에 이기심을 버리는 것이라 할 수 있다. 우리가 경쟁이 제일주의처럼 되어버린 사회적 분위기에서 어쩔 수 없다고 생각하고 행동한다면, 남 역시 우리에게 그렇게 행동하는 것에 대해서 뭐라 해서는 안 될 것이다.

막상 그런가? 남에게 무례함을 당했다 생각이 들면 가슴이 먼저 끓어오르고 만다. 우리 자신은 남을 배려하는 마음이 조금도 없으면서 다른 사람들에게는 배려심을 바라는 이기적 심보를 갖고 있는 것인지, 아니면 우리 자신만이 잘하고 있다는 이기적인 생각에서 비롯되는 행동은 아닌지 되돌아보게 된다. 그들의 눈에 비친 우리도 역시 그들과 다를 바 없는 매한가지인 사람들인데 이 얼마나 모순된 경우인가.

세상에는 공짜가 없으니 우리가 먼저 베풀지 않으면서 사람들이 베

Part 3. 삶의 관계적 인간미를 갖춰라

풀기를 바란다면 사람들은 우리에게 아무것도 베풀지 않을 것이다. 이것이 세상 이치에 맞는 것이 아니겠는가? 세상은 'Give and Take' 이제부터라도 우리 자신이 먼저 남에게 베풀고 생각하는 마음의 자세를 갖도록 해 보자. 그래서 그런 생각들이 쌓이고 쌓여서 작은 행동으로 이어지도록 해 보자. 한꺼번에 행할 수는 없다. 가까이에 있는 사람들에게 먼저 행동해 보자.

가깝게는 가족 형제와 사촌에서부터 친구로, 그리고 이웃에게로, 그런 다음 멀리는 남들에게까지 조금씩 관계에서 배려심을 실천해 보자. 그리하여 남들이 우리 앞에서 가족을 칭찬해도 기쁘게 생각하며, 사촌이 땅을 사더라도 배가 아플 것이 아니라, 오히려 사촌이 땅을 산 것을 축하해 주는 그런 마음을 갖도록 해 보자. 우리가 남을 배려하면 남도 우리를 배려할 것이고, 결국 남을 배려하는 것은 곧 남들이 우리 자신을 배려하도록 하는 일이 될 것이다. 다른 사람의 처지와 입장을 충분히 배려할 줄 아는 배려심을 갖추는 데 더욱 힘써 우리 자신의 인품을 함양해 나감으로써 우리 자신만의 향기를 지니는 사람이 되어가야 하지 않겠는가.

공자의 제자 자공이 스승에게 "제가 평생 동안 실천할 수 있는 한 마디의 말이 있습니까?" 하고 물었을 때, 공자는 "그것은 바로 용서의 '서恕'이다其恕乎. 자신이 원하지 않으면 다른 사람에게도 하지 말아야 한다己所不欲勿施於人."라고 말하였다. 공자가 지은 『논어』 안연 편에 나오는 말로, 이는 '내가 하지 않고자 하는 바를 남에게 하라고 하지 말라'는 뜻이다. 이 말뜻을 깊이 헤아려 보면 3가지의 큰 뜻이 담겨 있다.

첫째, 우리 자신에 대하여 배려심을 가져야 한다.

무슨 말인가 하면, 우리 자신이 하고 싶지 않은 바가 있음을 알아야 한다는 것이다. 사람이 하고 싶은 대로 살 수 있는 건 아니지만, 적어도 우리 스스로가 싫은 바를 하지 않을 수 있는 용기를 갖추는 것이라 할 수 있다. 자신이 어떻게 살아야 할지를 바르게 세워 실천해야 한다는 뜻이리라.

둘째, 하기 싫은 일을 남에게 강요하지 말아야 한다.

우리가 하기 싫은 일이 있다면 응당 남에게도 강요하지 말아야 한다는 뜻이다. '나'와 '너'가 다르듯이 사람이란 저마다 생각하는 바가 비슷한 듯 다르다. 때문에 우리가 좋아하는 일이라면 남도 그럴 수 있겠지만, 우리가 싫어하는 일이라면 남도 역시 싫어하는 일이 될 것이기에 적어도 우리가 싫어하는 일을 남에게 억지로 시키지 말아야 한다는 것이다. 우리 자신이 세상을 살아가면서 남을 대하는 우리 자신의 태도를 갖춰야 한다는 것이리라.

셋째, 우리보다는 남을 존경하는 마음을 가져야 한다.

우리들 중 일부는 편안함과 수고로움을 적게 하고 남을 이용하여 원하는 것을 쉽게 얻으려 한다. 이런 마음이 사람 마음일 것이다. 그런데, 아무리 사소한 것이라도 우리 자신의 수고스러움을 통해서 얻으려는 마음을 갖도록 해야 한다는 것이다. 이는 곧 어떤 사람을 만나던 그 순간부터 귀한 분을 만난 듯 마음을 갖고 만나 먼저 수고스러움을 행하란 뜻이다. 이것이 관계의 기본적 마음자세라 할 수 있으리라. "요즈음 시대가 어떤 시대인데, 누가 그러는가." 싶겠다. 우리만이라도 남을 존경하는 마음을 갖고 일상에서 실천해 봄이 어떻겠는가.

'기소불욕물시어인'의 말뜻처럼 우리가 원하지 않는 일을 남에게 강요하는 일이 없도록 애써 노력하고, 상대를 존중하며 먼저 수고스러움을 행할 수 있는 삶의 자세를 함양하도록 지금부터 노력하는 것이 어떤가.

겸손한
태도를 가져라

겸손은 사전적 의미로 보면, '남을 대할 때에 거만하지 않고 공손한 태도로 제 몸을 낮춤'을 의미한다. 겸손과 관련해서 잘 알려진 외국의 일화가 있다. 벤자민 프랭클린은 매우 겸손한 사람으로 알려져 있는 인물이다. 벤자민 프랭클린이 그렇게 겸손한 자세를 갖게 된 데는 다 그만한 이유가 있다. 물론 그만한 이유가 있어도 그렇게 되지 않는 사람이 허다하니 존경을 받는 것이리라······.

어느 날 프랭클린이 자신의 선배 집을 방문했을 때의 일이다. 그가 현관에 들어서려고 하는데, 키가 큰 프랭클린의 머리가 윗 문틀에 부딪혔던 것이다. 아픈 이마를 쓰다듬고 있는 프랭클린에게 선배가 "지금 자네가 문에 부딪힌 것은 저 작은 문이 자네에게 주는 최상의 교훈일세."라고 말을 했다고 한다. 프랭클린은 이 일을 '세상을 살면서 고개를 숙여라, 그러면 부딪힐 게 없다.'는 뜻으로 깨닫고 그렇게 행했다. 프랭클린에게 충고를 해준 선배도 대단하지만, 충고해준 선배의 말을 귓등으로 듣지 않고, 자신의 삶의 모토로 삼았던 프랭클린도 큰 인물이 아닐 수 없다. 이 일은 프랭클린에게 큰 교훈을 주었으며, 이후 프랭클린은 겸손한 태도로 과학자이자 정치가로 일생을 살게 되었던 것이다.

무슨 일에든 겸손하고, 자신을 낮추는 미덕을 발휘해야 하는 태도는 동서고금을 막론하고 사람이 갖춰야 할 덕목의 하나임에는 틀림없다. 아무리 능력이 뛰어났다고 해도 혼자만 똑똑한 척, 잘난 체하는 사람은 헛똑똑이가 될 뿐이다. 하지만 어디서든지 자신을 남보다 더 드러내고 싶어 하는 인간의 속성 때문에 사람들의 손가락질을 받곤 하는 모습을 종종 보면서도 자신도 모르게 자신을 똑똑한 척 내세우고 있는 것은 아닌지 모르겠다.

겸손은 자신의 역량이 부족하다는 것을 자각하는 데서 시작된다고 한다. 더 배워야 한다는 마음가짐에서 비롯되는 것이다. 여기에서 배움의 마음이란 어떤 것에 대해서만 배우려는 마음이 아니라 범사에 배움의 자세를 말하고 있는 것이다. 겸손은 부족한 우리 자신을 지탱해주는 모든 것에 대한 감사하는 마음이고, 늘 배우려는 자세를 잃지 않는 것이다. 그런데 배울수록 더 건방져지는 사람도 많이 보아 왔을 것이다. 제발 우리만이라도 그러지 말자.

1등을 해야 살아남는 세상에서 겸손이 어찌 일상생활 속으로 비집고 들어설 틈이 있겠는가! 그럼에도 우리 자신을 낮추고 상대방을 존중하고, 배려하며, 늘 배움을 함께하며 살아가야 한다고 말한다면, 현실적으로 맞는 소리냐고 따지듯 되물을 것인가. 각박하고 정서가 메

마른 세상이니 줘도 뺨 맞을지도 모르겠다. 겸손은 공자나 맹자 같은 위인들의 책 속에나 들어 있는 이상적 이야기일 수 있다. 그것이 책에서 세상 속으로 튀어나오면, 제 힘을 잃고 마는 것인지도 모른다.

그런데 존경의 대상이 되는 위인들은 하나같이 겸손을 말하고 있으니, 왜일까? 인생 여정에서 겸손은 상대방으로 하여금 우리와 함께 있게 해 주고, 지지해 주며, 도와주고, 이끌어 주며, 때론 긴 인생길을 동행하게 해 주는 관계의 기본이 되기 때문이다. 그렇기에 우리라도 면 인생길에서 행복하고 성공하는 삶을 살아가기 위해서는 겸손한 태도를 잃지 않도록 해야 할 것이다. 겸손한 마음이 우리를 행복과 성공으로 이끌어주는 관문이 될 것이니까.

"개구리 올챙이 적 생각 못 한다."는 말이 있다. 형편이나 사정이 전에 비하여 나아진 사람이 지난날의 미천하거나 어렵던 때의 일을 생각지 않고 처음부터 잘난 듯이 뽐냄을 비유적으로 이르는 말이다. 언제어디서든 우리의 눈살을 찌푸리게 하는 것이 있다. 옛적 자신의 모습은 생각지도 않고, 현재의 위치만 생각하거나 현재 자신의 신분이 좀 우위에 있다고 지난날 자신의 처지를 잊어버린 듯 거들먹거리는 모습을 보이거나, 자기보다 낮은 형편에 있는 사람들을 업신여기는 행태를 보이곤 하는 모습이다. 시쳇말로 하면 '갑질'하는 것이다. 이 얼마나 어리석은 짓인가? 이런 말이 있다. "화무십일홍花無十日紅이요, 달도 차면 기우나니滿月虧." 아무리 아름다운 붉은 꽃이라 해도 열흘 넘기는 꽃이 없고, 세상의 온갖 것이 한번 번성하면 다시 쇠하기 마련이란 법이다. 또 '권불십년權不十年'이란 말도 있다. 아무리 막강한 권력도 10년을 못 간다는 말로, 영원할 것 같았던 것도 결국 오래가지 못하고 무너지거나, 내려놓아야 한다는 뜻이다. 이게 세상 이치인 것이다.

"있을 때 잘해."

"그 자리 오래 못 간다."

　그래서 이런 말도 생겨난 것이 아니겠는가. 높은 자리에 있을 때 낮은 자리에 있는 사람들을 잘 살피란 뜻이고, 언젠가는 그 자리에서 내려와 자연인이 되거늘 거드름 떨지 말며, 겸손한 마음을 잃지 말라는 뜻이다. 세상 사람들에게 인정받고 존경을 받으려면 이렇게 해야 하는가? 그리 어렵지는 않다. 하지만 실제로 그런 마음을 갖고 있다 해도 현실적으로 그렇게 실행해 나간다는 것은 너무도 어려운 분위기인지도 모르겠다. 자기 마음과 달리 자신의 위치, 자리, 자신을 둘러싼 환경 등등 여러 가지 요인들로 인해서 마음대로 되지 않을 때도 있고, 의도하지 않게 잘못 비치는 경우도 있으니까 말이다.

　그렇지만, 우리라도 실천해 나가보자. 스스로에게 자부심을 갖고, 당당해질 수 있기 위해서라도 우리가 먼저 상대방을 대우하자. 우리가 어떤 지위를 갖고 명예를 얻게 된다 해도 말이다. '사람 위에 사람 없고, 사람 아래에 사람 없다.'고 했다. 스스로에게 당당해지고, 자신에게 떳떳하며 자긍심을 갖고, 남한테 인정받을 수 있는 자세를 갖추라는 것이다. 이런 자세를 갖게끔 해주는 마음이 바로 '겸손'이다. 그렇게 하기 위해서는 자기 스스로의 역량과 기량을 쌓고, 자신을 지켜나갈 수 있는 자세를 갖춰 놓아야 할 것이다. 지금 같은 시대에서는 더더욱 필요한 자세라 할 수 있다.

　우리의 인생은 긴 여정이다. 혼자 가는 길이 아니고, 함께 가는 길이다. 그냥 가는 길이 아니고, 살아가면서 배우고 베푸는 길이다. 그러기에 자신을 낮추는 법을 배우고 행해야 함을 잊지 말고 실천해 나가야 한다. 태산이 아무리 높아도 하늘 아래 뫼일 수밖에 없다. 그리고 지상에서 태산이 태산일 수밖에 없는 것은 작은 흙 한 줌이라도, 풀 한 포기라도, 나무 한 그루라도 받아들이고 함께했기 때문일 것이며, 또한 큰 강물은 깊은 산속 옹달샘에서 넘쳐 졸졸 흘러내려 오는 냇물도 마다하지 않았기에 그리 되었을 것이다. 우리는 어떤 산이 되고, 어떤 강이 되고 싶은가!

감사하는 마음을 가져라

"범사에 감사하라."란 말이 있다. 들어 봤을 흔한 말인데, 이 말은 본시 성경 데살로니가전서 5장 18절에 나오는 말이다. 신앙이 있고, 없고를 떠나 우리는 하루하루 얼마나 감사하며 살고 있는가를 자문해 봐야 한다. 우리가 이렇게 하루하루 살아 있고, 살아간다는 것만으로도 감사할 일이다. 그럼에도 감사한 마음은 다 어디로 사라진 것인지, 감사한 마음보다는 경쟁하려는 마음만 가득 있어 보인다.

'먹이를 찾아 산기슭을 어슬렁거리는 하이에나 같다.'고 할까. 신문과 TV 방송에서 실직失職, 실연失戀 등등의 여러 사연으로 세상을 등졌다는 안타까운 뉴스를 접하곤 한다. 많은 사람들이 살아가는 세상에서 이런 일도 있고, 저런 일도 있는 거지… 하면서 한 귀로 듣고 한 귀로 흘려버리듯 가볍게 넘겨버릴 수도 있다. 우리와 직간접적으로 관련된 것도 아니고, 남의 일이니 상관없다 생각할 수도 있겠다. 때론 동정 어린 마음으로 "오죽하면 그랬을까." 한마디쯤 할 수도 있겠지만, 그런 말보다는 "바보, 죽긴 왜 죽어." 이런 말이 먼저 튀어나오지는 않는지….

　우리가 살아가는 삶은 어떤 삶일까? 적어도 죽지 못해 살아가는 삶은 아니어야 하는데, 그렇지 않은가? 그런데 이런 저런 일들로 생활이 힘겹고, 때론 지쳐서 일어날 기운조차 없어서인지 마지못해 살아가는 모습들이 엿보이는 것은 왜일까. 진정 우리가 살아가는 삶이 그토록 힘겨운 현장이란 말인가. 오죽이나 힘겹고 지쳤으면 그런 모습으로 살아가겠는가. 이해가 되다가도 "마음을 바꾸고 세상과 좀 더 적극적으로 부딪히면서 살아간다면, 조금은 나아지고 살아갈 맛이 나는 세상으로 변해가지 않겠는가."라고 말한다면 너무 이상적으로 생각하는 것인가. "뭔 귀신 씨나락 까먹는 소리를 하는가. 아직 뜨거운 개고생을 해보지 않아서 뭘 몰라 그런다." 핀잔 줄 것인가.
　우리가 종교를 갖고 있든 아니든, 현실적으로 뜨겁거나 차가운 고생을 한다 해도 감사한 마음을 조금이라도 가져보면 어떨까. 특별히 감사한 일에만 감사한 마음을 갖는 것이 아니라, 우리가 지금 이렇게 숨 쉬고 있다는 것만으로도, 우리 눈에 들어오는 일상의 사소한 것에도, 심지어 먼지처럼 하잘것없는 것에도, 힘들고 고단하겠지만 이렇게 뭔가 일하고 있음에도, 세상을 보고 느낄 수 있음에도, 그리고 밤에 눈 감고 잠들어 숨이 멎지 않고 아침에 눈뜨고 일어날 수 있음에도 등등 그 어떤 것에라도 감사한 마음이라도 가져보면 어떻겠는가.

　많은 사람이 잠자리에 들면서 다음 날 아침에 당연히 눈이 떠질 거라고 생각하겠지만 그 당연한 일이 어떤 사람에게는 일어나지 않을

Part 3. 삶의 관계적 인간미를 갖춰라

수 있다. 그렇게 '당연한' 일이 일어나지 않은 사람들을 보고, "세상을 떠났네, 저런 옛날 사람이 되었구나."라고 말하게 된다는 것을 생각해 본다면, 다음 날 눈을 떠 일어난다는 것만으로도 얼마나 감사한 일인지 알게 될 것이다. 만약 우리에게 어제 일어난 일이 내일 일어나지 않는다면, 우리는 어찌 되는 것인지…. 굳이 말하지 않아도 알 것이다. 그러니 매일매일 일상의 생활 속에서 스치듯 지나치는 순간순간에도 감사한 마음을 가져야 할 것이다. 주위에서 웃음을 잃지 않고, 항상 환한 모습을 보여주고, 마치 마르지 않는 샘물같이 생기가 있는 모습을 늘 보여주는 사람들을 보곤 한다. 그런 사람들의 이야기를 들어보면 늘 세상일에 감사한 마음을 갖고 세상을 대하고 있음을 알게 된다.

아주 오래전에 보았던 광고 문구가 기억난다. "우리 종업원의 얼굴에 미소가 사라질 때, 고객님의 미소로 재충전해 주시면 감사하겠습니다." "뭔 소리야!" 하겠지만, 일깨움이 있는 말이다. 종업원들이 고객분들께 밝은 미소로 최대한 서비스를 하려고 노력하겠지만, 감성노동을 하는 종업원도 사람인지라 지치고 힘들 때가 있을 것이니, 고객분들께서 우리 종업원들을 위해서 '수고한다.' 정도라도 다정하게 마음을 나눠주시면 좋겠다는 것으로 이해된다. 그분들도 알고 보면 누군가의 아들이요, 딸일 것이고, 누군가의 아빠요, 엄마가 될 것이며, 누군가의 이웃이 될 것이다. 서로 감사한 마음을 다정하게 나누며 서로 미소 짓자는 속뜻이 담겨 있는 글이라 하겠다.

사람들은 종종 이야기하곤 한다. 살다 보면 행복이란 성적순도 아니고, 돈이 많다고 해서도 아니라는 것을! 부자만이 갖는 특권은 더더욱 아니라는 것을 깨닫게 된다고…. 스스로의 마음속에 감사하는 마음을 얼마나 간직하며 살아가느냐에 따라 삶의 행복은 달라지는 것 같다고…. 말뿐인가? 진심으로 그런 마음을 갖는 것이 아니고?

세상이 윤택해졌다고는 하나 우리의 마음도 그만큼 윤택해진 것은 아닌 듯싶다. 국민소득이 우리나라보다도 낮은 나라에 살고 있는 사람도 우리나라보다 행복지수가 더 높게 나오는 걸 보면, 윤택하다고 해서 반드시 행복지수가 높은 것만은 아니라는 걸 깨닫게 된다. 지구상 대부분의 종교는 감사한 마음을 강조하고 있다. 감사한 마음에는 세상에서 살아가면서 끊임없이 일어나는 인간사를 받아들일 수 있고 이겨낼 수 있게 하는 에너지가 담겨있는 것 같다. 그렇기에 종교에서 감사한 마음을 갖도록 하려는 것이라 생각한다. 때론 상상하지 못하는 크고 작은 일들이 허다하게 일어난다는 것이 놀라울 따름인 세상 안에서 살고 있는 사람들이 그런 세상을 어떻게 받아들이고 감내할 수 있게 할 것인가에 대해 종교적으로 할 수 있는 대답일 것이다.

이는 우리가 종교인이든 아니든 감사하는 마음을 갖는다면 그만큼 우리가 살아가는 세상 안에서 일어나는 온갖 희로애락을 받아들이고 감내할 수 있게 하는 힘을 갖게 된다는 것이리라. 우리가 감사한 마음이 크면 클수록 살아가면서 어떤 어려움을 겪게 되거나 예기치 않은 역경이 밀려와도 쉽게 실망하거나 좌절하여 쓰러지지 않으며, 감사한 마음을 덜 갖는 사람보다 훨씬 더 거뜬히 그 어려움이나 역경을 이겨내고 물리치면서 다시 새롭게 인생을 살아나갈 수 있게 하는 에너지를 갖게 되는 것이다.

한번 감사하는 마음을 가지고 주위를 둘러보자. 감사할 일이 너무도 많지 않은가? 우리는 볼 수 있는 눈을 가지고 있고, 들을 수 있는 귀를 가지고 있으며, 말할 수 있는 입과 느끼고 나눌 수 있는 따스함도 있다. 그런데 어떤가. 그동안 얼마큼 주위를 둘러보며 그들과 눈맞춤을 하고, 그들의 소리를 듣고 있었는지, 그리고 얼마나 감사한 마음으로 곁에 있는 사람들과 이야기를 나누었으며, 그들과 함께 따스한 체온을 느껴보고 있었는지…. 고단한 우리네 삶이기에, 그렇게 살아갈 수밖에 없다는 한마디로 치부해 버리지 말자.

긍정심리학에서는 행복을 느끼게 하기 위한 방법의 하나로 매일 3개 이상의 감사한 일을 찾아 '감사의 일기'를 쓰라고 주문한다. 감사하는 마음은 세상을 이끌어 주는 에너지가 되고, 행복으로 안내하는 길잡이가 되기 때문이다. 우리가 생활하고 있는 세상에 대해서 감사한 마음을 덜 갖고 있다면, 지금부터 새로운 마음으로 우리 자신이 이 세상에 존재함에 감사한 마음을 가져보자.

경청 대화태도를 갖춰라

우리는 남의 말을 잘 들어주고 있는가, 얼마나 잘 들어주고 있는가. 대화할 때 우리가 말을 더 많이 하는 편인가, 상대가 더 말을 많이 하는 편인가. 우리는 어떤 태도로 이야기를 나누며 대화를 하고 있는가를 한 번쯤 생각해 보자.

경청이 화두가 되는 시대이다. 말을 하는 것보다 듣는 것이 더 편안할 테고, 더 쉬울 것 같은데, 실제로는 그것이 더 어렵다. 경청은 무엇인가? 경청은 기울일 傾(경)자에 들을 聽(청)이다. 굳이 뜻풀이를 하자면 "몸을 상대방에게 가까이 다가가서 귀를 기울여 듣는다."는 의미로 聽(청)자는 귀 耳(이)와 임금 王(왕), 열 十(십)과 눈 目(목), 한 一(일)과 마음 心(심)자로 구성된 한자漢字이다. 이를 풀이하면 왕의 귀에 열 개의 눈과 하나의 마음으로 들으라는 뜻이겠다.

마음의 눈으로 상대와 하나가 되듯 공감하며 듣는 것으로, "상대방의 말에 공감하면서 인내심을 가지고, 끝까지 잘 들어주고 마음으로 이해하며, 상대방이 기대하고 있는 반응을 보여주는 것"이다. 그런데 그것이 어려워서일까? 도무지 경청이 제대로 되지 않는다고, 경청이 문제라고 말하고들 있으니 웃음이 날 뿐이다. '우리는 남의 말을 얼마나 귀담아 들어주고 있는가.' 생각해 볼 필요가 있다. 반성해야 할 부분이다.

외국 속담에 "말하는 것은 은이요, 침묵은 금이다Speech is Silver but Silence is Gold."라는 말이 있다. 이는 말하기보다는 말하지 않고 상대의 말을 들어주는 자세를 갖는 것이 더 중요하다는 것을 일깨워 주고 있는 속담으로서 바로 경청의 뜻을 제대로 잘 담고 있다 하겠다.

사람들과 이야기를 할 때, 집중하고 들어줄 수 있는 시간은 채 3분을 넘기지 못한다고 한다. 그렇기에 한 사람이 일방적으로 이야기를 하면 듣는 사람의 집중력이 떨어지게 되고, 그러다 보면 상대방의 이야기가 귀에 잘 들어오지 않게 된다. 그리고 나누는 내용을 잠시 놓치게 되기도 한다. 그래서 이야기는 한쪽만 일방적으로 하면 안 되고 그야말로 주거니 받거니 이야기를 나누며 들어야 하는 것이다.

그럼, 들을 때는 어떻게 들어야 하는가. 상대방의 이야기를 듣는 마음의 태도에 따라서 5단계로 나눠지는데 우리는 상대방과 이야기를 나눌 때, 몇 단계에서 이야기를 나누는지 생각해 보자.

1단계 듣기 수준: 상대를 무시하기
상대가 말하는 이야기를 무시하는 단계로 실제 상대의 이야기를 듣는다고 말할 수 없는 단계를 말한다. 상대방은 열심히 이야기를 하지만 우리에게 전달되는 내용은 하나도 없고, 상대방 혼자만 열심히 이야기를 하는 단계로, 이 단계에서는 상대의 태도를 무시하는 행동도 함께 있을 수 있다. 그야말로 상대는 이야기를 하고 있지만, 더 이상 계속해서 대화를 하고 싶지 않다고 할 만큼 상대를 무시하는 단계라 볼 수 있다.

2단계 듣기 수준: 상대의 이야기를 듣는 척하기

상대가 말하는 이야기를 단지 외형적으로만 듣는 척하는 모습만 취하는 단계를 말한다. 우리가 겉으로는 상대의 이야기를 듣는 태도를 보이고는 있지만, 이야기를 듣는 우리는 자기 생각 속에 빠져 있기 때문에 상대가 말하는 이야기의 내용이 듣는 우리에게는 전달되지 않게 되는 것이다. 이야기를 하는 사람은 듣는 우리가 실제로 자기 이야기를 듣지 않고 있으며, 단지 듣는 척하고 있다는 것을 대화 중에 느낄 수 있기 때문에 더 이상 이야기를 지속해 나가는 것이 불편하다는 것을 알게 되고, 계속해서 진정한 대화를 나눌 수 없다는 것을 깨닫게 되는 단계라 할 수 있다.

3단계 듣기 수준: 상대의 이야기를 선택적으로 듣기

우리가 상대의 이야기를 듣고 있지만, 상대의 이야기 전체에 집중하기보다는 우리 자신이 듣고 싶은 내용만을 선택적으로 듣는 태도를 갖는 단계를 말한다. 이야기가 끝나면 상대가 말한 내용과 우리가 들은 내용에 차이가 발생하게 되며, 상대 이야기의 의미를 오해하거나 일부 이야기의 내용을 기억하지 못하거나 제대로 이해하지 못하여 상대방이 우리에게 이런 반응을 보일 수 있게 되는 단계라 할 수 있다.

"내 이야기를 제대로 듣기는 했어요?", "당신은 듣고 싶은 이야기만 골라 들으시는군요." 또는 "내 말은 그런 의미가 아닙니다." 등등.

4단계 듣기 수준: 상대의 말에 귀를 기울여 듣기

우리가 상대의 이야기에 충분히 귀를 기울여 듣는 단계라 할 수 있다. 상대가 어떤 이야기를 하는지 이야기의 내용에 집중하면서 듣는 단계라 할 수 있다. 이 단계에서 상대방은 우리가 자기의 이야기를 잘 들어 주고 있다고 느끼며 우리 또한 상대가 이야기하는 내용을 잘 이해할 수 있게 되는 단계이다. 비교적 바람직하게 이야기를 나누는 단계라 할 수 있다. 그렇지만, 귀 기울여 듣는 것만으로는 충분하게 이야기를 나눈다고 할 수 없다. 왜냐고? 그야말로 2%가 부족하다 할 수 있기 때문이다. 마음으로의 공감이 빠져 있기 때문이다.

5단계 듣기 수준: 공감적 경청하기

4단계 듣기 수준에서 이야기의 내용에 집중하면서 듣는 것 이상으로 상대방이 어떤 느낌을 가지고 이야기를 하는지, 왜 이런 이야기를 하는지 등을 추측하고 우리 자신이 이해한 내용을 상대방에게 이야기하여 확인하면서 이야기의 본질을 심층적으로 이해하며 듣는 단계라 할 수 있다. 즉 상대가 하는 말의 내용 이면에 담겨져 있는 내용과 의미를 이해하려고 노력하며 듣는 단계로서, 상대방은 충분히 이해받고 있다는 느낌을 받으며 서로 마음을 열고 진정으로 이야기를 나누는 단계라 할 수 있다.

이렇듯 상대방과 이야기를 나눌 때 이야기의 듣는 자세는 5가지 들기 수준으로 나눠진다. 그렇다면 어찌하여 우리는 공감적 경청을 하지 못하는 것일까? 우리가 이야기를 나눌 때 공감적 경청이 되지 않는 이유를 몇 가지로 생각해 볼 수 있다.

첫째는 상대가 이야기를 할 때 우리는 상대에게 무슨 이야기를 할 것인가를 먼저 생각하면서 이야기를 듣기 때문이다. 상대의 말에 어떻게, 무슨 이야기로 답을 할 것인가를 무의식적으로 생각하면서 이야기를 듣게 되니까 상대가 하는 이야기가 귀에 들어오지 않으며, 이야기에 귀를 기울이는 것이 부족하게 되는 것이다.

둘째는 상대의 이야기를 순수하게 듣지 않고, 우리 자신의 경험에 비추어 생각하며 듣기 때문이다. 상대가 이야기를 할 때, 그 이야기에 맞춰 우리 자신의 경험을 떠올려 비교하면서 이야기를 듣기 때문이다. 그러다 보니 상대가 우리 경험과 다르게 말을 하게 되면, 그렇게 말하는 것에 대해서 달리 생각하며 이야기를 듣게 되니, 자연스럽게 깊이 있게 이야기를 공감하며 대화를 나눌 수 없게 되는 것이다.

셋째는 상대가 말하는 것에 대해서 평가하고, 우리 자신의 기준으로 이야기를 판단하며 듣기 때문이다. 상대가 말을 할 때, 그 내용에 집중해서 듣기보다는 앞뒤 이야기가 맞는지 아닌지 판단한다. 또한 우리 자신의 경험에 비춰서 상대가 이야기를 다 하기도 전에 미리 짐작하여 상대 이야기의 앞뒤를 짜 맞추려 하면서 듣기 때문이다.

넷째는 상대가 이야기를 할 때, 그 이야기에 집중하지 않고 다른 생각을 하면서 듣는 척하기 때문이다. 상대가 우리에게 이야기를 진지하게 하고 있는데, 우리는 겉으론 그 이야기를 들어주는 것 같은 태도를 보이지만 속으론 계속해서 다른 생각을 하면서 상대의 이야기를 듣는 것이다. 겉으론 잘 듣고 있는 태도처럼 보일 수 있으나, 상대는

Part 3. 삶의 관계적 인간미를 갖춰라

이미 이런 우리의 태도를 감지하여 깊이 있게 이야기를 나누려는 마음을 접고 이야기를 멈추게 된다. 우리의 이런 태도는 상대방이 직감으로 알 수 있다는 사실을 명심해야 한다.

특히 비즈니스 관계에서는 상대와 이야기를 나누는 중에 급히 생각할 것이 떠올라서 대화 중에 잠시 생각하면서 이야기를 나누게 되는 경우가 많다. 그렇게 하지 말아야 하지만 어쩔 수 없을 때에는 대화 중에 다른 생각을 할 수 있으되, 상대가 이런 우리의 태도를 알아차리지 않도록 주의를 기울여야 할 것이고, 가급적이면 상대에게 양해를 구한 후 급하게 처리할 생각을 정리하고 다시 이야기를 진행해 나가는 것도 상대에 대한 좋은 매너라 생각한다.

다섯째는 우리 자신의 심신 상태에 의해서 상대의 이야기에 집중하지 못하기 때문이다. 상대방과 이야기를 나눌 때, 우리가 정신적이든, 심리적이든, 육체적이든, 컨디션이 좋지 않아서 이야기를 나눌 기분이 아닐 때가 있다. 이럴 때에는 집중해서 이야기를 나눌 수 없는 것이 당연하다. 급한 이야기가 아니라면, 다음 기회에 이야기를 나누도록 하는 것이 더 좋은 매너이고, 상대에게 우리의 심신 상태를 솔직히 말함으로써 상대에게 신뢰를 얻고, 다음에 더 좋은 이야기를 나눌 수 있는 기회를 마련하는 것도 좋은 태도라 할 수 있다.

우리가 상대와 이야기를 나눌 때는 좋은 컨디션 상태에서 상대의 이야기에 집중하고, 그 내용에 공감하며, 그 의미를 확인하고 이해하면서 이야기를 나누는 태도를 갖춰야 할 것이다. 많은 사람들이 눈을 뜨고 일어나는 순간부터 말을 하며, 잠자리에 들어 눈을 감을 때까지 이야기를 나누며 하루를 마친다. 바쁘다는 이유 하나만으로도 듣는 것보다는 먼저 말을 하며 듣지 않으려 하는 것이 더 자연스럽게 되어 버린 우리의 대화태도가 아닐는지….

말 못 하고 죽은 귀신들이 많은 세상처럼 말하고 싶어 하는 사람들이 너무도 많다. 그렇기에 상대의 말을 듣기보다는 상대에게 더 많은 말을 하고 있는 사람들조차도 자신은 말을 하기보다는 제대로 말을 듣는다고 또 말들을 한다. 말이라도 제대로 하면 그나마 다행이겠지만, 말해놓고 뒷감당을 못 해서 당황해하고, 구설수에 오르는 일들이 일상생활에서는 말할 것도 없고, 하루에도 비일비재하게 뉴스거리가 되는 것을 보곤 하지 않던가.

진정 자기의 사람이 없다고 소리치는 세상이다. 함께 공감하며 이야기 나눌 사람들이 없다고 탄성하는 세상이다. 다들 없다고 말하면서 자기가 그들의 사람이 되려고 하지는 않는다. 말이 많은 세상에서 우리가 어떤 말부터 해야 할지를 고민해야 할 시대에 살고 있는 것은 아닌지 모르겠다. "말 한마디가 천 냥 빚을 갚는다."고 했다. 말의 중요성을 강조한 속담이나, 말뿐인 사람들에게 경계심을 갖게 하려는 뜻도 있을 것이다.

타인이 자기의 사람이 되고 안 되고는 자기의 태도에 달려 있다. 그것도 대화의 태도에 달려 있다. 세상은 말로 관계되지 않은 것이 없다. 말은 사람들의 마음을 표현하는 세상에 대한 구체적 생각명제라 할 수 있기 때문이다. 그만큼 말이 중요한데, 사람들은 말을 그저 말로서 하려고만 하는 것은 아닌지 생각해 보며, 우리 자신을 돌이켜 보는 것이 필요하다.

사람이 귀한 세상이라고도 한다. 제대로 된 사람을 찾거나 만나는 것이 행운이라고 할 정도로 사람이 귀한 세상이다. 믿고 의지하며 함께할 수 있는 자기의 사람을 만나는 것은 '살아감에 있어 힘이 되어 주고, 살아갈 맛을 나게 해주는 것'이며, 자신의 꿈과 이상을 실현시켜 나갈 수 있게 해주는 동반자가 되기 때문이리라…. 그 해답을 대화에서 찾아보자. 자기의 사람을 대화를 통해 찾아보자는 것이다.

상대에게 공감하고, 설득하며, 경청하는 태도로 사람의 마음을 얻도록 하자. 그것이 인간관계다. 즉 인맥네트워크의 기본 정신이요, 지름길이 될 것이다. 사람들이 바보라서 말을 하지 않고 들으려 하는 것이 아님을 명심하자. 그들도 다 나름 생각이 있으며 하고 싶은 말이 있다. 그 말을 막지 말자. 그들의 생각을 우리의 생각과 공유하고 공감하며, 그들의 마음을 얻자. 말하고 싶어 하는 세상, 말하고 싶은 사람들에게 말할 기회를 주자. 말할 수 있는 기회를 주는 것만으로도 그들은 우리 사람이 될 수 있다. 우리와 마음을 나눌 수 있고, 함께 살아갈 수 있으며, 뭔가를 함께 꿈꾸며 실현시켜 나갈 수 있는 동반자가 될 수 있을 것이다.

지금부터 경청의 태도를 체득하여 행하자. 그것은 사람이 귀한 세상에서 우리의 사람을 얻는 소중한 방법의 하나이니까 말이다. 그래서 우리의 귀를 그만큼 열고 그들의 입을 열게 하고 그들의 마음이 열리도록 하자.

Chapter **6**

공존 파이를
넓혀라

관계의
파워를 늘려라

세상은 관계이다. 세상에 있는 어느 것 하나라도 관계 없이 존재하지 않는다. 사람도 관계에서 그 존재의 서막이 열린다고 할 수 있다. 사람이 태어나는 것부터가 관계에서 시작되었다. 난자와 정자가 만나 수정란이 되는 출발에서 태어나서 집에서는 부모님, 형제 또는 자매와의 관계 속에서 자라나고, 학교에 들어가서는 선생님과 선배, 친구, 그리고 후배와의 관계 속에서 생활하고, 사회에 나가서는 직장동료, 상사, 비즈니스 관계 속에서 생활을 하게 된다. 아마도 죽으면 죽은 사람들끼리 관계를 맺고 영생을 보내고 있지 않을까 하는 생각까지 들게 한다.

사람들은 관계에 의해서 태어나고, 태어나면서부터 관계 속에서 살다가 죽음을 통해서 그동안 맺어 왔던 관계가 끝나게 되는 것 같다. 그렇기 때문에 세상에 태어난 우리는 인맥을 필요로 하지 않을 수 없다. 관계는 바로 인맥이 되니까 말이다. 옛날에도 그랬고, 지금도 그렇고, 미래에도 그럴 것이다. 아마도 미래에는 사람이 귀한 세상이 되기에 더욱 필요할 것이란 생각까지 든다.

영국의 저널리스트 겸 소설가인 다니엘 디포Daniel Defore가 『요크의 선원 로빈슨 크루소의 생애와 이상하고 놀라운 모험』을 썼는데, 우리나라에서는 '로빈슨 크루소'로 잘 알려진 소설이다. 넓은 세계를 여행하는 것을 꿈꾸던 주인공 로빈슨 크루소가 어느 날 집을 뛰쳐나와 배를 타게 되고, 항해하던 배가 좌초되어 무인도에서 정신을 차린 이후 지혜롭게 어려움을 이겨내고 무사 귀환하는 28년간의 모험과정이 흥미진진하게 그려져 있는 내용이다. 이 소설은 변화무쌍한 세상의 일과 사람과의 관계 속에서 스트레스를 받으며 살아가는 현대인들이 일상의 틀에서 일탈하고픈 로망으로 관심을 가지며 인기 있는 소설이라 할 수 있다. 사람들이 팍팍한 일상의 관계 속에서 빚어지는 스트레스를 받지 않으려는 마음은 십분 이해가 된다. 그렇다고 잠시 휴가 정도는 모르겠지만, 어떻게 일상의 틀에서 완전히 벗어날 수 있겠는가.

우리 중 관계에서 자유로울 수 있는 사람은 거의 없다. 관계에서 자유로울 수도 없거니와 관계를 떠나서는 더더욱 살아갈 수 없을 것이다. 관계는 사람으로 이루어지고, 맺어진다. 그것을 우리는 인맥이라 한다. 인맥은 우리에게 힘이 되어 주고, 힘을 갖게 하며, 그 인맥이 넓든 좁든 세상을 살아가는 데 우리를 이끌어주는 파워로 작용할 수 있는 활동 에너지가 된다. '나'와 '너'는 '우리'가 되고, '너'와 '그'는 '너희들'이 되며, 함께 살아가는 세상 사람들이 되는 것이다. 그렇기에 관계는 그만큼 중요한 것이라 할 수 있다.

우리의 관계가 얼마나 중요한지에 대해서 생각해 본 적이 있는가?

우리의 관계는 넓고 좋은 편인지, 좁고 부족한 편인지 생각해 본 적이 있는가? "세상에 독불장군은 없다."라고 한다. 그런데 독불장군처럼 행동하는 사람들이 있기는 하다. 우리나라에서는 전혀 낯모르는 사람도 6단계만 거치면 다 아는 관계가 된다고 하지 않던가. 그러니 어디가서 가볍게 행동하는 일은 없어야 될 것이다.

생각해 보면 세상은 관계로 맺어져 있고, 그 관계의 중심에는 우리 자신이 있다. 그리고 거기엔 우리의 삶도 함께 존재한다. 그렇기에 개인적이든 비즈니스적이든 중요한 것은 '우리가 현재에 어떤 사람들과 어떤 관계를 맺고 있으며, 어떻게 유지·발전시켜 나가고 있느냐.' 하는 것이다. 이것에 따라서 우리의 꿈과 비전을 실현시킬 수 있는 가능성이 그만큼 높아질 것이고, 우리의 미래가 달라질 수 있기 때문이다. 즉 우리 앞의 세상은 관계가 중요한 변수로 작용하게 되는 것이다.

맺어진 관계의 양적·질적 성질에 따라서 우리 자신의 꿈과 비전을 실현해 내는 것에도 많은 영향을 미치게 될 것이고, 인생을 좀 더 윤택하고 성공적이며, 행복한 삶으로 이끌어 내는 데도 무시할 수 없는 조건이요 힘이 될 것이다. 관계는 우리 자신의 꿈과 행복, 성공적인 삶의 필요전제이자 디딤돌이 되는 것이다. 그렇기 때문에 너 나 할 것 없이 관계가 중요하다고 말하는 것이고, 21세기 시대적 상황과 맞물려 관계의 중요성이 더욱 강조되고 있는 것이다.

20세기가 IQ와 감성지수 EQ를 중시하였다면, 21세기에는 정보망 지수인 인맥지수 NQNetwork Quotient가 경쟁력을 좌지우지한다 해도 과언이 아니다. 하지만 생각해 보자. 단순히 인맥지수가 높다고 해서 우리가 행복하고, 성공하는 삶을 위한 디딤돌을 만들 수 있겠는가? 그렇지 않다는 것이다. 왜냐하면 인맥지수는 의도되고 목적화된 관계로 다분히 비즈니스적인 냄새를 풍기기 때문이다.

세상을 살아가는 데에는 인맥이 아닌 관계다. 관계는 나눔이고, 나눔은 정이다. 관계야말로 21세기의 디지털식 삶에서 아날로그적이고 감성적인 인간 냄새를 풍기며 살아가게 해준다. 동호회에 가입하여 활동하기도 하고, 때론 동창을 찾기도 하는 등 아무런 이해관계 없이 그저 즐겁게 서로 정감을 나누며 함께할 수 있는 관계, 그런 관계가 풍부해야 하는 것이다. 그것을 일명 관계지수 RQRelation Quotient라고 부른다. 인맥지수는 그야말로 뭔가를 이루기 위해 의도되고 목적화된 행동에 의한 비즈니스적 냄새가 잔뜩 풍긴다면, 관계지수는 인맥지수와 같은 냄새가 나기보다는 사람 냄새가 풍기고 정감이 있는, 탈목적화된 사람과 사람의 관계로 다가오고 받아들여진다.

관계지수가 높으면 높을수록 다른 사람과 소통하기가 그만큼 더 쉬워지고, 그 관계를 바탕으로 얻어지는 정보자원으로 더 성공할 수 있게 될 것이다. 요즈음 인터넷 세상에서의 Social Network인 SNS을 통해서 많은 사람들과 관계를 맺는 것이 일상의 생활이 되었다. 그런데 이것을 통해서 맺어진 관계에서 인간적인 감성과 향기가 느껴지는 관계가 얼마나 존재할까.

우리 중의 대부분은 SNS을 할 것이다. 트위터, 페이스북, 카카오톡, 밴드 등등 적어도 한 가지 정도는 하고 있을 것이다. 그런 것은 알게 모르게 인맥을 맺고, 유지하고, 늘려가는 하나의 과정이라 볼 수 있다. 한편 착각에서 벗어나는 것이 필요하기도 하다. 무슨 말인가 하면, SNS를 하면서 팔로워들이 많으면 우리와 관계되는 인맥지수가 높다고 볼 수도 있겠지만 실제 세상에서의 관계는 아닐 수 있다는 점이다. 정말 좋은 인맥은 사이버상이 아닌 실제 세상에서의 관계에 있다.

독일의 문학자 한스 카롯사Hans Carossa는 "인생은 너와 나의 만남"이라고 했다. 인간은 만남의 존재이고, 산다는 것은 만난다는 것이다. 여기에는 서로를 잘 만나야 한다는 의미도 담겼다. 좋은 친구를 만나야 하고, 좋은 스승을 만나야 하고, 좋은 학교를 만나야 하고, 그 안에서 좋은 선배와 후배를 만나야 하고, 좋은 직장을 만나야 하며, 그 안에서 좋은 직장 동료, 선배, 후배를 만나야 한다. 물론 좋은 멘토를 만나야 하는 것도 중요하다. 이렇듯 인생에서 만남은 그 만남 이후에 우리의 모든 것에 어떻게든 영향을 끼치게 되고, 우리가 뭔가를 하고자 할 때 새롭게 결정할 수 있게 하며, 우리 인생에 변화를 가져올 수 있게 하는 보이지 않는 힘과 에너지를 갖고 있음을 깨달아야 한다. 우리의 꿈과 비전, 그리고 그를 위한 목표 실현도 관계를 통해 시작되는 것이다.

세상과의 만남이 곧 관계이니 관계는 서로에게 긍정적이고, 발전적인 것이 되도록 해야 한다. 서로를 아끼고, 사랑하며, 서로에게 보탬이 되는 때론 멘토 같은, 때론 멘티 같은 만남과 관계가 되어 함께 공존하며 더불어 발전할 수 있는 관계로 나아가도록 노력해야 한다. 어느 한쪽의 욕심을 채우려는 속마음을 가진 관계는 오래가지 못하며, 경우에 따라서는 만나지 않은 것만 못한 관계가 될 수 있기 때문이다. 우리는 만남과 관계를 통해서 흑백을 가릴 수 있는 혜안을 가져야 한다. 이런 관계 속에 평생토록 우리의 삶과 운명, 그리고 꿈과 목표를 이루어 내는 데 도움을 주고 지지해 주는 소중한 만남을 찾아내고, 관계를 이어 나가고, 넓혀 나가기 위한 관계지수를 높여 나가도록 노력이란 대가를 지불하는 데 망설임이 없어야 한다.

우리가 꿈꾸며 바라는 비전은 성공을 위해서 남을 시기하거나 모략하는 마음을 갖는 것이 아니다. 그것을 위해서 함께 걸어갈 수 있는 동반자 관계가 되는 것이다. 인생에 있어서 성공은 사람마다 다 다르겠지만, 환경에 의해서 좌우되기보다는 사람과의 관계에 의해서 더 좌우되는 것이기에 그렇다. 우리 자신이 누구와 더불어 꿈을 실현시켜 나갈 수 있느냐에 따라 인생의 흥망성쇠가 달라질 수 있는 것이다. 물론 좋은 관계를 좇는 데에만 열성적이고, 자신의 기본을 다지는 것은 게을리한다면 그것은 관계가 아닌 인맥일 뿐, 관계로 이어지지 않는 물거품일 뿐이다. 그럼, 관계를 어떻게 넓혀 나가야 하고, 관계의 파워를 높이기 위해서는 또 어찌해야 하는 것일까.

첫째, 관계의 출발점은 자기관리에서 시작되어야 한다.

사람의 기본은 사람다운 것이다. 곧 싹수가 있어야 한다는 것이다. 근본이 되어 있어야 하고, 상대방으로 하여금 관심을 갖게 하는 매력을 갖춰야 하며, 자기에 맞는 능력을 함양해야 한다. 긍정적이고, 적극적인 자세를 갖고 있으며, 신뢰감을 줄 수 있도록 철저히 자기관리를 해야 한다. 생각해 보자. 사람다움도, 어떤 매력도, 더군다나 갖춰놓은 능력도 없다고 한다면, 누가 우리를 좋아하고, 우리에게 관심을 가져 주겠는가. 우리가 갖고 있는 매력과 능력이 무엇인지를 생각하고 부족한 능력은 계속해서 함양해 나가는 것도 관계를 위한 기본적인 자세라 할 수 있다.

둘째, 순수한 관계를 그 목적으로 하는 자세를 갖는다.

사람관계에 있어서 순수함을 그 목적으로 하는 자세를 가져야 한다. 현재 자신의 꿈과 비전을 생각하거나 짧게는 장기·단기 목표를 염두에 두고, 관계를 맺어가는 것도 중요하지만, 현재 만나거나 관계하는 사람들부터 순수한 관계로 대하는 자세가 필요하다. 한쪽만이 받고 한쪽만이 주는 관계가 아니라, 주고받는 'Give and Take' 관계, 더 나가서 주고 또 주는 우리의 자세가 기본적으로 되어있는가부터 살펴야 한다. 그렇게 한 사람씩 한 사람씩 관계의 대상을 넓혀 나가도록 하는 것이다. 물론 자신의 꿈과 비전만을 생각하는 이기적인 마음이 아니라, 반드시 함께 더불어 걸어갈 수 있느냐에 초점을 맞춰 나가는 관계여야 한다.

셋째, 좋은 관계는 거저 얻어지는 것이 아니다.

현재 만나는 사람들로부터 소개된 사람들과의 확대된 만남으로 더 좋은 관계를 스스로 찾아내고 이어가려는 노력을 기울여 나가야 한다. 현재 만나거나 관계된 사람들부터 시작하여 늘 다른 사람에게 관심을 갖고 공감하고 배려하며, 함께하는 시간을 늘리도록 꾸준히 노력해야만 한다. 그렇게 함으로써 우리의 행복도를 높여 나가는 것이다. 그렇게 높아진 행복도는 우리의 꿈과 그에 맞는 비전성공을 실현시키기 위한 열정 에너지가 되어 생활의 활력소가 되어줄 것이다.

넷째, 다른 사람이 아닌 우리의 판단에 의한다.

만나거나 관계된 사람들을 다른 사람들의 선입관에 의한 판단으로 대하지 말라는 것이다. 사람은 다 상대적인 관계에 있기 마련이다. 물론 아니라고 말하는 사람도 있다. 그러나 다른 사람에게 나쁜 인상을 주었다 해서 반드시 우리에게 나쁜 인상을 주는 것은 아니다. 사람들의 뒷담화나 소문에 너무 신경 쓰지 말고, 자신의 지혜로 가까이 둘 것이냐, 멀리 둘 것이냐를 생각하는 것이다. 그런데 결정은 스스로 하는 것이지만, 명심해야 할 것은 주위 사람들이 이구동성으로 누군가를 좋지 않게 이야기한다면 경계하고 멀리하는 것이 신상에 좋다는 것쯤은 알아두자. 뒷담화나 소문에 휘둘리지 않되, 참고해야 할 필요는 있다. 여러 사람들이 이구동성으로 "싹수가 없다." 말하는 사람은 우리가 미처 알지 못해도 정말 싹수가 없을 확률이 높기 때문이다.

다섯째, 폭넓은 관계를 지양하고, 폭이 깊은 관계를 지향하는 것이다.

이 사람 저 사람 만나고 관계하는 제너럴 관계도 좋겠지만, 그보다는 자신이 삶을 살고자 하는 방향, 그러니까 꿈이나 비전, 가치관을 염두에 두고, 자신의 조건에 맞는지 여부를 필터링해서 만나고 관계하는 스페셜 인맥을 갖춰 나가도록 하는 것이다. 그렇다고 자신의 꿈과 비전, 가치관 등에 맞지 않는다고 무조건 관계를 지양하라는 뜻이 아니다. 그런 관계는 주변 관계로 두는 것도 하나의 방법이 되겠다. 다만 관계를 맺음으로써 우리 자신이 행복하고 성공할 수 있는 가능성이 높은 관계를 찾고 좀 더 가까이 두라는 것이다. 사람이 소중한 시대이기에 제너럴 인맥을 소홀히 하기보다는 어떻게 폭이 깊게 관계를 맺어나갈 것인가에 대한 방법을 찾아내어 우리 자신만의 관계지수를 높이도록 해야 하는 것이다. 왜냐하면, 지금 만남을 멀리한다면 그것으로 인해서 어떤 부적절한 관계가 만들어질 수도 있으며 그로 인해 좋지 않은 영향을 입을 수도 있기 때문이다.

스티브 잡스가 "지금의 이 한 점이 우리 인생에서 다른 연결점이 되어 어떤 식으로든 영향을 끼치게 된다."고 했듯이 지금 우리가 만나는 사람과의 관계 역시 마찬가지가 되는 것이다. "친구 따라 강남 간다."는 속담이 있다. 이 말은 '자기는 하고 싶지 않으나 남에게 끌려서 덩달아 하게 되는 경우' 아니겠는가. 이런 경우보다는 함께 즐겁게 갔다 올 수 있는 목적을 찾아 다녀올 수 있는 그런 관계를 지향해야 한다는 것이다. 그것이 사람 냄새를 풍기며 살아가는 삶이 아닐까. 그것이 행복이고, 성공적인 삶이 아닐까 한다.

　소셜 네트워킹 On-Line 시대에 페이스북이니 트위터, 밴드, 카카오톡 등등에서 어떤 사람들은 몇만 혹은 몇십만 팔로워를 갖고 있다는 소리를 듣곤 한다. 때론 부럽기까지 하다. 그런데, 한편 의문이 들곤 한다. Off-Line에서는 과연 얼마나 Face-to-Face로 만남이 이루어지고 있으며, 함께 공감하고 있을까. 트위터의 제한된 글자로 서로를 얼마나 공감하며, 나눌 수 있을까. 실제로 온라인상에서 수십만 팔로워를 갖고 있는 운영자가 실제로 만남을 주선했더니 불과 몇십 명만이 모임에 나왔다는 말을 들었던 적이 있다.

　요즈음 들어 저성장시대 불황 속이라서인지 네트워킹 시대에 맞지 않게 '혼문화'가 트렌드가 되고 있다. 혼자 밥을 먹거나 술을 마시는 혼밥, 혼술, 혼자 여행하기인 혼행, 혼자 영화보기인 혼영 등, '혼자' 즐기는 트렌드가 확산되면서 '1인'과 경제를 뜻하는 이코노미economy의 합성어로, 자신을 위해 소비를 하고 혼자만의 생활을 즐기는 경제를 의미하는 '1코노미 시대'를 예고하고 있다.

　1코노미는 자신의 인생을 즐기려는 '욜로YOLO: You Only Live Once' 라이프 확산이 밑바탕에 깔리면서 개인주의 성향과 온라인 공간에서의 소통 확산, 자기 지향적 소비가 한몫을 하고 있는 듯하다. 이른바 '자발적 고립'을 만들어가고 있는 것인데, 이는 인생이란 긴 여정을 놓고 볼 때 지향적이지 않다는 점이다. 살아가면 갈수록 관계가 넓혀지고 깊어져야 하는데 가장 관계지수를 높여가야 할 연령대에 관계지수를 가장 낮추는 결과를 초래하여 장래의 디딤돌이 될 수 있는 관계지수를 쌓아가는 기회를 실기할 수 있기 때문이다. 관계지수는 하루아침의 기온 차에 높아지고 떨어지는 온도계가 아니고, 아궁이에 오랜 시간 장작불을 지펴야 비로소 따끈해지고 열기가 오래가는 온돌방 같은 것이기 때문이다.

온라인 공간에서 충분히 관계지수를 높이고 있는데….'라고 생각할 수 있겠으나, '실제 현실에서 관계가 어떻게 되는가.'를 직접 한번 실험을 해보는 것도 좋으리라. 어떤 결과를 얻게 되는지? 어쩌면 우리는 사람과 사람과의 관계에서 실제 피부로 체감하고 마음으로 공감하기보다는 순간적이고 습관적으로, 때론 즉흥적이고도 반사적으로 문자를 주고받으며, 때론 댓글 달기에 바빠하고 있는 것은 아닌지, 그러면서 우리는 많은 사람들과 소통을 잘하며 생활하고 있다는 착각 아닌 착각에 빠져 있는 건 아닌지 모르겠다. 한 번쯤 진지하게 생각해보자.

자, 이제부터라도 우리의 꿈과 비전, 그리고 목표에 맞춘 성공을 위한 관계뿐 아니라 살아가면 인간적으로 행복감을 안겨줄 삶의 관계지수를 높이는 것에 더 노력을 기울이도록 하자.

비즈 파트너십을
갖춰라

영어에 '파트너십Partnetship'이란 단어가 있다. 우리말로 하면 '거래, 춤, 경기, 놀이 따위에서 둘이 짝이 되는 것, 또는 둘이 짝이 되어 협력하는 관계'의 뜻을 담고 있다. 지금의 세상은 관계의 세상이라 할 수 있는데, 그 관계란 의미에는 '서로'란 의미가 내재해 있다. 우리가 이미 알고 있듯이 세상은 혼자가 아닌 함께 공존하며 살아가는 공간이다. 우리를 둘러싼 일체의 관계들 속에서 '나'와 '너'가 우리로 맺어지고, '너'와 '그'가 너희로 맺어지며, '우리'와 '너희'는 세상 사람들로 맺어지는 관계로 이어진다. 그러나 실질적 관계는 두 사람과의 관계인 파트너십으로 맺어져 있다고 할 것이다. 때론 불협화음不協和音도 나면서 말이다.

지금은 경쟁사회라 한다. 예전에도 그랬지만, 지금은 좀 더 그 분위기가 강조되었다고 볼 수 있다. 빠르게 진보하고 진화하며, 발전하고 성장하며… 등등. 세상의 모든 것들이 멈추지 않고 업그레이드되는 주위환경과 홍수처럼 쏟아지는 정보 속에서 매일매일 살아가고 있다. 그렇다 보니 우리나라처럼 작고 좁은 땅덩어리 속에서 나름 성공하며 살아가기 위해서는 경쟁이 제일 우선시되고 있는 것이다. 그렇게 학습되어 성장한 우리이기에 어쩔 수 없는 현실로 받아들이고 있는 것 또한 당연하다 하겠다.

"세상이 이렇게 되면 안 되는데…."라고 말하는 입에서 곧바로 1등을 외치며, 1등을 찾고 있지 않던가. 적어도 다른 사람은 몰라도 나는 1등이 되어야 한다고 생각하며 그렇게 질주를 하는 모습이 곳곳에서 보이지 않는가. 1등만을 알아주고, 1등만이 존재하며, 1등만을 기억해 주는 세상. 2등이 있어야 1등도 있다는 지극히 당연한 현실은 무시되고, 오로지 1등이 되어야 함을 강조하는 세상에 우리가 이렇게 살고 있고, 지금의 위치에서 이렇게 살아남아 있는 것만으로도 우리의 인생은 대단한 것 같다. 모든 사람이 1등이 되어야 하고, 2등은 바로 패배자로 둔갑하는 세상. 그야말로 리더가 있어야 하고, 팔로워도 있어야 하는데, 모든 사람들이 리더가 되어야 한다고 외치는 세상. 우리나라 사람 모두를 리더가 되게 하려는 것 같다. 그야말로 전 국민의 리더화! 물론 리더가 필요하지만 제대로 된 팔로워도 필요한 것이다. 세상은 음양의 조화요, 어울림이다.

세상이 리더십을 요구한다. 전 국민이 리더가 되어야 한다고 강조하고 있으니 누가 팔로워가 되겠는가. 팔로워가 되는 것 자체가 쪽팔리는 일인데. 우리 중에 누구도 하지 않으려 할 것이다. "우리라면 리더가 되겠는가, 팔로워가 되겠는가?" 관계로 맺어진 세상에서 우리가 살아가는 데 있어 성공만을 위한 삶이 아니기에 우리에게 필요한 삶의 에너지를 증가시키고 자신을 상승시켜 나갈 수 있는 방법을 찾아내야 하는 것이다. 이 시대에 진정한 성공을 위해서는 나와 더불어 네가 행복할 수 있고, 너와 더불어 나도 행복할 수 있는 '나'와 '너', 그래서 '우리'가 함께 더불어 공존공생하며 공생발전共生發展할 수 있는 파트너십을 가져야 하는 것이다.

파트너십이란 사업상의 동업자, 동반자 관계, (두 사람 이상이 같이 하는) 동업 등의 뜻을 담고 있지만, 좀 더 확대해서 생각해 보면 우리와 관계된 모든 대상과의 관계로 봐도 될 것 같다. 세상을 살아가는 것은 게임이라고도 한다. 세상을 살아가는 것이 마치 게임하듯 승자가 있고, 패자가 있기 때문에 그리 말하는 것이다. 실제 경기에서는 상대방을 이겨야 하기 때문에 심판의 눈을 속이면서까지 교묘히 반칙도 서슴지 않고 범하게 되며 악착같이 이기려 한다. 게임의 법칙에서는 이긴 자의 말이 먹힐 뿐, 진 자의 말은 변명에 불과할 뿐이니까 말이다.

세상에서의 게임이 꼭 그런가? 세상 게임은 꼭 그런 것만도 아니다. 승자와 패자가 있는 것만은 사실이지만, 반드시는 아니란 얘기다. 경우에 따라서는 나와 너가 승자일 수 있고, 나와 너가 패자일 수 있으며, 나는 승자지만, 너는 패자일 수 있고, 너는 승자지만, 내가 패자일 수 있다는 것이다. 그리고 성공한 사람들의 이야기를 들어보면, 모두가 승자가 될 수 있는 게임이 세상 게임이라고 한다. 성공한 사람들은 게임의 법칙처럼 세상 게임을 한 것이 아니라, 함께 살아가면서 그들과 함께 성공을 이뤄냈다는 것이다. 제아무리 훌륭한 사람일지라도 혼자서 성공할 수 없다는 일깨움을 주고 있는 것이다.

"무슨 그런 말도 안 되는 소릴 하는가. 작은 땅덩어리에서 살아남으려면 어쩔 수 없이 경쟁해야 하고, 경쟁 안 하고는 먹고살 수 없으니 하는 거 아니냐고, 누군들 하고 싶어 하느냐고!"

그럼 우리는 왜 경쟁을 해야만 하고, 파트너십을 발휘하지 못하는 것일까? 우리가 교육적 영향을 받아서일까? 환경적 영향을 받아서일까? 오랜 습관 때문일까? 그야말로 우리나라 땅덩어리가 작아서 그러는 걸까? 이런 저런 생각 끝에 상대방을 파트너보다는 강력한 경쟁자로만 보고 '그 경쟁자를 이기지 못하면 실패하고 만다.'는 패배의식을 갖고 있어서가 아닐까?'라는 생각을 하게 된다. 우리 스스로를 경쟁자와 비교하며, 반드시 이겨야 하고, 상대방을 반드시 패배시켜야만 성공할 수 있다고 봐서는 아닐까?

우리의 진정한 경쟁자는 누구인가? 흔히 들어봤을 것이지만, '적은 외부에 있는 것이 아니라 내부에 있다.'고 한다. 우리가 성공하든 실패하든 미래의 불확실성에 대한 불안은 우리 자신으로부터 나오는 것이다. 다른 사람들은 우리의 성공에 장애물이 될 수 없고, 경쟁자가 될 수 없는 것이다. 우리의 일상 속에서 매일매일 계속되는 싸움은 오로지 마음을 다스려 '나도 행복하고 성공한다.'는 긍정적인 마음과 '아무 노력도 하지 않아 실패하게 될 것이다.'란 불안한 마음에서 나오는 부정적인 마음의 경쟁뿐이라 할 수 있다. 우리의 경쟁 상대는 오로지 우리 자신뿐 아니겠는가.

당연한 말인데, 현실적으론 그렇지 않다고? 성공한 사람들의 한결같은 이야기는 남과의 경쟁을 말하지 않고 있다. 그렇다면 그렇게 말하는 성공한 사람들은 거짓말을 하고 있는 것인가. 물론 현실적 어려움도 있고, 장애물도 있고, 오르기 힘든 언덕도 있을 것이다. 이런 것이 없이 우리가 가는 길이 그야말로 아름다운 장밋빛 대로라면 뭐가 문제가 되겠는가.

성공한 사람들은 한결같이 말하곤 한다. 자신과의 싸움을 이겨냈다고 말이다. 그럼 자신과 뭘 어떻게 싸웠으며, 무엇을 이겨냈다는 말인가. 이를 찾아야 한다. 성공한 사람들이 싸워 이겨낸 것이 무엇이며, 어떻게 싸웠는지를 찾아내야 한다. 성공한 사람, 성공했다는 사람들은 한결같이 '자신의 게으름과 싸웠으며, 실행하지 않는 마음과 싸웠으며, 나태해지려는 마음과 싸웠으며, 좌절하려는 마음과 싸웠다.'라고 말한다. 세상의 온갖 역경들이 그들 자신을 억누를수록 일어서려고 자신과 끝까지 싸웠다는 것이다.

우리를 보자. 우리는 어떻게 하고 있는가. 이제는 다른 사람과 경쟁하지 말자. 우리 자신과 경쟁하자, 그리고 다른 사람과 경쟁이 아닌 파트너십을 가지도록 하자. 그것도 세상살이란 게임에서 함께 승자가 되는 성공적인 파트너십을 만들어 나가도록 하자. 학교에서든, 직장에서든, 사회에서든, 우리가 있는 그 어느 곳에서든 동행할 파트너십을 만들어 나가도록 하자. 그리고 경쟁보다는 창조를 생각하자. 창조하는 데 더 관심을 가지자. 우리 곁에는 생각하는 모든 것을 창조해 낼 수 있는 힘을 가진 지구촌 친구들이 있지 않던가.

우리는 여기까지 세상을 살아오면서 어떤 게임을 해왔으며 앞으로 어떻게 게임에 임할 것인가를 생각해 보자. 그리고 누구와 함께 그 게임을 즐길 것인지를 생각하며, 그 게임에 참여하는 우리 모두는 함께하는 동반자임을 깨닫고 다 같이 성공하는 세상 게임을 해나가도록 하자.

신뢰와 믿음을 잃지 말라

'신뢰'란 말이 무슨 뜻인가. '굳게 믿고 의지함'이란 뜻이다. 믿음이란 말은 또 무슨 뜻인가. '어떤 사실이나 사람을 믿는 마음'이란 뜻이다. 이 말뜻을 잘 살펴보면 우리가 혼자 산다면 필요치 않을 덕목이다. 그런데 우리가 혼자가 아닌 누구와 함께 살아간다면, 반드시 갖춰야 할 인간의 필요 덕목이라 할 수 있다. 혼자가 아닌 함께 살아가는 사회에서 신뢰는 기본이 되기 때문이다.

우리는 누군가를 믿고 신뢰할 때 마음이 편해진다. 그 믿음과 신뢰는 약속으로 이행된다. 즉 약속은 지키려고 하는 것이고, 지키는 것이 신뢰다. "약속은 깨지라고 있는 것이다."라고 말하기도 한다. 역설적 말이다. 깨지는 약속에는 신뢰가 없다. 그래서 지키지 못할 약속은 하지 않는 것이 낫다. 신뢰는 사람과의 사이에서만이 아니라 자기 자신에 대해서는 말할 것도 없고, 세상과 관계하는 모든 것에 대해서도 마찬가지라 할 수 있다. 그래서 신뢰의 출발점은 자기 자신을 신뢰하는 데서부터이다.

자기 자신을 신뢰하지 않는데, 그 무엇을 신뢰할 수 있겠는가. 그러기 위해서는 자신과의 약속을 지켜내는 것이 최우선이다. 또한 신뢰는 사회적 규범만큼 강한 규제력을 가지고 있는 것이 아니다. 그러나 사람과 사람 사이에 신뢰가 쌓이고 또 쌓이게 되면 상대의 기대에 벗어나지 않게 행동하려는 경향을 갖게 된다. 그렇게 신뢰관계가 쌓이게 된 사람은 상대방이 어떤 행동을 할지 예측할 수 있게 되는 것이다. 신뢰관계가 사람의 행동을 변화시킬 수 있는 것이다.

독일의 사회학자 N. 루만Niklas Luhmann은 "신뢰가 상대의 행위를 예측할 수 있게 할 뿐만 아니라 예기豫期할 수 있게 한다."고 말하고 있다. 사람 사이에 신뢰가 필요한 것은 상대방이 어떤 행동을 할지를 예견할 수 없기 때문이라고 할 수 있다. 즉 필요한 정보를 얻게 될 때까지는 신뢰관계를 쌓아가게 된다고 봐야 할 것이다. 또한 궁극적으로 신뢰관계가 깊이 쌓이면 결국 그 사람의 행동까지도 예측할 수 있게 됨으로써 상대의 행동을 예견하여 그 상대를 대할 수 있게 되는 것이다.

우리가 관계하는 어떤 사람에 대해서 그가 어떤 사람이고, 어떻게 행동할지에 대해서 알고 있다면, 그 사람과의 신뢰관계가 그만큼 더 깊이 쌓여 있는 것이고, 세상살이 하는 우리에게 힘이 되어 줄 사람인지, 아닌지를 판단할 수 있게 되는 것이다. 반대로 누군가 우리와 그런 관계를 쌓고 있다면, 그 사람 역시 우리를 어떤 식으로든 판단할 수 있게 될 것이다. 신뢰관계는 이처럼 우리가 다른 사람과 서로 관계를 함에 있어 필요한 덕목이며, 더 나아가서는 우리에게 힘이 되어줄 수 있는지의 여부를 판단할 수 있게 해주는 판단 기준이 된다. 그렇기 때문에 신뢰관계는 다른 사람을 위한 것이 아니라 우리 자신을 위한 것임을 깨닫는 것이 중요하다.

상대에게 신뢰를 깊이 쌓기 위해서는 어떻게 하면 될까. 이에 대해서 18세기 영국의 정치가 필립 체스터필트Philip Dormer Stanhope Chesterfield의 '상대에게 신뢰받는 5가지 방법'에 대해서 함께 생각해 보자.

첫째, 대화할 때 혼자만 이야기하지 말라.
대화라는 것은 혼자서 독점하는 것이 아니다. 그런데 어떤가, 독점하듯 혼자만 이야기를 다 하는 사람이 있다. 그렇게 혼자 독점하듯 말하는 사람의 이야기를 다 듣자니 지치기도 하고, 정작 해야 할 이야기는 하지 못하는 경우가 있었을 것이다. 자신의 말은 최소한도로 하고 그가 하는 말에 귀를 기울이도록 하자. 상대에게 말할 기회를 많이 주고, 우리 자신은 그만큼 귀를 열어두고 마음으로 듣도록 하자. 그런 속에서 더 많은 정보를 얻고 상대에 대한 이해의 폭을 넓혀나갈 수 있게 된다. 한마디로 경청해야 한다. 듣는 것이 얼마나 어려우면, 이 나이 들어서까지도 경청해야 한다는 말을 들어야 할까 싶겠지만, 경청이 쉽지 않은 것은 사실이다.

둘째, 상대방에 맞는 화제를 선택하라.
뚜렷한 주제가 없는 이상 상대방이 좋아할 것 같고 도움이 될 만한 화제를 찾아 대화 내용으로 삼도록 하는 것이다. 상대에게 관심을 갖고, 사전에 상대에 대한 정보를 살펴서 대화를 나누게 될 때, 상대방이 좋아하는 내용으로 대화의 문을 열어갈 수 있으며 이를 통해서 상대의 관심을 얻고 경계심을 풀 수 있게 된다. 우리가 호의적인 태도를 보임으로써 상대 또한 우리에게 신뢰의 마음을 열게 될 것이다. 무장해제는 상대부터가 아닌 우리부터 해보자.

셋째, 자기 말만 앞세우지 말라.

남의 말을 가로채거나 자기 자랑만 하면 상대방에게 불쾌감을 안겨줄 수 있다. 물론 이렇게 말하면 대부분의 사람들은 다 아는 것이라 치부하겠지만, 막상 이야기를 하는 중에는 이를 잊고 만다. 우리가 상대에게 말하고 싶은 만큼, 아니 그 이상으로 상대는 우리에게 말하고 싶은 마음이 있을 것이다. 그런데 상대에게 말할 기회를 주지 않는다면 이는 큰 실수. 그러니 상대에게 말할 기회를 충분히 주고, 필요한 정보를 얻도록 하는 것이 더 현명한 처사다. 그러기 위해서는 하고 싶은 말이 있다 하더라도 우리의 의견을 낮추거나 줄이자. 그리고 상대의 의견을 들어줌으로써 상대를 인정하고 있다는 것을 느끼게 해주자.

넷째, 자기 자랑으로 높은 평가를 받는 사람은 없다.

세상에 자기보다 못한 사람은 없다. 그런데 대화를 하다 보면 자기가 대단하다는 식으로 자랑하거나, 자신을 내세우려는 사람들이 많이 있다. 자신은 누구의 후손이며 또 누구와 친하다던가, 혼자서 양주 몇 병을 마실 만큼 주량이 얼마큼 된다느니 등등 온갖 자랑을 하는 사람들이 있다. 자랑을 함으로써 상대방이 자신의 수준을 알아챈다는 것을 아는지 모르는지, 마치 자신이 위대한 사람이라고 착각하거나, 자신의 인격이 높아진다고 생각하는 것 같다. 자랑은 잘해야 본전이 되며, 잘못하면 오히려 스스로 무덤을 파는 격이라 할 수 있다.

아무리 자기 PR시대라 해도 자랑을 하다 보면 자기도 모르게 자기의 향기를 내뿜게 된다. 그 향기가 좋은 향기인지, 그렇지 않은 향기인지 본인은 모른다. 그 향기를 맡는 상대방만이 알 뿐이고, 상대에 따라서도 그 향기가 다르게 느껴질 테니까 말이다. 그러니 스스로 자신에 대해서 말하지 말자. 그리고 허풍스런 자신에 대한 과시를 거들먹거리지 않도록 하자. 겉으론 들어주는 것 같지만, 속으론 욕하고 있는지도 모른다. 드라마를 보더라도 대부분 욕을 하고 있지 않던가. 그렇게 스스로 욕먹는 대상이 되지 않도록 대화를 함에 있어 처신을 잘 하도록 하자.

다섯째, 가만히 있어도 장점은 빛난다.

자기소개 등 꼭 자신에 대한 말을 하지 않으면 안 될 경우에는 상대가 오해할 만한 말을 일체 삼가는 범위에서 자기에 대해서 이야기를 할 수 있다. 낭중지추囊中之錐라, '인재는 주머니 속에 들어 있어도 송곳처럼 뚫고 나오는 법'이다. 말을 실수해서 뒷감당이 되지 않아 창피를 당하는 사례를 수없이 봐왔을 우리이기에 이런 실수를 하지 않아야 한다. 할 말이 있으면, 생각을 하고 난 뒤 정제된 내용으로 분명하게 자기 의사를 밝히도록 하는 것이 좋다. 혼자 말하듯 또는 스치듯 불분명하게 던진 말 한마디가 상대를 기분 나쁘게 하기도 하지만, 엄청난 오해를 가져오게 하기도 하니까.

　　　　　　　　　　Part 3. 삶의 관계적 인간미를 갖춰라

예의와 베푸는 마음을
함양하라

　지금의 시대는 관계의 시대라 했다. 관계란 작게는 나와 너, 크고 넓게는 내가 접하는 세상과의 관계를 의미한다. 이런 관계에서 무엇이 중요할까? 여러 가지가 있겠지만 그중에서 중요한 것은 예의가 아닐까 싶다. 관계는 예전에도 있었고, 현재도 그렇고, 미래에도 있을 것이다. 나와 세상을 맺어주는 관계에 있어서는 무엇보다도 예의를 갖추는 마음, 한마디로 예의심이 매우 중요한 덕목이라 하겠다.

　"짐승만도 못한 놈"이란 욕이 있다. 우리들도 누군가에게 해봤을 것 같다. 사람과 짐승이 다른 것은 사람으로서의 기본적인 예의가 있어서다. 간혹 사람을 때려야 하는지, 마는지에 대한 갑론을박하는 경우가 있다. 사람이 매를 맞는 것은 사람으로서 해야 할 행동을 제대로 하지 않아서일 것이다. 짐승도 맞을 짓을 하지 않는데, 사람이 사람의 탈을 쓰고 매 맞을 짓을 하였다면, 아마도 사람이기를 포기한 것이 아닐까 싶다. 그러니 짐승만도 못하니까 때리는 것이고, "짐승만도 못한 놈!"이란 말을 들으면서 매 맞는 것이리라. 그런데 때리는 사람은 사람인가…. 때리는 사람이 사람이 아닐 때는 매 맞는 짐승 역시 기분 나쁠 것이리라.

우리와 세상과의 관계에 있어서 예의가 없다면 그 사이는 서서히 금이 가게 되고, 결국에는 관계가 깨지게 된다. 너무도 당연한 이치. 이렇듯 관계에 있어서 중요한 예의에 대해서 공자가 한 말씀 하셨다. "군자에게 용맹만 있고, 예가 없으면 세상을 어지럽게 한다. 소인에게 용맹만 있고, 예가 없으면 도둑이 된다."

시대적 흐름을 역행할 수는 없기에 우리가 거의 매일 활용하는 오늘날 최고의 도구인 인터넷이나 SNS 문자 또는 어플을 들어가 보곤 한다. 그런데 들어가 보면 예의가 점점 실종되어 가는 것을 볼 수 있다. 아니 실종되었다고 해야 할 정도로 아주 무례한 내용들이 댓글로 올라오기도 하고, 그런 내용으로 가득 차 있기도 하다. 고소고발을 하기도 하고, 경찰이 수사를 하게 되는 경우까지도 있으니 어이가 없다. 우리도 당해본 경험이 있지 않을까? 그럴 때 기분이 어떨까. 당해봐야 그 기분을 알 수 있겠지만, 한마디로 더럽지 않을까 싶다. 그럴 때마다 상대방을 원망하였던 적이 있었을 것이고…. 그런데 반대로 우리가 상대방에게 그런 기분을 갖게 하지는 않았는가? 때론 마녀사냥 식으로 혹독하게 상대를 대한 적도 있지 않았는지 말이다. 잠시 생각해 보니 어떤 생각이 떠오르는가.

관계란 서로 주고받음을 의미한다. 뭔가 오고 간다는 뜻이 담겨 있는 거 아니겠는가. 관계의 시작은 말이라 할 수 있다. "가는 말이 고와야 오는 말이 곱다."는 속담이 있다. 이 속담을 돌이켜 보면 관계에서 말을 어떻게 해야 할지를 깨닫게 해준다. 나부터 상대방에게 고운 말을 써야 하는데, 그렇지 못하고 상대방으로부터 좋은 말을 듣기만을 바란 건 아닌가 싶다. 우리 모두는 생각해 봐야 한다. 나 스스로가 먼저 그렇게 하지 않는데, 누가 우리에게 그렇게 하겠는가. 그렇게 말을 하는 것은 바로 예의심이 없는 데서 비롯된다. 겉으로야 예의를 갖는 모습이지만, 속마음에 예의심이 없다면 자기도 모르게 툭 튀어나올 수 있다. 아니면 겉으로 먼저 그렇게 보일 수도 있다.

예의는 사람으로서 갖는 기본 자세이기에 자신에 대한 예의 또한 중요하다. 더 나아가 상대에 대한 예의, 조직에 대한 예의, 사회에 대한 예의, 국가에 대한 예의가 중요하다. 이보다 더 중요한 것이 겉으로 드러나지 않은 예의심을 갖는 것이다.

미국의 미래학자 앨빈 토플러Alvin Toffler는 "21세기에는 도덕성을 지닌 민족만이 번영할 수 있을 것이다."라고 설파했으며, 윈스턴 처칠은 "남에게 무례한 짓을 하지 말고, 남에게 무례한 짓을 당하지 말라. 모든 사람에게 예절 바르고, 많은 사람에게 붙임성 있고, 몇 사람에게 친밀하고, 한 사람에게 벗이 되고, 아무에게도 적이 되지 말라. 위에 있으면서 교만하지 않으면, 아무리 지위가 높아져도 위태하지 않고, 예절과 법도를 삼가 지키면, 아무리 재물이 가득해도 넘치지 않는다. 냉정한 눈으로 사람을 보고, 냉정한 귀로 말을 듣고, 냉정한 마음으로 도리를 생각하라."고 하였다. 역시 위대한 사람들의 말에는 힘이 있고, 인생에 대한 살아온 지혜가 담겨 있다.

우리나라는 예로부터 내려오는 국가 브랜드가 있다. 글로컬 시대에 맞는 브랜드. 세계인들이 알아주는 브랜드. 무엇이겠는가. '동방예의 지국.' 들어봤을 것이다. 중국 최고의 지리서라 할 수 있는 산해경山海經에 의하면 중국인들은 우리나라를 해 뜨는 동방의 예의지국 또는 군자국君子國으로 일컬어 왔다고 한다. 공자도 자기의 평생 소원이 뗏목이라도 타고 조선에 가서 예의를 배우는 것이라 하였다고 한다. 그리고 삼국지 위지 동이전에 따르면 "사양하기를 좋아하고 도둑질을 하지 않아 문도 잠그지 않고 살았다."는 말이 있는 그런 나라였다.

그런데 지금은 어떤가. 동방예의지국이라 하면, 선뜻 그렇다고 말할 수 있는가. 그렇다고 말하려는 사람이 거의 없거니와 아예 없다고 말하는 사람도 있을 것이다. 왜일까. 사람 사는 곳에 예절이 땅에 떨어졌으니 어찌 예절이 있다고 말할 수 있겠는가. 가정을 봐도, 학교를 봐도, 조직이나 사회를 봐도 어떤가. 굳이 말을 하지 않아도 공감되는 구석이 있지 않은가. 그러니 어찌 예절이 있다고 말할 수 있겠는가. 때론 거리를 걸어가게 될 때, 거리를 오고가는 사람들이 나누는 대화 속에서 고개를 돌릴 정도의 예의 없는 대화들을 엿듣게 되는 경우가 있었을 것이다. 그야말로 대화 중에 욕이 다반사이거나, 때론 욕으로 시작해서 욕으로 끝나는 대화도 종종 들어보기도 하였을 것이다.

경쟁하며 살아가는 어른들의 세계이니 그렇다고 십분 이해를 해 보자. 그런데 한창 배우며 꿈 많은 초·중·고등학생들이나 대학생들이 사용하는 스마트폰의 문자나 대화에서도 역시 거의 다 욕으로 시작해서 욕으로 끝나는 대화들이 다반사라는 말도 있고, 심지어는 엄마에게 욕을 하는 자녀들도 있다고도 하니, 더 이상 무슨 말을 하겠는가. 그리고 신문이나 방송에서 나오는 뉴스들을 접하게 되면, 그야말로 경악을 금치 못하고 살이 벌벌 떨리는 사건들이 하루가 멀다 하게 전해진다. 일일이 입에 담아서 무엇 하랴…. 공공장소에서 스마트폰을 사용하는 것만 봐도, 차츰차츰 동방예의지국의 국가 브랜드는 그 명성을 잃어가고 있다는 것이 분명해진다. 대중교통이나, 지하철 같은 공공장소에서 자주 봐왔던 경험들이 있을 것이다. 어떤가. 낯부끄럽지 않던가.

이것이 우리의 현실이고, 우리나라의 예의 수준이 아니겠는가. 어쩜 그것이 우리의 문화수준일 수 있다. 그럼 어찌해야 되는지 우리는 잘 알 것이다. 그 해답은 우리 모두가 '무엇다워야 한다.'는 것이다. 나다워야 하고, 너다워야 하며, 우리다워야 하는데, 그렇지 못하다. 상대방만 '다워라.' 또는 '다워야 한다.'고 주문만 하고 있는 세상 형국이니, 누가 다워지겠는가.

예의와 떼어 놓을 수 없는 것이 있는데, 존중이다. 존중은 '높이어 귀중하게 대한다.'는 뜻인데, 자신을 존중하고, 타인을 존중할 때만 이 양심과 도덕이 지켜지는 것이고, 더 나아가 사회의 법과 질서가 지켜지는 것이다. 사람 개개인이 다르다는 것을 인정하고, 상대방을 배려하려는 마음을 갖는 것에서부터 존중은 시작된다고 생각한다. 적어도 내가 대접을 받기를 원하는 만큼 다른 사람을 존중해 줘야 하는 것이다. 많은 사람들이 '다르다'는 것과 '틀리다'는 것을 같은 개념으로 보는데, 다르다는 것과 틀리다는 것은 차원이 다른 것이다. 존중은 바로 상대방이 나와 다르다는 생각에서 시작되는 것이다.

프랑스에는 톨레랑스 문화가 존재한다. 톨레랑스Tolerance란 관용이란 뜻으로 견디거나 참는다는 라틴어 톨레라레Torerare에서 유래한 단어다. 서로의 차이를 인정하고 상대방의 의견을 존중하는 것을 의미한다. 톨레랑스는 프랑스가 오랜 경험을 통해 터득한 공존의 법칙으로 다원화된 사회에서 서로 다른 종교, 사상, 신념을 용인함으로서 공존을 가능케 하는 덕목이 되었고, 그것은 오늘날 프랑스 문화의 근간이 되었다고 본다.

소득이 적거나 문화가 발달되지 않는 사회에서는 남보다 더 높이 올라가야 하고, 생존경쟁에서 이겨야 하기 때문에 소위 '정글의 법칙'이라는 것이 지배한다. 그야말로 생존경쟁에서 이겨야 하는 조건에서 어찌 남을 봐줄 수 있겠는가. 이기지 않으면 지고 마는 세상이고, 그렇게 해야만 먹고살 수 있는 세상이니 말이다. 그런데 소득이 높고 문화가 발전된 사회에서는 서로가 자신의 위치와 수준에 맞는 삶을 영위해 나갈 수 있는 '자존의 힘'이 있다고 생각한다. 그 자존의 힘이 문화가 되고, 사회를 이루는 근간이 된다고 본다.

그 자존의 힘은 소위 '오케스트라의 법칙'이라 할 수 있는 문화를 만들어내는 것이다. 각자 자신이 갖고 있는 자존의 힘으로 자신의 위치와 수준에 맞는 삶을 영위해 나가면서 서로를 인정하고, 존중하며, 예의심을 갖고 다른 사람들과 모여 함께하고, 더불어 생활하며 때론 경쟁하며 살아가는 것이다. 마치 하나의 오케스트라가 거대하고 웅장하며, 장엄한 감동의 화음을 내는 것과 같은 이치라 할 수 있다.

세상은 혼자가 아닌, 다른 사람들과 함께 공존하며 더불어 생활하는 공간이기에 서로가 대립적 관계가 아닌 공존·공생하는 파트너로서 공생, 발전하며 서로를 존중해 주는 배려의 공간이 되어야 하는 것이다. 그러기 위해서 우리가 갖춰야 할 또 하나의 덕목이 있다. 그것이 바로 '자애심慈愛心'이라 생각한다. 자애심이란 아랫사람에게 사랑과 인정을 베푸는 마음이다. 여기서 아랫사람이란 자기보다 나이가 적은 사람이 아니라 지위나 신분, 경제적 형편이 낮은 사람을 일컫는 것으로, 이와 같은 사람들과의 관계에 있어서 깊이 사랑하고, 베푸는 태도를 말하는 것이다.

가진 것이 없어서 베풀 것이 없다고 말하는 사람들에게 깨달음을 주시는 '무재칠시無才七施'란 부처님 말씀이 있다. 무재칠시는 재물이 없더라도 남에게 베풀 수 있는 것이 많다는 것을 일깨워 주고 있다. 우리 중에 누군가는 무재칠시는 모르지만 매일매일 무재칠시를 행하는 사람이 있으리라…. 나 자신이 행하지 못함을 부끄러워해야 하지 않겠는가.

첫 번째, 화안시和顏施이다. 얼굴에 밝은 미소를 띠고 부드럽고 정답게 다른 사람을 대하는 것이다.

두 번째, 언시言施이다. 공손하고 아름다운 말로 대하는 것이다. 사랑의 말, 칭찬의 말, 격려의 말, 양보의 말을 다른 사람에게 줄 수 있다는 것이다.

세 번째, 심시心施이다. 착하고 어진 마음으로 사람을 대하는 것이다. 따뜻한 마음이 사람들에게 용기를 준다는 것이다.

네 번째, 안시眼施이다. 호의를 담은 부드럽고 편안한 눈빛으로 사람을 대하는 것이다.

다섯 번째, 신시身施이다. 힘으로 남을 도와주는 것이다. 약한 사람을 도와주거나 일손을 거들거나, 고개 숙여 하는 인사도 다른 사람에게 신시를 베푸는 것이다.

여섯 번째, 상좌시床座施이다. 다른 사람에게 자리를 양보하는 것이다. 지치고 힘든 이에게 편안한 자리를 내어주는 것은 훌륭한 베풂이 되는 것이다.

일곱 번째, 방사시房舍施이다. 사람들에게 편안하게 쉴 공간을 주는 것이다. 묻지 않고 상대의 속을 헤아리는 것이다.

부처님이 설파하신 무재칠시는 자애심을 갖는 데 있다 할 수 있다. 비록 가진 것이 남 같지 않고, 나눌 것이 없어 보일 만큼 보잘것없다 해도 무엇 하나 나눌 것이 없는 사람은 없다는 것이다. 그렇기에 우리도 누군가에게 무재칠시를 행할 수 있는 것이다. 그렇게 할 수 없음은 예의심이 없음에서 비롯된다고 할 수 있다. 우리 한 사람만이라도 우리 자신에게라도 예의심을 갖고 대해 보자. 그러면서 우리가 어떻게, 어떤 사람으로 변해 가는지 느껴보자.

사람은 저마다 베풀 것을 가지고 있고, 그래서 베풀어야 한다. 베풀고 나누는 것이 꼭 돈만은 아니라는 것임을 깨닫게 해준다. 시간 내주기, 공감해 주기, 기다려 주기 등등 그리 생각해 보면 나눠 줄 수 있는 것이 얼마나 많은가.

요즈음은 봉사활동도 많이 하고, 지식 있는 분들은 재능기부도 많이들 하고 있다. 나눈다는 것은 그것을 받는 사람에게만 좋은 것이 아니라, 나누는 사람에게 먼저 기쁨을 주게 된다. 선물 받는 사람보다 선물 주는 사람이 더 즐거운 것과 같은 이치라 할 수 있다. "다른 사람이 원하는 것을 베푸는 사람은 자신이 원하는 것을 이미 얻었다."는 공자님 말씀처럼 나누는 우리에게 더 큰 희망이 있는 것이라 생각한다. 나눔이 우리를 행복하게 함이다.

비슷한 의미로 우리가 일상생활에서 쉬 활용할 수 있는 다른 실행 덕목도 있다. 『미인대칭비비불』이란 책(2007, 최염순) 제목도 있듯이, 데일 카네기 실행덕목인 '미인대칭비비불'이다.

미인대칭비비불

미: 미소는 우리를 행복하게 하고,
인: 인사는 우리의 마음을 열게 하며,
대: 대화는 서로의 이해를 높여주고,
칭: 칭찬은 서로에게 용기를 심어 줍니다.
비: 비난하기보다는 이해를
비: 비판하기보다는 협조를
불: 불평하기보다는 칭찬을!

우리는 사회 속에서 사람과 관계를 맺게 된다. 혼자가 아니라 함께 그리고 더불어 살아가는 것이기에 예의와 존중이 바탕이 되어야 한다. 그리고 그 관계가 오래 지속되기 위해서 남을 배려하는 공존의 인간적 마음을 갖춰야 한다.

예의와 존중, 자애심, 그 중심은 인본적 마음이요, 자세라 할 수 있다. 세상은 우리 혼자만이 아닌 누군가와 함께 있고, 그 누군가와 더불어 살아가는 것이란 평범한 진리는 서로에게는 희망이요, 살아가는 즐거움이 된다. 이런 생활자세, 태도는 하루아침에 갖춰지지 않는다. 사람을 사람으로서 대하고, 함께하며, 예를 갖추는 기본 마음과 베푸는 마음으로 자신을 갖춰 나가는 것은 먼 훗날의 당당한 모습을 만들어내는 오늘의 과정인 것이다.

우리도 지금부터 새롭게 우리 자신과 세상 사람을 중심에 두는 마음을 갖고, 한 발짝 한 발짝 세상 사람들과 함께 공존하고 공생하며 더불어 살아가려는 태도를 갖고, 우리가 할 수 있는 것부터 하나씩하나씩 실천해 나가도록 하자.

유연성을 갖춰라

21세기 키워드 중의 하나는 '변화'이다. 변화하는 시대에 우리는 어떻게 처신하며 살아가야 하는지 생각해 보지 않을 수 없다. 우리는 21세기 환경에 잘 적응하고, 적절하게 처신을 잘하며 살아가고 있는 편인지, 그렇지 않은지 생각해 보자.

'우리는 지구상에서 혼자 살아갈 수 없다.' 이는 대명제이다. 인간은 누가 뭐라 해도 관계의 존재이기 때문이다. 사람과 사람 사이에 존재하며, 함께 공존하면서 더불어 살아가야 하는 존재이기에 그렇다. 이는 인간의 의지로 선택할 수 있는 것이 아니다. 그래서 때론 어쩔 수 없이 싫든 좋든 사람들과 부딪히면서 살아갈 수밖에 없다.

우리가 갖게 된 개인적 가치관이나, 사회적 규범, 우리가 갖게 되는 종교까지도 어찌 보면 우리에게 주어진 환경 안에서 잘 적응하며, 서로 잘 살아보자고 만들어진 보이지 않는 약속이고, 법칙이라 할 수 있다. 그런데 사람들과 부딪히면서 살아가다 보니 그 사이에서 소리가 나곤 한다.

NLP의 창시자인 리차드 밴들러 Richard Bandler는 '유연성 있는 삶의 자세'를 가지라고 하면서, "만약 당신에게 한 가지의 선택밖에 없다면, 당신은 로봇입니다."라고까지 말하고 있다. 우리의 인생에서 가장 중요한 부분은 마음의 유연성 있는 삶의 자세임을 강조한 것이다. 뻣뻣하게 곧이곧대로 사노라면 결국 부러지게 된다. 마치 이것이 안 되면 우리 인생이 끝날 것 같은 태도로는 아니라는 것이다.

우리 자신이 지금까지 잘 해왔다면 모르겠으나 그렇지 않다면, 앞으로 어떻게 삶을 대할지에 대한 질문을 던져보자. 지금까지의 삶에 대한 가치관과 태도에 따라서 지금 당장 가치관을 바꾸고 유연한 마음과 태도를 가질 수는 없다 해도, 새롭게 삶을 대하는 태도와 자세를 갖도록 조금씩 노력해 보자. 마음속으로 그렇게 되지 않는다면, 겉으로라도 억지로 그렇게 해 보자.

유연함이란 세상을 살아가는 하나의 태도이다. 그렇다고 자존심을 버리고 줏대 없이 이리저리 세파에 흔들리라는 말이 아니다. 우리의 꿈과 목표를 이루어 내기 위한 먼 여정을 막힘없이 나아가기 위한 선택일 뿐이다. 산이든 강가든 어디서나 흔하게 볼 수 있는 갈대를 보라! 제아무리 강한 태풍이 휘몰아쳐도 뿌리가 뽑히고 줄기가 꺾이었다는 소리를 듣지 못하였을 것이다. 그런데, 태풍과 거센 비바람에 견디지 못하여 가로수 가지가 일부 꺾이기도 하고, 부러지고, 심지어는 가로수가 뿌리째 뽑혀 나갔다는 뉴스를 곧잘 듣곤 하였을 것이다. 이것이 무엇을 의미하는지 굳이 말하지 않아도 알 것이다.

유연함이란 흐르는 물과 같은 것이라 할 수 있다. 냇물이든 강물이든, 둑이 어떤 모양을 하든, 그 물은 그 둑 형태에 맞춰 유유히 흘러갈 뿐이다. 자기가 흘러가야 할 곳으로 말이다. 그리고 자신의 모습을 결코 드러내지 않는다. 그러니 우리의 꿈을 실현하기 위한 목표를 향해 나아갈 때도 한길만을 고집하는 것이 아니라 다양한 방법이 있음을 깨닫고 그리 실행해 나가야 하는 것이다.

"모로 가도 서울만 가면 된다."는 말이 있다. 원칙 없이 목표만을 향해 나아가는 것이 아니라, 원칙과 기본이 갖춰진 유연성이 발휘될 때, 우리의 꿈도 그만큼 더 가까이 실현될 것이다. 로봇처럼 우리 자신을 답답하고 불편하게 만들지 말자.

우리 자신을 포기하는 것이 아니다. 우리가 뜻한 바를 이루어 내고, 우리의 삶을 살아가기 위한 하나의 방법을 선택하고 행하는 것이다. 로봇도 인간 이상이 되고자 하는 이상을 갖고 개발을 통해 진화되면서 유연성을 갖게 되었다. 소위 인공지능을 갖는 로봇으로 진화된 것이다. 단순 프로그래밍된 범위에서 작업 수행 능력을 갖는 로봇을 넘어 인간처럼 추론하고, 변칙도 하며, 유연성을 갖게 되었다는 것이다. 인공지능 로봇은 단순 로봇 수준에 머물지 않고, 인간의 능력을 뛰어넘으려는 인간의 노력에 의한 결과라 할 수 있다.

인간에 의해서 탄생된 인공지능을 가진 로봇이지만, 계산된 범위 내에서 고정관념을 깨고 상식을 파괴할 수 있는 역할의 유연성을 발휘할 수 있게 된 것이다. 비록 그것이 먼 훗날 어떻게 진화해 나갈지는 미지수이지만 말이다. 로봇도 이처럼 진화하고 있는 세상인데, 당장 어렵고 힘들지라도 어제까지 가졌던 삶을 대하는 우리의 자세를 오늘부터라도 조금씩 유연하게 바꿔 나가도록 하자. 그리고 세상을 그렇게 대해 보자. 갑질하는 세상에서 더 멋지고 당당한 을이 되기 위해서 작게나마 변화의 몸부림이라도 쳐보자.

Part 4

실행력을
갖춰라

Chapter **7**

공짜를
바라지 말라

미리 준비함을 잊지 말라

지금 준비하는 것이 있는가? 있다면 무엇을 준비하는가? 현재 우리가 있는 위치에 만족하고 있는가? 만족하지 않는다면 왜 만족하지 않는가? 만족하기 위해서 무엇을 해야 하는가? 등등을 생각해 보자. 지금 우리의 모습은 언제부터 어떻게 만들어진 것일까? 미래의 우리 모습은 또 어떻게 만들어질 것인가?

"어느 날 아침에 일어나 보니 스타가 되었다."는 말이 있다. 그런 꿈을 꿔보지 않은 사람이 어디 있으며, 그런 생각을 해보지 않은 사람이 어디 있을까. 정말 그런 일이 일어날 수 있을까. 실제로 그리 될 수 있다면 그것은 기적일 것이다. 시대적 화두가 되는 '성공', 누구나 성공하고 싶다. 성공하고 싶지 않은 사람이 어디 있겠는가. 삶에 특별한 사명을 갖고 있지 않는 이상 누구 할 것 없이 돈 많이 벌고 싶고, 성공하고 싶고, 출세도 하고 싶은 마음을 갖고 있을 것이다.

서점을 가보자. 어느 서점을 가 봐도 성공에 관한 책이 수두룩하게 꽂혀 있거나 가판대에 진열되어 있는 걸 보게 된다. 다른 코너보다 그 주위에 더 많은 사람들이 서성거리면서 책을 고르기도 하고, 꽂혀 있는 책을 뽑아 들고 읽는 모습도 눈에 띄곤 한다. 책을 읽는 동안에는 마치 자신이 성공한 느낌으로 열심히 읽는 모습이다. 책을 읽으면서 성공하고 싶은 마음을 가지며, 성공에 대한 방법을 찾겠다는 마음일 것이다. 아마도 성공하는 지혜를 찾기보다는 성공에 대한 지식에 초점을 맞추고 있는 것은 아닌지 모르겠다.

그런데 성공하고, 출세한 사람들의 책을 읽어봐도, 결국 "그게 그거구나."라는 생각을 지울 수가 없다. 몇십 권을 읽어봐도 그런 마음을 지울 수 없다. 왜 그럴까? 사람마다 그 성공의 의미가 다르겠지만, 어떠한 성공이든 '성공한다.'는 것은 머리로 생각해서 되는 것이 아니라, 자신의 마음에 그 열정을 담아야 하기 때문이다.

준비 없이 성공이란 있을 수 없다는 것이며 결국 '성공에는 왕도가 없다.'는 말이다. 기회도 준비가 선행되었을 때 찾아오는 것이고, 기회가 찾아왔을 때 그것을 잡는 것도 준비된 사람만이 맛볼 수 있는 행운이다. 그렇기에 이런 준비를 하겠다는 마음의 열정이 있을 때, 비로소 그에 대한 실천이 나오고, 꾸준히 실천한 것에 대한 보답이 성공으로 열매 맺는 것이라 생각한다.

'21세기는 불확실한 미래'라고 한다. 이는 시간과 공간, 거리의 간극이 좁아져서 지구 전체가 하나의 시·공간에 공존하는 그런 시대가 도래하였다는 것을 의미한다. 그래서 준비를 해야 하는 것이다.

"준비와 기회가 만나서 행운이란 결과를 낳는다."라고 미국의 변화 심리학의 권위자 앤서니 라빈스Anthony Robbins가 말했듯이 예전보다 더

Part 4. 실행력을 갖춰라

시간과 공간, 거리가 좁아진 21세기 지구의 생존환경에서 준비된 사람만이 자신의 앞을 개척해 나갈 수 있고, 준비된 사람만이 자신의 존재가치에 대한 행운을 맛보게 될 것이기 때문이다. 간혹 뜻밖의 행운을 얻을 수는 있다. 하지만 준비하지 않고 찾아오는 것은 행운이라고 하기보다는 요행수라고 하는 것이 더 맞는 말이다. 요행을 바라는 것은 인생에 바람이 든 것이라 본다. 무에 바람이 들면 먹지 못하고 버리게 되는 것과 같은 이치라 할 수 있다. 이런 요행을 바라는 마음이 크면 클수록, 인생의 참맛을 느끼지 못하고, 자신도 모르게 중독이란 무서운 마귀에 걸려 결국 폐인이 되고 마는 것이다.

준비가 된 자는 기회를 잡는 현명한 방법을 알고 있다고 한다. 준비를 하고 있는 사람들에게는 기회가 눈에 보이지만, 준비를 하지 않고 있는 사람들에게는 그것이 눈에 띄지도 않을 뿐더러 찾지도 못한다는 것이다. 그러니 그런 사람들이 주위에서 잘된 사람들을 보면, 하루아침에 스타가 되었느니, 운이 좋았느니 어쩌니 하면서 시기심과 헐뜯는 마음만 가득 갖게 되고, 자신의 초라함에 부러워만 하게 되는 것이다.

인생은 저마다 타고나는 태생적 조건이 다르다. 누구는 태어나면서 수조 원의 재산 상속분을 갖는 소위 다이아몬드나 금수저인 경우도 있지만, 우리의 대부분은 그런 행운이 없다. 그러니 우리가 갖고 태어난 조건에서 최선을 다하는 것이 우리가 살아가는 방법이 아니겠는가. 그것이 인생의 맛이라 생각한다. 그렇다고 노력하지 않고 그저 주저앉아 있을 수는 더더욱 없지 않던가. 주저앉아 있는다고 뭐가 해결되는 것도 없을 것이고, 나아지는 것도 없을 것이며, 누가 그렇게 주저앉아 있는 사람을 도와주려 할 것인가. 그러니 도움을 받고 싶은 마음에서라도 그렇게 주저앉아 있으면 안 된다. 더욱이 우리는 자연의 생명 기운을 받아 우리가 선택하여 태어난 자들이지 않던가. 그런 우리가 어찌 주저앉아 있을 수 있겠는가.

인생은 뒤로 갈 수 없다. 시간을 뒤로 돌릴 수 없으니 그렇다. 그렇다고 컴퓨터처럼 재부팅할 수 있는 것도 아니다. 인생은 앞으로만 갈 수 있는 일방통행이니 다른 선택의 여지가 없다. 되돌릴 수도 없고, 연습도 없는 것이다. 그래서 오늘 우리에게 주어진 시간 동안 우리 자신을 위해 뭔가 준비를 해야 하는 것이다. 우리가 목표한 것을 게을리하지 않고 준비한다면, 기회가 언제, 어떤 모습으로든 우리 앞에 나타나게 될 것이고, 그 기회를 잡을 수 있게 될 것이며, 우리도 그 행운을 맛볼 수 있을 것이라 생각한다. 어떻게 생각하는가.

지금 처한 상황에서 자신이 부족하다 해서 게으름을 피운다면, 내일의 희망은 그만큼 줄어들 것이다. 희망이 줄어드는 정도쯤이 된다면 뭘 그리 걱정할 필요가 있겠는가. 어쩌면 지금 누리고 있는 정도도 더 이상 지속될 수 없을지도 모르며, 더 안 좋은 지경으로 떨어질 수도 있을 것이다. 신세 한탄할 시간에 뭔가를 생각하고, 준비할 수 있는 우리가 된다면, 우리의 미래는 그야말로 희망 아니겠는가. 적어도 현재보다는 나아질 수 있지 않겠는가.

미국의 데일 카네기 연구소 설립자 데일 카네기Dale Carnegie의 사무실에는 '물이 빠져나간 황량한 바닷가에 낡은 배 한 척이 놓여 있는 장면'의 풍경화 한 점이 걸려 있다고 한다. 그 풍경화 그림 밑에는 "반드시 밀물 때가 온다."라고 씌어 있다고 한다. 비록 오늘의 현실은 썰물 때이지만, 분명한 것은 반드시 밀물 때가 온다는 것이겠다. 이것이 인생의 반전인지도 모른다. 그렇기에 살맛 나는 것인지도 모른다. 그러니 지금이 다라고 생각해서는 더욱 안 된다는 것이다. '배는 부두에 정박해 있기 위해 만들어진 것이 아니다. 썰물 때 정박해 있는 동안 다시 출항할 수 있도록 배를 손질하고, 고기를 잡을 수 있도록 그물에 이상이 없는지 살펴보며, 그물을 수선하거나 정리하기도 하고, 이런 저런 출항 준비를 해야 하는 것이다. 그렇게 준비하는 자만이 썰물 때가 지나고 드디어 밀물 때가 되었을 때, 바다로 출항을 하고 준비한 그물로 만선의 풍요로움을 누릴 수 있게 된다.'는 교훈을 담은 풍경화라 할 수 있다. 어려울수록 내일을 준비해야 한다는 지혜를 갖게 해주는 그림이라 하겠다.

인생이란 긴 여정에서 우리가 어떻게 살아야 하는지 생각하고, 우리의 꿈을 실현하기 위해 지금 당장 뭔가를 시작하고, 열심히 노력해야 할 것이다. 준비함을 잊지 말자. 우리가 해야만 하는 것을 누가 대신해줄 수 없다는 것을 잊지 말아야 한다. 비록 황소걸음처럼 느리게 걷는다 해도 한 걸음씩 준비하며 앞으로 걸어 나가다 보면, 스치듯 찾아드는 행운의 손길이 우리를 기쁘게 할 것이다. 스스로에게 이렇게 준비하고 있다고 자랑하면서, 오늘도 내일을 준비함을 게을리하지 말자.

몰입의 힘을
길러라

경험을 해본 적이 있는가? 어떤 것에 마음을 빼앗겨 정신없이 그것을 하다 보니 시간 가는 줄 몰랐던 경험 말이다. 순간 정신을 차리고 시계를 들여다 보니 "음, 벌써 이렇게 시간이 많이 지나갔네. 와, 정신없이 했네." 아마 이런 경험이 있었을 것이다.

게임을 할 때 흔히 경험해 보지 않았을까 한다. 이렇듯 무언가에 흠뻑 빠져 있거나, 현재 하고 있는 일에 심취한 무아지경의 상태를 몰입이라고 한다. 그래서 몰입은 주위의 모든 잡념, 방해물을 차단하고 자신이 원하는 어느 한 곳에 모든 정신을 모으는 것이다. 고도의 정신집중이라 말할 수 있다.

미국 심리학자이며 몰입이론의 창시자라 할 수 있는 미하이 칙센트미하이Mihaly Csikszentmihalyi에 의하면 우리가 몰입했을 때의 느낌은 "물 흐르는 것처럼 편안한 느낌", "하늘을 날아가는 자유로운 느낌"이라 했다. 생각해 보자. 우리도 그런 경험이 있는지. 그리고 우리가 몰입

상태에 이르게 되면, 평소와 다른 독특한 심리적 특성이 나타나게 된다고 한다.

첫째, 몰입 상태에서는 현재 하는 일에 대한 강렬한 주의 집중이 일어나는데, 이러한 주의 집중은 애써 노력하여 일어나는 것이 아니라, 그 일에 대한 흥미와 즐거움으로 인해 자발적으로 일어난다고 보는 것이다.

둘째, 현재 하고 있는 활동에 푹 빠져 '무아지경' 또는 '몰아지경'에 빠지게 되는 것이다. 흔히 의식을 잃은 혼수상태와는 다르게 자아는 완전히 기능하지만, 스스로 그것을 인식하지 못하는 상태가 되는 것이다.

셋째, 몰입상태에서는 자기와 환경의 구분이 거의 사라질 뿐만 아니라, 시간의 흐름도 망각하게 되는 것이다. 시간이 보통 때보다 빨리 지나가고 많은 일들이 짧은 시간 안에 펼쳐지는 것처럼 느껴지게 되는 것이다.

넷째, 몰입에 이르면 일 그 자체의 즐거움을 느끼며, 행복한 마음을 갖게 되는 것이다.

한마디로 우리가 하는 일이 공부든 일이든 몰입의 경지에 이르도록 해야 한다는 것이다. 즉 하는 일에 미쳐야 한다는 것이다. 우리가 꿈꾸는 자기실현을 위해서 우리가 갖고 있는 최대한의 모든 능력을 발휘할 수 있도록 노력해야 한다는 것이다. 불광불급不狂不及. 그렇게 하는데도 안 되겠는가!

'18시간 몰입의 법칙'이 있다. 하루 18시간 이상 꾸준히 실천하는 사람만이 리더가 되고 성공한다는 것이다. 미국의 발명가이자 사업가 토마스 에디슨Thomas Alva Edison이 발견하고 세상에 공개한 '18시간 몰입의 법칙'은 모든 리더들이 공통적으로 따랐다고 한다. 예를 들어 세종대왕, 이순신 장군, 알렉산더, 나폴레옹, 링컨, 간디 등 우리가 이름만 들어도 쉽게 알 수 있는 위인들이 평생 실천했다는 것이다.

이 법칙과 관련해서 에디슨은 "연구하는 것을 즐겁게 논다고 생각하세요. 책과 함께 놀고 시간과 함께 노는 겁니다. 숙제와 업무의 놀이로 생각하세요. 직장 상사를 만날 때도, 거래처 사람을 만날 때도 그것을 즐기세요. 지금 이 순간 제 자신을 생각해볼 때 저는 평생 즐기면서 지낸 것 같아요. 일과 연구를 즐긴 겁니다."라고 말했다고 한다. 결국 자기가 하는 공부든 일이든 놀이로 생각하고, 즐기라는 것이다. 그래야만 몰입을 할 수 있게 된다는 것이다. 또한『18시간 몰입의 법칙』을 쓴 이지성은 18시간 몰입의 법칙은 네 가지 원칙으로 구성되어 있다고 말하고 있다.

첫째, 눈뜨자마자 일을 생각하라.
둘째, 머릿속의 모든 생각을 언제나 일에 집중시켜라.
셋째, 무조건 하루 18시간은 일을 해라.
넷째, 꿈속에서조차 일하기를 소망하라.

또한 서울대학교 황농문 교수는『인생을 바꾸는 자기혁명 몰입』에서 "열심히 일하면 남들보다 2배 이상 잘하기도 힘들지만, 열심히 생각하면 남보다 10배, 100배, 1000배까지도 잘할 수 있다."고 했는데, 그야말로 열심히 일하는 것도 중요하지만, 더 중요한 것은 열심히 생각하는 것이 중요하다는 것이다.

우리가 열심히 생각하고, 몰입하여 사고를 한다면 우리의 뇌를 최대로 활용할 수 있으며, 자신의 능력을 100% 활용한다는 만족감과 지극한 행복감을 느낄 수 있다는 것이다. '생각' 자체는 눈에 보이지 않지만, 고도의 집중력을 발휘한 몰입은 확실히 눈에 띄는 생산적 결과를 만들어 낸다는 것이다.

황농문 교수에 따르면 "처음에는 엄두가 나지 않는 과제에 생각을 집중하고, 그 집중을 놓치지 않는다면 마침내 뇌가 그 답을 찾게 해줄 것이며, 그 과정에서 지고한 즐거움과 가치관의 변화도 경험할 수 있게 된다."는 것이다. 그렇다면 우리의 생활 패러다임을 열심히 일하는 'Work Hard'에서 생각을 열심히 하는 'Think Hard'로 전환을 꾀하도록 해야 할 것이고, 우리의 생활패턴을 바꾸도록 노력하는 것이 당연하지 않을까 싶다.

지금부터 시작하자. 지금까지의 생활패턴을 Think Hard의 패러다임으로 바꾸도록 노력하자. 우리가 열심히 공부하거나 일하는 것도 중요하지만, 생각을 다르게 해서 우리의 능력을 100% 활용한다는 만족감을 넘어 지극한 행복감을 느끼면서, 적극적이며 생산적이고 나아가 부가가치가 있는 생활패턴으로의 전환을 꾀함으로써 우리가 세상을 살아갈 도구를 더욱 경쟁력 있게 연마하자.

미래 직관력을 키워라

직관이란 무엇인가? 사전에 따르면 "감각의 작용으로 직접 외계의 사물에 관한 구체적인 지식을 얻음 또는 감각, 경험, 연상, 판단, 추리 따위의 사유 작용을 거치지 아니하고 대상을 직접적으로 파악하는 작용"이라 설명하고 있다. 즉, 직관은 관찰이나 사유의 과정을 거치지 않고 즉각 알아채는 능력이라 할 수 있다. 그야말로 한눈에 딱 알아보는 능력, 그 자체!

직관력이 왜 중요한가? 인생은 매 순간 선택이고, 그 선택의 연속이 인생이라 해도 틀린 말이 아닐 것이다. 우리는 하루에도 오만 가지 이상을 생각하며, 그것이 크든 작든 하루에도 몇십 번씩 선택을 해야 하는 순간에 놓이게 된다. 그럴 때마다 우리는 어떻게 하는가. 어떻게 선택을 하는가. 돌이킬 수 없는 것이 인생이기에 우리가 어떤 선택을 내리느냐에 따라서 우리의 인생이 180도로 달라질 수 있으며, 우리가 원하는 삶으로의 방향이 아닐 수도 있게 되는 것이리라.

미국 컬럼비아대학교 교수 윌리엄 더건William Duggan은 『제7의 감각』에서 세 가지 직관의 유형을 말하고 있다. 하나는 우리가 흔히 말하는 '육감', 즉 특별한 노력을 기울이지 않고, 본능적으로 느끼는 감정이라 할 수 있는 '평범한 직관'이다. 다른 하나는 과거의 반복적인 경험을 바탕으로 체득된 자신의 지식과 지혜를 바탕으로 한 순간적인 판단이라 할 수 있는 '전문적 직관'이다. 예를 들어 축구선수가 공을 트래킹할 때, 그 공이 어디에 떨어질지 정확하게 예측하는 능력과 같다. 이는 그간의 연습에 연습을 거듭해서 체득된 감을 바탕으로 한다 할 수 있다. 마지막으로 '전략적 직관'이다. 이는 오랫동안 고민하고 있던 문제를 한순간에 해결해 주는 통찰력이라 할 수 있다.

직관은 인간만이 가진 고유한 사고능력으로서 흔히 말하는 시각, 청각, 후각, 미각, 촉각을 나타내는 오감에 덧붙여 '제6의 감각'이라고 불리는 직감과 달리 '제7의 감각'이라고 부르는 것은 직감을 초월한 상태를 말하는 것이기에 그렇다. 직관은 창조적 전략으로 이어지며, 육감을 뛰어넘는 특수한 형태의 감각인 것이다.

창조적 전략으로 이어지는 직관과 관련해서 스티브 잡스가 한 말이 있다. "통찰력과 창의력은 사물을 연결하는 것에서 나온다. 기존에 존재하던 것들을 새롭게 연결해 이전에 없던 새로운 것을 합성해 내는 것이 핵심이다. 따라서 기존의 것과 연결해서 생산적인 것을 만들어 내기 위한 창조적 전략을 키워 나가도록 해야 하는 것이다." 다시 말해 기존의 것과 연결하는 데서 직관과 창의가 시작된다는 것이다.

세상은 눈에 보이지 않는 것이 더 많다. 우리의 미래는 더더욱 그러하다. 급변하는 세상에서 우리의 미래를 볼 수 있는 직관을 키워 나가기 위한 노력이 필요할 때이다. 오늘은 내일의 기회가 되는 시간이다. 내일의 기회를 만들어가는 힘은 미래를 읽는 직관력에 달려 있고, 그 직관력에 따라 오늘을 선택하고 준비해야 한다. 그렇기 때문에 세상의 흐름과 변화를 읽어내고, 그 속에서 우리의 삶을 행복하고 성공적이며, 희망 있는 삶으로 이끌어가기 위한 직관력이 필요한 것이다. 우리가 갖고 있는 평범한 직관을 벗어나, 전문적 직관을 키워나가도록 해야 하고, 미래를 내다볼 수 있도록 전략적 직관으로의 혜안을 갖도록 더욱 노력해야 하는 것이다. 미래를 알고 예견하고 선택하는 능력만큼 우리의 미래도 그만큼 밝아질 것이기 때문이다.

그렇게 하기 위해서는 어떻게 해야 하겠는가. 말하지 않아도 이미 더 잘 알고 있지 않을까 싶다. 굳이 말하자면, 우리의 미래를 생각해야 한다. 우리는 앞으로 미래의 세상이 어떻게 변화될 것인지를 예측하고 알고자 해야 한다. 그래야만 남보다 더 멀리까지 미래를 내다볼 수 있게 되고, 우리의 꿈을 실현할 미래에 대해서 제대로 선택하고 준비할 수 있게 되는 것이다.

우리는 5년 후, 10년 후, 20년 후, 그 이후 어떻게 변화될 것인가에 대해서 예측하고, 그에 맞춰 우리의 꿈을 실현하기 위한 미래를 설계하며, 선택에 의한 설계를 미래 예측에 맞게 수정하고 재수정하면서 우리의 인생 설계도를 꼼꼼하게 구체적으로 다듬으면서 오늘을 준비해 나가야 하는 것이다.

21세기 현재의 사회를 돌아보고 미래의 사회를 생각해 보자. 급속한 기술 발전, 시장의 글로벌화, 산업 간 경계 붕괴, 인공지능 로봇 등장 등등으로 인해 우리의 일과 관련된 주변 환경이 유례없이 빠르게 변화하고 있는 사회에서 우리의 꿈과 비전을 실현하기 위해 미래대응 및 지식창조를 해내려면 우리가 갖춰야 할 중요한 역량은 무엇일까? 그것은 세 가지로 요약할 수 있겠다. 첫째로는 미래에 대한 선견력이다. 둘째로는 미래의 흐름을 미리 내다보는 통찰력이고, 마지막은 세상이 요구하는 것에 맞춰 준비하는 실행력이다.

우리는 우리의 직관대로 우리의 삶을 개척해 나가게 된다. 직관은 우리가 하고 싶은 일을 이끌어 줄 것이니까 말이다. 그것이 우리가 꿈꾸는 삶이고, 우리의 인생이 될 것이 아니겠는가. 그런데 이렇게 우리의 인생을 개척해 나가기 위해서는 자기애와 자신에 대한 신뢰를 바탕으로 자신감과 신념을 갖는 것이 필요하다. 그리고 직관의 메시지에 귀를 기울이면서 우리 자신이 무엇을 원하고 무엇을 하고 싶은지 마음의 소리를 따르는 것이 중요하다. 그래야만 흔들림 없이 우리 자신의 직관에 의한 선택을 통해 우리 자신은 우리의 꿈을 향해 나가갈 수 있고, 그래야만 미래에 우리 자신의 꿈과 행복을 얻을 수 있기 때문이다.

직관과 관련하여 독일 태생의 이론 물리학자 알버트 아인슈타인Albert Einstein이 한마디 했다. "가장 유일하게 가치 있는 것은 직관이다. 신이 인간에게 내린 최고의 선물은 상상력과 직관이다." 프랑스의 미생물학자이자 노벨 생리의학상을 수상한 샤를 니콜Charles Nicolle도 "새로운 사실의 발견, 전진과 도약, 무지의 정복은 이성이 아니라 상상력과 직관이 하는 일이다."라고 했다. 이렇듯 인생을 살아감에 있어 직관은 매우 중요한 것이다. 21세기의 불확실한 미래를 살아가기 위한 우리의 인생길에서 직관력은 우리 인생의 선택키Key가 될 것이다.

'인생에는 세 번의 기회가 온다.'는 말이 있다. 그런데 그 인생길에

서 기회가 와도 그것을 알아차리지 못하는 사람이 있을 수 있고, 기회
가 왔다가 지나갔는지도 모르는 사람도 있을 수 있다. 적어도 우리는
우리에게 찾아온 기회를 포착하기 위해서라도 직관과 촉인 머리와 가
슴이 예민하게 반응할 수 있는 직관의 힘을 길러내야 하지 않겠는가.

끈기를
길러라

'포기하지 마'라는 노래가 있다. 가수 성진우가 부른 노래인데, 우리는 지금까지 살아오면서 한 번쯤은 누군가로부터 들어봤을 것이고, 한 번쯤은 누군가에게 이런 말을 해봤을 것이다. 사람이 살다 보면 포기하는 것도 있겠지만. 뭔가 이루어낸 사람들은 하나같이 포기하지 말라고 주문하고 있다. 포기하지 않는 한 희망은 있다고 한다. 그렇게 끈기를 가지고 절대 포기하지 않는다면, 우리의 꿈은 실현에 가까이 다가갈 것이고, 마침내는 실현될 것이라 생각한다.

2016년 3월 9일부터 전 세계의 눈이 집중된 가운데 서울에서 진행된 이세돌 9단과 인공지능 바둑 프로그램 알파고와의 세기의 바둑대국에서 이세돌이 알파고에게 3번의 불계패를 당했다. 그리고 13일 4번째 대국에서 1승을 거뒀다. 이는 세계를 놀라게 했다.

감동적인 일화가 있다. 이세돌이 인공지능 알파고에 3연패를 당했을 때, 한국 프로기사 몇몇 분이 위로차 이세돌 9단을 찾아갔는데, 이세돌 9단의 입에서는 단 한 번도 "힘들다."는 말이 나오지 않았다고 한다. 오직 실전 얘기뿐이었고, "아, 이게 말이죠…. 이 수가 더 나았을까요."라며 그간에 패한 1국부터 3국까지의 내용을 반복했다는 것이다. 결국 위로차 이세돌 9단을 방문했던 프로기사 몇몇은 이세돌과 함께 밤늦게까지 복기를 했고, "알파고도 약점이 있네요. 완벽하지 않아요. 내일 한번 해보죠."란 말을 했다고 한다. 그래서일까? 13일에 열린 4국에서는 이세돌 9단이 알파고를 불계승으로 이겼다. 경기에서 지면 아무리 프로기사라도 위로받길 원하는 것이 당연할 것이다. 그런데 이세돌 9단은 그런 상처의 흔적을 내보이지 않고 오직 '어떻게 이길 수 있을까. 내가 어떤 수를 두어야 하는가.'에만 몰입했다고 한다.

흔히 자기 자신과의 싸움에서 이겨야 한다고들 말한다. 어쩌면 참으로 쉽게 할 수 있는 말일 수 있다. 그러나 이세돌 9단의 이기고자 하는 집념과 이를 위한 끈기, 자신이 알파고에게 패해서는 안 된다고 하는 몰입정신, 더 나아가 자기 자신과의 싸움에서 이겨야 한다는 이 모든 것의 결정체가 네 번째 대국을 승리로 이끌었던 원동력이 아니었을까. 이세돌 9단에게서 끈기란 어떠해야 하는지 새삼 깨닫게 된다.

영국의 전 수상이었던 윈스턴 처칠Winston Leonard Spencer Churchill은 옥스퍼드대학교 졸업식에서 축사를 하였는데, 아주 유명한 연설로 평가받는 축사 중의 하나가 되었다.

"Never Give Up(포기하지 마라)!"
"Never, give up(절대로 포기하지 마라)!"
"Don't you ever and ever give up(무슨 일이 있어도 절대 포기하지 마라)!"

윈스턴 처칠 자신이 실제 삶에서 포기하지 않고 살아온 삶을 함축적으로 그대로 보여준 연설이기에 명연설로 평가받는다 할 수 있다. 또한 끈기와 관련해서 그는 "끊임없이 노력하라, 체력이나 지능이 아니라, 노력이야말로 잠재력의 자물쇠를 푸는 열쇠다."라고 말하기도 했다. 한 가지를 하더라도 매일 할 수 있는 끈기를 갖는 것이 중요하다 할 수 있지 않겠는가.

윈스턴 처칠은 포기하지 않는 삶을 몸소 보여주었다고 말할 수 있다. 처칠은 말더듬이 학습장애자로서 초등학교에서 꼴찌를 하는 등 희망이 없는 아이로 평가되었다. 중학교 때는 유급을 했고, 케임브리지나 옥스퍼드 대학교에 입학할 수 없어서 두 차례 낙방 끝에 육군사관학교에 들어갔다. 정치인으로서 첫 선거에서 낙선하고, 기자를 거쳐 겨우 당선될 수 있었다. 그렇지만 그는 정력적인 저술활동으로 1953년 노벨 문학상 수상자가 되었고 "국기를 내리고 항복하는 일은 절대 없을 것입니다. 대양에서도 싸우고, 해안에서도 싸울 것입니다. 결코 항복하지 않을 것입니다."라고 말하며 포기하지 않은 결연한 의지와 리더십으로 세계대전을 승리로 이끌어 2차 세계대전의 영웅, 위대한 정치인이 될 수 있었던 것이다.

어떤가. 역시 위대한 사람은 우리와 다른 뭔가가 있는 것 같다. 포기하는 것과 포기하지 않는 것의 차이라 할 수 있겠다. 좀 더 다르게 말하면, '프로가 되느냐.' '아마추어가 되느냐.' 하는 것과 같겠다. 우리는 우리가 하고자 하는 분야 또는 하는 분야에서 어떤 사람이 되고 싶은가? 물어보나 마나 그야 당연히 프로가 되는 거 아니겠는가. 그런데 아마추어이면서 프로 행세를 하고 있는 건 아닌가 생각해 봐야 할 것이다. 그럼 프로와 아마추어가 어떻게 다른가? 분명히 다른 것이 있다. 그렇기에 프로와 아마추어를 구분하는 것이 아니겠는가.

프로와 아마추어는 적어도 3가지로 구분할 수 있다. 하나는 프로는 명예를 중시한다 할 수 있지만, 아마추어는 명예보다는 부를 더 중시하는 경향이 있다. 우리는 어떤가. 명예를 중시하는가, 아니면 부를 중시하는가? 다른 하나는 물이 100도에서 끓듯이 프로는 완벽하게 준비가 되어 있지만 아마추어는 완벽하게 준비가 되어 있지 않으면서도 완벽하게 준비되어 있는 것처럼 행동한다는 것이다. 나머지 하나는 어떤 일을 하다 보면 일이 안 될 때가 있는데, 프로는 어떤 일을 하다가 잘못되었을 때 단순 실수로 받아들이지만, 아마추어는 실패로 받아들이고, 좌절하곤 하며, 때론 인생 전체를 실패로 받아들인다는 것이다.

이세돌 9단은 3번의 대국에서 3번 모두 참패하고 난 뒤 인터뷰에서 "인간이 진 것이 아니라, 이세돌이 진 것이다."라고 했다. 역시 '프로는 다르다.'는 것을 분명하게 느끼게 해주는 명 인터뷰라 하겠다. 우리는 프로가 되려고 하는 것인가, 아마추어가 되려고 하는 것인가. 설마, 아마추어이면서 프로 행세를 하고 있는 짝퉁은 아니겠다.

끈기와 관련해서 깊이 생각해 볼 것이 있다. 끈기는 단순히 포기하지 않고, 끝까지 노력하는 것이라 생각할 수 있다. 그야말로 고된 자기 인내의 과정이고, 노력의 시간이라 할 수 있겠다. 하지만 그럼에도 불구하고 끈기와 관련해서 빼놓을 수 없는 것이 '포기'와 '단념'이다. 이를테면 우리가 공부를 하든 일을 하든 그것에 끈기를 갖기 위해서는 포기하고 단념할 것이 있다는 것이다.

우리가 오늘날 지금의 모습을 갖게 된 것도 여기까지 오면서 뭔가를 포기했거나, 단념했기 때문에 가능했을 것이다. 그런데 여기서 한 번쯤 생각해 봐야 할 것이 '포기해야 할 것을 잡고서 놓지 않고 있으며, 결코 놓지 말아야 할 것을 너무도 쉽게 단념해 버리며 살아왔거나 살고 있는 것은 아닌지.' 우리 자신을 되돌아봐야 할 것이다.

이런 경험 해보았는가? 우리가 일상생활에서 끈기 있게 일을 해나가다 보면, 그 일이 쉬워지는 것처럼 느껴지게 될 때가 있다. 왜 그렇게 느껴진다고 생각하는가? 그것은 바로 그 일 자체가 쉬워져서가 아니라, 끈기 있게 그 일을 수행하는 동안에 그 일을 수행할 수 있는 우리의 능력이 그만큼 향상되었기 때문인 것이다. 그렇기에 우리 자신이 해낼 수 있다는 믿음을 먼저 가져야 하는 것이다. 그리고 끈기가 부족하다고 한다면, 끈기를 길러서라도 우리가 해야 할 일들을 포기하지 않고 수행해 나가야 하는 것이다. 그것을 하기에 지금 당장은 힘에 부치거나 버거울 수 있을지라도, 그 일을 해나가다 보면 그것을 해낼 수 있을 만큼의 능력이 붙게 되고, 마침내는 그 일을 해낼 수 있는 능력자가 되는 것이다. 그것이 성공적인 인생을 향해 살아가는 방법이 되어야겠고, 우리의 꿈과 비전을 이루어 내기 위한 우리의 자세가 되어야 함이 아니겠는가.

끈기를 기르는 방법은 없을까. 어떤 방법으로 끈기를 함양할 수 있는가. 적어도 다음과 같이 해 보자. 그래서 우리 내면에 잠재되어 있는 끈기에 대한 마음자세를 길러내 보자.

첫째, 재미를 찾아보고 붙여보도록 하는 것이다.
지금 뭘 하든 간에 하고 있는 것에 재미를 찾아보고, 붙여보도록 하는 것이다. "재미가 없는데 어떻게 재미를 붙이겠느냐?" 반문할 수 있다. 이럴 경우 그냥 막연하게 하는 것이 아니라 하는 일에 어떤 목표와 지향점이 있다면 지금 하는 것에 그 목표와 지향점에 의미를 두고 재미를 붙여 나가도록 하는 것이다.

공부든 일이든 해야 하는 것은 알겠지만, 아무리 참고 또 참고 '해야지, 해야지.' 해도 잘 되지 않는 것이 사실이다. 공부든 일이든 마음먹은 대로 다 잘 된다면, 다들 성공했을 것이다. 여기에 재미와 더불어 동기를 찾아 동기부여를 해야 하는 것이다. 또한 목표를 달성하기 위해 지금 하고 있는 것을 해야 하는데, 정말 하고 싶지 않다면 과감히 단념을 해보는 것도 하나의 방법이다. 그렇지 않고 해야 한다면, 그것이 공부든 일이든, 즐기면서 하자는 것이다. "피할 수 없으면 즐겨라."란 말처럼 우리가 하는 공부 방법을 살짝 바꿔본다든지, 일하는 방식이나 태도에서 조금이라도 변화를 줘 본다든지, 아무튼 뭔가를 바꾸거나 해서 그 안에서 재미를 찾아보고, 그 재미를 통해서 하는 일을 계속해서 해나갈 수 있는 계기를 마련해 보는 것이다. 그러다 보면 어느 순간 우리는 자신도 모르게 끈기 있게 그 일을 하고 있는 자기 자신을 발견하게 될 것이다.

둘째, 할 수 있다는 긍정심을 갖는 것이다.

해낼 수 있다는 마음을 갖는 것이다. 가끔씩 어려운 일을 당하게 되었을 때, "이 정도 힘든 걸 갖고 뭘 그러냐." 식으로 자신을 추스르면서 끝까지 해냈던 적이 종종 있었다. 예를 들어 보면, 책을 읽다가도 지루해서 읽기를 그만두고 싶을 때도 있었고, 책의 내용이 도무지 이해가 되지 않을 때도 종종 있었다. 그럴 때 나 자신의 한계를 느끼며 읽기를 중단하고픈 마음이 온몸을 엄습해 온다. 꼭 읽어야 하는 거라면 이런 생각을 하면서 마음을 추스르곤 했다. "이 책을 쓴 사람도 있는데, 이 책을 읽는 것이 뭐가 힘들다고 그러냐." 식으로 마음을 달래며 "끝까지 잘 읽어낼 수 있어, 나는 할 수 있어." 이렇게 나 자신을 다독이면서 끝까지 읽어나가곤 했던 적이 있다.

지금 공부를 하고 있다면, "왜 공부를 해야 하는 거지, 안 하면 안 되나?" 일을 하고 있다면, 역시 "이 일을 해야만 하나, 하지 않으면 안 되나? 내가 왜 이 일을 해야만 하는 거지?" 등과 같이 지금 하고 있는 것에 대해서 자문을 해보면서 자신의 마음을 추슬러 보는 것이다. 뭔가를 하다 보면 괜히 짜증이 나기도 하고, 하고 싶지도 않고… 이런저런 상념들이 엄습해 올 때가 왜 없겠는가. 있어야 하고, 있는 것이 당연하다.

그럼에도 반드시 해야 할 것들이라면, 우리의 생각을 바꿔보는 것이다. 백지 한 장보다도 얇은 것이 우리의 마음이 아니던가. 자꾸 우리가 하는 것에 방해가 되는 부정적인 생각들이 엄습해 올 때마다 그 생각에 꼬리를 물고 들어가는 것이 아니라 지금 하는 일을 함으로써, 또는 수행해 나가면서 "이것을 성취했구나." 또는 "이런 성과를 얻었구나." 식으로 얻어진 다소의 성과에 대한 성취감을 맛보고 느끼면서 부정적인 꼬리 물기에서 벗어나려고 해야 한다. 그러면서 "이런 성취감을 얻게 될 것이다. 이런 성과를 얻게 될 것이고, 이러면 이렇게 될 것이다." 식으로 차츰차츰 성취와 성과를 예언하면서, 긍정적인 방향으로 생각을 점차 바꿔 나가도록 하는 것이다. 그렇게 함으로써 중도에 포기할 수 있었을 공부든 일이든, 하고자 하는 것을 끝까지 해낼 수 있게 되는 것이고, 소기의 목적을 이루어낼 수 있게 되는 것이다.

셋째, 한 가지를 하더라도 매일 꾸준히 해나가는 것이다.

공부고, 일이고 꾸준히 하다 보면, 그것에 습관이 들고, 습관처럼 하루하루 수행해 나가다 보면, 꾸준히 끈기 있게 해나가게 되고, 그렇게 잘 해나가고 있는 우리를 발견하게 된다. 한 가지를 하더라도 매일 할 수 있는 끈기를 갖는 것이 중요한 것이다. 끈기가 있어야 뭔가 할 수 있고, 이루어낼 수 있다는 것을 되새겨야 한다.

노자가 끈기에 대해서 말씀하셨다. "큰 나무도 가느다란 가지에서 시작되는 것이다. 10층의 탑도 작은 벽돌을 하나씩 쌓아 올리는 데서 시작되는 것이다. 천 리 길도 한 걸음에서 시작되는 것이다. 마지막에 이르기까지 처음과 마찬가지로 주의를 기울이면 어떤 일도 해낼 수 있다."

아인슈타인은 인생을 자전거 타는 것에 비유하여 "인생은 자전거 타는 것과 같다. 당신이 균형을 잡으려면 계속 움직여야 한다."고 했으며, 또한 미국 하원의원 클라우드 페퍼Claude Pepper도 자전거 타는 것에 비유하여 끈기에 대해서 이렇게 말했다. "인생이란 자전거를 타는 것과 같다. 당신이 계속 페달을 밟는 한 당신은 넘어질 염려는 없다." 끈기란 바로 이런 것이다. 끈기가 있어야만 뭔가 시작한 것에 대한 성과든, 결과든 얻어낼 수 있게 되는 것이다.

더욱이 인생에 있어서 끈기는 우리가 원하는 삶을 살아갈 수 있게 해주는 꾸준한 실행이며, 지름길이다. 만약 우리 인생에 있어서 끈기가 없다면 시작은 있으되 꾸준한 실행으로 얻어지는 성과가 없을 것인데, 무엇을 기대할 수 있겠는가. 당연히 우리가 꿈꾸는 삶 또한 아름다운 무지갯빛이 되고 말 뿐 아니겠는가.

끈기는 우리가 원하는 삶을 살아갈 수 있게 하는 연속적인 실행을 이끄는 힘이며 그 연속적인 실행은 우리를 우리 자신이 원하는 삶으로 이끌어줄 것이고, 우리에게 행복하고 성공적인 삶을 선물할 것이리라. 자, 지금부터 끈기와 놀아보자!

변화와 진보를 꾀하라

    변화란 무엇이라고 생각하는가. 그리고 진화는 또 뭐라 생각하는가. 변화는 생명체의 근본이고, 살아 있다는 것이다. 우리도 하루하루 변화 없이 살아간다면 어디 살아 있다고 할 수 있겠는가. 진화는 우리가 태어난 이후부터 점진적으로 변해 가는 현상이라 할 수 있다. 또한 진화는 우리가 살아가면서 환경에 적응하고, 발전해 가는 과정이라 할 수 있다. 그러니 변화와 진화는 동시에 일어나는 것이고, 환경에 적응하고 발전해 가는 모습이라 할 수 있다. 그럼 진보는 무엇인가. 진보는 진화와 달리 정도나 수준이 나아지거나 높아지는 것으로서 의식된 변화이고 발전이라 할 수 있다.

    변화는 어디에서부터 시작되는 것일까? 마음이다. 그 변화는 우리의 마음에서부터 시작되는 것이다. 마음이 변화되지 않고는 그 어떤 변화도 꾀할 수 없는 것 아니겠는가. 마음에서 시작된 변화와 더불어 우리가 처한 환경에 적응해 나가기 위해서 조금씩이라도 뭔가를 하면서 발전해 가는 모습이 진화라 할 수 있는 것이다. 그렇기에 변화와 진화는 함께 일어나는 현상인 것이다.

세상이 빠르게 변하고 있다. 20세기와 다르게 21세기 지금은 더더욱 빠르게 변화하고 있다. 그런데 그렇게 빠르게 변한다는 세상을 우리는 얼마나 피부로 체감하고 있는가. 어쩌면 우리는 늘 손에 들고 다니는 스마트폰의 기능과 속도, 그리고 디자인의 변화에 민감하고 때론 새로 출시된 제품으로 다시 갈아타야 할지 갈등하는 정도의 변화만을 느끼는 것은 아닌지 모르겠다. 우리가 느끼는 스마트폰 기능의 변화는 21세기가 얼마나 빠르게 변화하고 있는가를 잘 보여주는 하나의 증표에 불과할 뿐이다. 이렇게 변화하고 진화되고 있는 세상 속에서 살고 있고, 살아가야 하는 우리는 어떻게 해야만 살아남을 수 있으며, 우리가 꿈꾸는 우리의 삶을 펼쳐나갈 수 있는 것일까.

"세상으로부터 변화를 요구받기보다는 먼저 변화해야 하고, 진보해야 한다."고 한다. 그것이 생존할 수 있는 방법이고, 생존전략의 하나라고 말들 한다. 그러나 그렇게 할 수 있다는 것이 얼마나 어려운지는 굳이 말로 하지 않아도 잘 알 것이다. 때론 우리가 그렇게 할 수 있을까, 그런 능력을 갖춰나갈 수 있을까, 미리 겁먹을 수도 있다. 하지만 우리가 살아가는 세상은 우리에게 주어진 축복의 시간이고, 멋지고 당당하게 살아갈 삶이란 걸 잊지 말아야 한다. 그렇기에 변화하는 세상에서 우리는 아웃사이더Outsider로 나앉아 있는 것이 아니라, 변화 속에서 변화의 흐름을 느끼고 그 변화로부터 요구받는 것에 대한 철저한 준비를 하면서 세상과 함께 변화하며 진보해 나가야 하는 것이다.

당연히 그래야만 한다는 것을 누가 모를까만은, 아는 것이 중요한 것이 아니라, 알고 있는 바를 실천하는 것이 더 중요하다. 행복하고 성공적인 삶을 살아가고 있는 사람들의 이야기를 들어보면 세상으로부터 변화와 진보를 요구받기에 앞서 세상의 변화를 읽어내며, 그 변화에 맞춰 진보를 꾀해야 한다고 주문하고 있다. 변화에 편승해서 그에 맞춰 준비하기도 바쁜데, 변화를 이끌어 나가야 한다는 것은 사실 더 어려운 일이다. 그럼에도 그렇게 할 수 있도록 노력해야 한다. 그것은 생존의 전략이고, 우리가 꿈꾸는 삶을 살아가기 위해 우리 앞에 놓인 길을 개척해 나가는 진보인 것이다.

세상살이에 무슨 지름길이 있겠는가. 그저 우리가 생각하는 인생길로 우리 스타일대로 뚜벅뚜벅 걸어 나가는 것이다. 꾸준히 준비하고 변화를 인지하면서, 주위 환경에 맞게 진보해 나가는 것만이 우리에게 주어진 삶을 적극적으로 살아가는 최선의 방법이라 생각한다. 적자생존이란 말이 있다. 생존경쟁의 세계에서 외계의 상태나 변화에 적합하거나 잘 적응하는 것만이 살아남는다는 것으로 하버트 스펜서 Herbert Spencer가 만든 말이며, C. 다윈Charles Robert Darwin은 『종의 기원』 제5판에서 이것을 자연선택에 대응하는 말로 표현하기도 했다.

스펜서는 1884년 저서인 『개인 대 국가The Man Versus The State』에서 적자생존이란 용어를 사용했는데, 그는 이 책에서 더 좋은 물건과 서비스를 제공하는 회사는 살아남아 시장을 점령하고, 이러한 소비자의 경향에 잘 따라오지 못하는 회사는 경쟁에 의해 도태된다는 이론을 주장하였다. 결국 세상의 변화를 인지하거나, 예측하고, 그에 적응하기 위한 대안을 마련하고, 요구되는 능력에 대해서 선 준비해 나간다면, 우리는 어떤 변화의 소용돌이에 놓인다 해도 살아남는 존재가 된다는 것임을 깨닫게 해주고 있다. 적자생존은 바로 시대적 변화와 진화에 맞춰 우리의 삶을 이끌어 나가는 삶의 방식이 되는 것이다.

우리가 환경의 적자가 되기 위해서는 우리가 처하거나 처할 환경에 따라 우리 자신을 변화시켜 나가야 하고, 변화시킬 수 있어야 하며, 그에 맞게 진보해 나갈 수 있어야 하는 것이다.

변화 리더가 되자. 그리고 진보해 나가자. 변화가 우리를 지배하기보다는 변화 앞에 서도록 노력해야 한다. 급격하게 변화하는 시기에 우리가 현재에 주저앉아 있어서는 안 된다. 우리의 삶이기에 우리가 이루어 내야 할 꿈이 있고, 이를 위한 목표를 향해 변화를 생활화해야 하고, 변화를 맞이할 준비를 함으로써 새로운 기회를 창출할 줄 아는 사람이 되어야 하는 것이다. '변화의 소용돌이에 들어가느냐, 아니면, 변화의 소용돌이 밖에 머무느냐.'다. 세상살이는 세상 사람만큼이나 다양하고, 그 다양한 사람들끼리 또 다른 변화와 시대적 트렌드를 만들어 내고 있음을 잊지 말자. 우리도 그리할 수 있는 힘이 있지 않은가.

나비효과Butterfly Effect가 있다. 아마존의 정글에서 날개를 파득거리는 나비의 날갯짓은 몇 주일 또는 몇 달 후 미국 텍사스에 토네이도를 발생시킬 수도 있다는 과학이론이다. 즉, 변화무쌍한 날씨의 예측이 힘든 이유를 '지구상 어디에서인가 일어난 조그만 변화로 인해 예측할 수 없는 날씨 현상이 나타났다.'는 것으로 설명한 것이다. 미국의 기상학자 에드워드 로렌츠Edward Norton Lorenz가 1961년 기상관측을 하다가 생각해 낸 원리인데, 훗날 물리학에서 말하는 카오스 이론Chaos Theory의 토대가 되었다고 한다.

21세기 세계화 시대에 나비효과는 더욱 강한 힘을 갖는다 하겠다.

디지털 혁명과 정보통신 기술의 비약적 발전으로 인해, 정보의 흐름이 매우 빨라지면서 지구촌 한구석의 미세한 변화가 순식간에 전 세계적으로 확산되고 있는 것과 같은 맥락이다.

지금 우리의 생각이 전 세계적으로 확산될 수 있는 아이템이 아니라고 누가 장담하겠는가. 우리의 꿈을 실현하기 위해서는 우리 방식대로 변화를 인식하고, 변화의 필요성을 절감해야 하며, 그에 맞춰진 인식의 전환이 필요하다. 그래서 자기계발을 위해서 무수한 시도를 해야 하고, 변화를 예측하고, 적응하기 위한 준비와 노력을 끝없이 해야 한다. 변화에 적응할 준비를 위하여 집중과 스스로의 행동패턴을 습관화해야 한다. 변화는 먼 곳에서 오는 것이 아니라, 우리 내면에서부터 시작된다. 그 변화를 이끄는 힘도 우리 내면에 존재한다. 하지만 쉽다면 누군들 못 하겠는가.

생각해 보자. 변화를 요구하는 시대에 변화를 해야 한다고 하면서 하지 못하는 것은 무엇 때문일까. 현재의 익숙함에서 나오는 것이 아닐까? 아니면 게으름? 그것도 아니면 변화에 대한 두려움? 영국의 철학자 제임스 앨런James Allen은 다음과 같이 말하면서 우리가 변화하지 못하거나 준비하지 못함을 일깨워 주고 있다.

변화와 준비

"당신이 이루거나 이루지 못하는 것들 모두는 당신이 품는 그 생각들의 직접적인 결과물이다. 오늘 당신은 당신의 생각들이 데려다준 그곳에 있고, 내일 당신은 당신의 생각들이 데려다줄 그곳에 있을 것이다. 마음속의 생각이 그대를 만들고, 미래의 모습을 만들고, 기쁨을 만들기도, 슬픔을 만들기도 한다. 마음속으로만 생각해도 현실로 나타난다."

또한 "생각하는 대로 살지 않으면, 사는 대로 생각한다."는 프랑스의 시인 폴 발레리Paul Valery의 말이 있지 않은가. 어떻게 살 것인가를 스스로에게 답해 보라. 그리고 러시아 문호 톨스토이Leo Tolstoy의 말도 되새겨 보자.

"모든 사람들이 세상을 바꾸겠다고 생각하지만, 어느 누구도 자기 자신을 바꿀 생각을 하지 않는다."

결국 변화가 없으면 생존할 수 없음이고, 그 변화는 세상이 아니라, 바로 우리 자신이라는 것을 명심, 또 명심하자.

Chapter **8**

시간과
행동을
지배하라

생각과 행동을
병행시켜라

우리는 '생각형'인가, '행동형'인가? 사람이 하루에 얼마나 많이 생각하는지 살펴보자. 사람은 하루에 대략 5만 가지 정도를 생각한다고 한다. 놀랍지 않은가. 이토록 엄청나게 많이 생각하는 것 중에서 우리가 의식하는 것은 극히 일부일 뿐이라는 것에 또 한 번 놀라지 않을 수 없다. 우리 중 누구든지 그럴 것이다. 눈만 감으면 상념에 사로잡히곤 하지 않던가. 이런저런 잡다한 생각들이 마음속을 들락날락거리지 않던가. 그래서 머리를 비워야 하느니, 뭐니 하면서 투덜거리곤 하지 않던가. 가끔 이를 핑계로 술 한잔 할 기회를 잡으려 하기도 하면서 말이다.

미국 심리학자 쉐드 헴스테더Shad Helmstetter 박사에 의하면, 우리가 하루에 대략 5만에서 6만 가지의 생각을 하는데, 그중에서 85%는 부정적인 생각이며, 겨우 15% 정도만이 긍정적인 생각이라는 것이다. 그러니까 하루의 대부분은 부정적인 생각을 하고 있는 것이고, 이런 부정적인 생각과 싸우면서 살아간다고 봐야 할 것이다. 하루하루 자기 자신과 싸우면서 보내야 하니 얼마나 힘들겠는가. 그러고 보니 늘 지쳐 있는 우리의 모습이 이해가 되기도 한다.

사람이 하루에 대략 5만 가지 정도를 생각하고 그것이 내적인 마음일 뿐이라지만, 그 내적인 마음에 따라 겉으로 행동이 나오게 된다. 그래서 행동은 생각에 의한 외적인 것이라 볼 수 있다. 내적인 생각과 외적인 행동이 조화를 이루어 내면 삶을 디자인할 수 있고 우리 자신의 꿈도 이루어 낼 수 있는 것이다. 왜냐하면 성취하는 것과 실패하는 것은 자신의 내면에 품고 있는 생각의 직접적인 결과로 볼 수 있으니까 말이다. 생각과 관련해서 제임스 앨런은 『위대한 생각의 힘』에서 이렇게 말하고 있다.

"사람을 성공시키거나 파멸시키는 것은 다름 아닌 그 자신이다. 생각이라는 무기고에서 우울함과 불화 같은 무기를 만들어 자신을 파멸시킬 수도 있고, 환희와 활력과 평화가 넘치는 천국 같은 집을 지을 도구를 만들 수도 있다. 올바른 생각을 선택하여 진실로 행함으로써 인간은 신과 같은 완벽한 경지에 오를 수 있다."

제임스 앨런의 말을 보더라도 생각의 힘이란 얼마나 큰 힘인지 알 수 있다. 생각을 통해서 외적으로 행동이 나오는 것이기 때문이다. 그렇기에 아무리 좋은 꿈을 갖고 있고, 소망함이 있어도 그것이 단순히 생각 속에만 있는 것이라면, 아무런 소용이 없을 것이다. 그것을 외적으로 실현해 내고자 하는 행동이 필요한 것이다. 즉 실천이 없다면, 그것은 단순히 생각으로만 머물러 있을 뿐이고, 결코 밖으로 나타나지 않을 내적인 마음의 흐름일 뿐이다.

　많은 사람들이 성공을 꿈꾸고 있지만, 성공하지 못하고, 그냥 주저 앉고 마는 것은 아마도 생각만 할 뿐, 그에 맞는 실천이 없어서일 것이다. 그래서 '시도하라.'란 말을 하게 된다. 시도하는 것이 행동의 시작이 되는 것이니까. 우리도 경험해 봤겠지만, 우리는 뭐든지 첫걸음을 떼기가 가장 힘든 것 같다. 첫걸음을 떼고 나면 죽이 되든, 밥이 되든 뭔가를 시작하게 되는데, 그 첫걸음이 문제가 된다. "첫술에 배부르랴."란 속담이 있다. 무슨 일이든지 단번에 만족하거나 이룰 수 없음을 이르는 말이나, 이를 달리 생각해 보면 첫술이라도 떠야 배가 부를 수 있게 된다는 뜻이기도 하다. 행동의 중요성을 일깨워 주고 있는 것이다.
　생각을 하고, 이 생각이 행동으로 이어지기 위해서는 자신을 믿는 신념이 있어야 한다. 행동이 제대로 나오지 않는 것은 신념이 부족해서라 할 수 있다. 자신에 대한 믿음이 없으면 생각을 행동으로 옮겨도 자신이 없고, 그 행동에 힘도 나지 않게 된다. 자신감과 확신이 없는데, 어찌 힘이 나겠는가. 자신에 대한 믿음을 갖고 생각한 바대로 자신의 꿈과 목표를 향해 나아가지 않는다면, 어떠한 결과도 얻지 못하게 되는 것이다.
　성공한 사람들과 그렇지 않은 사람들과의 차이는 크게 다를 바가 없다. 단지 생각을 행동으로 옮겼느냐, 옮기지 않았느냐의 차이라 할 수 있다. 성공한 사람들은 자신의 생각을 목표로 삼았고, 그 목표를 향해 첫발을 떼었다는 것이다. 바로 그 차이가 성공한 사람을 만든 것이다. 우리가 갖고 있는 꿈과 목표가 분명하다면, 그 목표를 향해서 성취 지향적으로 우리의 몸과 마음을 일치시키는 것이 중요하다. 우리가 생각한 것을 말로 확인하고, 자신과 약속하는 것이다. 그리고 그것을 실천에 옮기는 노력을 게을리하지 않는 것이다. 우리는 생각하는 몽상가가 아니라 행동하는 실천가가 되어야 하며, 세상 속에서 우리의 삶을 내다보기만 하는 선각자가 되기보다는 우리의 삶을 직접 가꿔내는 선구자가 되어야 한다.

우리는 지금 몽상가 혹은 실천가, 그 어느 쪽을 택할 것인가. 그 선택에 우리의 미래가 있고, 우리 꿈의 실현 여부가 달려 있을 것이리라. 우리의 꿈을 이루기 위해 생각한 것을 바로 지금 행동으로 일치시키자.

시간을
인식하라

시간은 무엇인가. 누구에게나 순간이 있고, 그 순간이 지나면 다시 그 순간은 자신의 것이 되지 않는다. 흘러간 것이기에 어떻게 할 수 없어 늘 후회하고, 또 후회하게 되는 시간. "만일 ~로 되돌아간다면, ~할 것이었는데." 식으로 한탄을 하곤 하는 시간. 그 사이 시간은 또 흘러간다. 이 시간이란 무엇인가.

우리 모두는 같은 하루를 살고 있다. 숫자로 적어놓은 단위의 시간이 아니라, 물리적으로 하루의 해가 뜨고, 다시 지는 공간적 자연의 흐름 속에서 똑같이 주어지는 하루를 살고 있다. 재물이 많은 사람이든, 아니든, 누구 할 것 없이 모든 사람들에게 하루 24시간이 부여된 것이다. 이렇게 누구에게나 똑같이 부여된 하루. 그 하루를 초로 계산하면 몇 초가 될까.

하루는 86,400초. 얼마나 많은 초인가. 째깍째깍 일 초, 일 초 시간이 흐르는 소리가 들리는가. 그런데 부여된 시간의 소중함을 모르고 있는 것은 아닌가. 시간을 어떻게 사용해야 할지 미숙한 상태로 그저 살아가고 있는 것은 아닌가. 그래서일까. 시테크니 하는 시간관리 프로그램들이 유행이었고, 관심 있는 사람이라면, 한 번쯤 이런 프로그램에 참여해 본 적이 있었을 법하다.

"시간은 금이다."란 말이 있다. 그만큼 시간의 희소성을 강조하고, 돈보다도 더 소중하다는 것임을 강조하는 말이겠다. 인간은 누구나 죽기 마련이다. 제아무리 부자요, 강자요, 권력자라 해도, 자연의 이치 앞에 어린 양처럼 순종한다. 죽음으로 말이다. 우리도 그렇게 순종할 것이지만···. 위풍당당한 모습에 모두들 감탄하고, 부러움을 사곤 하였던 인물들도 세월에 장사 없듯, 세월의 흔적들이 가득 묻어나고, 초라한 모습으로까지 비칠 때, 우리는 세월의 덧없음을 새삼 느껴보곤 하지 않던가.

시간이란 이처럼 우리에게는 한정된 요소임에는 틀림없다. 그러나 이 시간은 살아 있는 생명체가 누리게 되는 축복이다. 이렇게 부여받은 시간을 활용하지 못한다면, 이는 살아있는 생명체가 아닌 것이다. 우리에게 주어진 이 시간을 어떻게 활용하느냐에 따라 시간이 갖는 소중한 가치는 사람마다 다 다를 것이고, 그로 인한 삶의 과정과 결과 또한 다 다를 것이다. 일부는 말한다. "사는 게 뭐 있겠어. 그냥 이렇게 사는 거지." 정말 그럴까?

주위에서 흔히 볼 수 있는 일들이 있다. 학생이면 눈앞에 놓인 공부를 하느라 바빠 시간을 보내고, 직장인이면 눈앞에 닥친 급한 일을 처리하느라 바쁘게 세월을 보내는 모습들 말이다. 때론 흐르는 세월에 자기 자신을 내맡기며 유유자적하듯 세월을 낚는 강태공의 모습들.

Part 4. 실행력을 갖춰라

또한 어느 틈엔가 나이를 먹고, 그 나이 먹도록 이룬 일도 없고 시간만 이렇게 많이 흘렀음에 한탄하는 모습들 등등.

　나이 든 사람들이 "시간 있을 때 열심히 해 둬, 시간 다 지난 다음에 후회하지 말고!"라는 말들을 종종 하곤 한다. 그럴 때마다 귓등으로 듣고 넘기곤 한 것이 셀 수 없이 많을 것이다. 뻔한 소리 한다 싶지 않았었는가. 그런데 그 말 속에는 다 나름대로 의미가 있다. 그때가 지나면 다 후회하게 되니 그러지 말고, 지금 열심히 뭔가 하라는 뜻이다. 생각나는 시가 있다. 시인 류시화가 쓴 '지금 알고 있는 걸 그때도 알았더라면' 시를 함께 읽어보고 시간에 대해서 생각해 보자.

지금 알고 있는 걸 그때도 알았더라면

지금 알고 있는 걸 그때도 알았더라면
내 가슴이 말하는 것에 더 자주 귀 기울였으리라.

더 즐겁게 살고, 덜 고민했으리라.
금방 학교를 졸업하고 머지않아
직업을 가져야 한다는 걸 깨달았으리라.

아니, 그런 것들은 잊어버렸으리라.
다른 사람들이 나에 대해 말하는 것에는
신경 쓰지 않았으리라.
그 대신 내가 가진 생명력과 단단한 피부를
더 가치 있게 여겼으리라.'

더 많이 놀고, 덜 초조해했으리라.

진정한 아름다움은 자신의 인생을
사랑하는 데 있음을 기억했으리라.

부모가 날 얼마나 사랑하는가를 알고
또한 그들이 내게 최선을 다하고 있음을 믿었으리라.

사랑에 더 열중하고
그 결말에 대해선 덜 걱정했으리라.
설령 그것이 실패로 끝난다 해도
더 좋은 어떤 것이 기다리고 있음을 믿었으리라.

아, 나는 어린아이처럼 행동하는 걸 두려워하지 않았으리라.
더 많은 용기를 가졌으리라.
모든 사람에게서 좋은 면을 발견하고
그것들을 그들과 함께 나눴으리라.

지금 알고 있는 걸 그때도 알았더라면
나는 분명코 춤추는 법을 배웠으리라.
내 육체를 있는 그대로 좋아했으리라.
내가 만나는 사람을 신뢰하고
나 역시 누군가에게 신뢰할 만한 사람이 되었으리라.

입맞춤을 즐겼으리라.
정말로 자주 입을 맞췄으리라.
분명코 더 감사하고,

더 많이 행복해했으리라.
지금 내가 알고 있는 걸 그때도 알았더라면…

시간은 참으로 재미있는 것 같다. 누구에게나 똑같이 주어지지만, 그 시간을 덜 쓰고 남겨도 저장해 둘 수 없다. 저장했다가 다음에 필요할 때 꺼내 쓸 수가 없는 것이다. '시간을 저장한다.'는 말을 들어 보지 못하였을 것이다. 아마도 시간을 저장해서 쓸 수 있다면, 사람들은 주어진 시간을 아끼고 남겨서라도 엄청나게 저장해 뒀을 것이다. 필요할 때마다 시간을 꺼내서 사용하거나, 다른 사람에게 팔거나 양도하려고 말이다. 하지만 우리에게 주어진 하루의 시간은 우리가 쓰든, 쓰지 않든 그냥 흘러 지나가 버린다. 흘러가는 강물 같다고나 할까.

흘러가는 강물은 퍼 올려 그릇에 담는 사람이 임자가 되겠지만, 시간은 이도 아니다. 미국의 작가 케이 리온스Kay Lyons는 시간에 대해서 이렇게 말하고 있다. "어제는 부도난 수표다. 내일은 약속어음이다. 오늘이야말로 유일한 현금이다." 우리에게 주어진 시간은 과거도 아니고, 미래도 아닌 바로 현재다. 현재의 시간만이 유일하게 존재하는 시간일 뿐이다. 현재 우리에게 주어진 시간이 정말 소중하고, 그 소중한 시간을 어떻게 활용하느냐에 따라 우리의 인생이 달라진다는 참뜻이 담겨있다. '시간 죽이기' 또는 '시간 때우기'란 말을 들어봤거나 그런 말을 해봤을 것이다. 시간이 없다고 한탄하면서도 무한한 것처럼 낭비하고 있는 건 아닌지, 성찰해 봐야 한다.

한 번밖에 주어지지 않는 시간, 한번 지나가 버리면 영원히 되찾아 쓸 수 없는 시간, 지금 손에 들고 있는 현금보다 더 소중한 것일 수 있는 시간을 제대로 쓰지도 못하고, 그냥 흘려버리고 있는 것은 아닌지. 시간 관련해서도 성공한 사람들과 그렇지 않은 사람들은 차이를 보이고 있다. 성공한 사람들은 이 소중한 시간을 금쪽같이 귀하게 쪼개서 사용하고 있다는 것이 평범한 우리와 다른 점이다. 더글러스 아이베스터Douglas Ibester가 코카콜라 회장으로 재직할 때 발표한 신년사 중에 시간에 대한 가치를 표현한 것이 있다. 시간에 대해서 한 번 더 깊이 있게 생각해 보게 하는 의미 있는 말이다.

시간의 소중함

일 년의 소중함을 알고 싶으면,
입학시험에 떨어진 학생들에게 물어보라.
일 년이라는 시간이 얼마나 짧은지 알게 된다.

한 달의 소중함을 알고 싶으면,
미숙아를 낳은 산모에게 물어보라.
한 달의 시간이 얼마나 힘든 시간인지 알게 된다.

한 주의 소중함을 알고 싶으면,
주간잡지 편집장에게 물어보라.
한 주의 시간이 쉴 새 없이 돌아간다는 것을 알게 된다.

하루의 소중함을 알고 싶으면,
아이가 다섯이나 딸린 일일노동자에게 물어보라.
하루 24시간이 정말로 소중한 시간이라는 것을 알게 된다.

한 시간의 소중함을 알고 싶으면,
약속장소에서 애인을 기다리는 사람에게 물어보라.
한 시간이라는 시간이 정말로 길다는 것을 느끼게 된다.

일 분의 소중함을 알고 싶으면,
기차를 놓친 사람에게 물어보라.
일 분의 시간이 소중하다는 것을 알게 된다.

일 초의 소중함을 알고 싶으면,
간신히 교통사고를 모면한 사람에게 물어보라.
그 짧은 순간이 운명을 가를 수 있다는 것을 알게 된다.
1000분의 1초의 소중함을 알고 싶으면,
올림픽에서 아쉽게 은메달을 딴 사람에게 물어보라.
1000분의 1초에 신기록을 세울 수 있다는 것을 알게 된다.

당신이 가지는 모든 순간순간을 소중히 생각하라.
시간을 투자할 만큼 소중한 사람과 시간을 공유하기에
그 순간은 너무 소중하다.
시간은 아무도 기다려 주지 않는다.
어제는 이미 지나간 역사이며,
미래는 누구도 알 수 없는 신비의 세계이다.
오늘이야말로 당신에게 주어진 가장 최고의 선물이다.
그래서 우리는 현재(present['preznt])를
선물(present[préznt])이라 부른다.

우리의 시간은 우리의 탄생부터 시작된다. 그렇기에 하루하루의 소중함을 생각하며 현재를 살아야만 하고, 마치 오늘이 마지막 날인 것처럼! 그렇게 살아가야 하는 것이다. 우리의 삶은 유한하기에 싫든 좋든, 자연의 섭리에 순응하며, 그 끝이 있음을 명심해야 한다. 우리에게 주어진 시간이 다하는 날, 그래도 덜 후회하는 삶을 살았노라고 스스로 칭찬해 줄 수 있는 삶이 되도록 시간을 아껴야 하지 않겠는가.

좋은 습관을
만들라

우리는 좋은 습관이든, 좋지 않은 습관이든, 한 가지 정도는 갖고 있을 것이다. 좋은 습관이면 괜찮겠지만, 좋지 않은 습관이라면 버리지 못해 안달이 났을 것이다. 습관이란 반복시행을 통해서 쉽고 친숙해졌기 때문에 의식적·무의식적으로 심사숙고나 주저함이 없이 거의 자동적으로 하게 되는 행위이나 반응양식을 일컫는다고 한다. 신체적으로는 말할 것도 없고 정신적으로 갖게 되는 사고방식이나 표현방식, 태도 등에서도 습관이 나타난다곤 한다. 그래서 좋은 습관이면 신체적 행동으로 더 발전시켜 나가는 것이 좋고 나쁜 습관이면 지금 당장 버리는 게 나은 것이다. 습관은 한번 들이기는 쉬우나, 한번 들여진 습관을 버리기는 여간 어렵지 않다.

"습관이 무섭다."라는 말이 있다. "왜 무섭다."고 생각하는가? 습관은 오랫동안 되풀이되어 그렇게 하는 것이 일상적인 것처럼 되어 있는 일이나 행동이다. 그러다 보니 우리 몸에 배어 있는 습관은 우리가 떼려고 노력해도 잘 떼어지지도 않고, 이러면 안 되는데 생각해도 또다시 그런 행동이 나타나곤 한다. 그래서 우리가 갖고 있는 지식도 뛰어넘고 이성理性도 소용없다 할 수 있다. 그렇기에 개인적인 습관은 사회적인 습관으로 더 발전해 나갈 수 있으며, 때론 종교적인 관습으로 발전해 나가기도 한다고 하니 무섭다는 것이 이해가 될 법도 하다. 이렇듯 무서운 습관이 어떻게 우리에게 찾아들었느냐 하는 것이다.

습관을 막으려면, 습관이 처음에 우리에게 달라붙지 않도록 하면 될 것이다. 그 쉬운 방법을 사람들은 잘 모르는 것 같다. 습관은 처음에는 우연히 찾아든다. 그렇게 우연히 찾아든 습관이지만, 우리가 그것을 떼어내지 않고 무심결에 반복하다 보면 곧 단골이 되는 것이다. 그러다가 우리의 주인처럼 자리를 꿰차고 들어앉는 것이고, 우리의 행동이나 태도에도 영향을 주게 되는 것이다. 결국 우리의 꿈을 실현하느냐 못 하느냐는 습관이 우리의 하인이 되느냐, 우리의 주인이 되느냐에 달려 있다고 볼 수 있다는 것이다. 공감이 되는가?
한때는 '성격이 운명이다.'라는 말이 유행한 적도 있다. 그러다 '습관이 운명이다.'라는 말이 뒤따르게 되었다. 성격이 선천적인 것으로 본성과 유전적인 것을 강조한다면, 습관은 환경과 교육적인 것을 강조한 것이라 할 수 있다. 그래서 성격이 고정적이고, 개인의 고유한 특질이자 불변하는 것으로 인식될 수 있는 반면, 습관은 들일 수 있거나, 고칠 수 있는 것, 또는 배울 수 있는 것으로 간주될 수 있다.
아침에 일어나 밤이 되어 잠자리에 들 때까지 하루 인간이 행동하는 것 중에 80%는 습관적으로 하는 것이고, 나머지 20%만이 새로운 행동으로 이루어진다고 한다. 그리고 우리 행동의 약 40%가 의사결정의 결과가 아닌 습관 때문이라고도 한다. 습관은 우리가 알고 있는 상식과는 달리 기억, 이성적 판단과 더불어 우리 행동의 근원이 된다고 봐야 할 정도로 무의식적으로 우리의 행동을 지배하고 있는 것이다. 그래서일까? 미국의 심리학자 윌리엄 제임스는 "우리 삶이 일정한 형태를 띠는 한, 우리 삶은 습관 덩어리일 뿐이다."라고 했다. 그런 습관 덩어리 가운데서도 가장 중요한 습관이 있는데, 이를 '핵심습관'이라 했다. 핵심습관이란 개인의 삶이나 조직 활동에서 연쇄반응을 일으키는 습관으로, 우리의 건강과 생산성, 경제적 안정과 행복에 엄청난 영향을 미치는 것을 의미하는 것이다. 그래서 좋은 습관은 성공을 부른다는 것이다. 우리가 좋은 습관을 들여서 하루하루 생활한다면, 우리가 원하고 꿈꾸는 행복하고 성공하며 희망 있는 삶으로 진일보하는 것이라 할 수 있다. 습관이 우리의 희망 있는 삶으로 이끌어 줄 것이니까.

우리의 뇌는 우리 몸의 2%에 불과하다. 그런데 우리가 들이마시는 산소의 20~25%를 사용한다고 한다. 그만큼 뇌의 역할이 크다는 것이겠다. 그런데 뇌는 반복되는 것이나 일정한 패턴이 있는 것은 의식하지 않고도 자동적으로 행동하도록 프로그램화 해왔다는 것이 밝혀지고 있다. 그렇게 우리의 뇌는 진화해 온 것이다. 그렇기에 우리가 진정으로 꿈을 실현하기 위해서 당장 해야 할 일은 거창하고 큰 것이 아니라, 우리의 하루를 지배하고 있는 몸과 마음의 습관을 어떻게 길들이느냐에 달려 있다고 봐야 한다.

심리학자이면서 성형외과 의사인 『사이코사이버네틱스(마음의 유도장치)』 저자 맥스웰 말츠Maxwell Maltz에 의하면 "21일 동안 원하는 행동을 계속하면 습관이 된다."고 했고, 앞서 언급했듯이 제인 워들 교수 팀의 연구에 의하면 '보통 사람들이 66일이 지나면 생각이나 의지 없이 반사적으로 행동하는 것이 가능해진다.'고 했다. 물론 사람마다 커다란 편차가 있겠지만, 중요한 것은 21일이든 66일이든 반복적인 노력에 의해서 우리의 신체는 새로운 변화에 놀라울 정도로 적응한다는 것이다. 우리의 꿈을 실현하는 목표를 구체적으로 세우고, 목표 지향적으로 매일 그것을 반복적으로 실천하면, 곧 습관으로 길들여진다는 뜻이다. 이와 관련해서 러시아 문호 도스토예프스키Fyodor Mikhailovich Dostoevskii가 한마디 했다. "습관이란 인간으로 하여금 어떤 일이든지 하게 만든다." 우리의 꿈을 실현하기 위한 좋은 습관을 들여서 꾸준히 노력한다면 우리의 인격과 운명을 바꿔나갈 수 있다는 것이다.

습관으로 우리의 행동도 바뀌게 되고 인격도 바뀌게 되며, 운명까지도 바뀔 수 있다는 것이다. 지금 당장 마음부터 바꿔라. 낡은 마음을 버리고 새로운 마음을 가져야 한다. 우리가 우리의 꿈과 원하는 삶을 실현하기 위한 목표를 향해 나아가는 데 있어 나쁜 습관이라 생각되는 것은 버리고, 새롭고 멋진 습관은 들이도록 노력하자. 그리고 하루하루 하나하나 해나가야 할 작은 습관들은 몸에 익혀 나가도록 하자.

우리 눈에 운이 좋은 사람, 행운을 잡은 사람으로 비치는 사람일지라도, 그들 자신이 이루고자 하는 꿈의 실현과 목표를 향해 하나하나 습관을 들여 나가는 목표 지향적 '핵심습관'을 실행했기에 가능했던 것이다. 미국의 철학자이자 심리학자인 윌리엄 제임스는 "인간은 습관의 다발로 이루어진 존재다."라고 말하면서 '습관'과 관련해서 한마

디 했다. 생각이 우리의 인생을 좌우한다는 뜻임을 다시금 깨닫게 해
준다.

습관

생각을 바꾸면 행동이 바뀌고,
행동을 바꾸면 습관이 바뀌고,
습관을 바꾸면 성격이 바뀌고,
성격을 바꾸면 인격이 바뀌고,
인격을 바꾸면 운명이 바뀐다.

몸과 마음으로
노력하라

"노력하라." 이 말을 들으니, 어떤 생각이 드는가. 단지 귀가 따가운 가. 노력하지 않는다는 것은 공짜를 바라는 마음이다. 그런데 '세상에 공짜가 어디 있겠는가.' 지금까지 나름 노력하면서 여기까지 왔을 것이다. 때론 좌절도 했을 것이고, 힘든 고비마다 힘내자 스스로를 다독이면서 여기까지 왔을 것이다. 지치고 힘겹고, 이겨내기 어려운 고비마다 안간힘을 쓰면서 여기까지 왔을 것이다. 그러면서도 "왜 이리 힘든 거야." 하면서 주저앉고 싶은 심정이 한두 번이 아니었을 것이다.

우리는 기도하는 문화 속에 살고 있는 것 같다. 해가 바뀔 때마다 떠오르는 태양을 보면서, 1년 소망을 기원하고, 이루어지기를 빌고 또 비는 모습을 보곤 한다. 자신들의 신앙에 따라 교회를 찾든, 절을 찾든 하여 기도하는 사람들도 보게 되고, 신년 토정비결을 보는 사람들도 보게 된다. 정월 대보름이 되면, 동산 위로 휘영청 밝게 떠오르는 둥근 달을 바라보면서 빌고 비는 모습을 보곤 한다. 때론 돌탑을 쌓아놓은 곳을 지나칠 때면 눈에 띄는 조약돌을 주워 돌탑 위에 올려놓고 기도하는 모습도 심심찮게 보아왔다.

그렇게 신년을 맞이하고 그해를 보내고서 그해 연말이 되면, 또 어떻게 하는지 굳이 말하지 않아도 알 것이다. 말하나 마나 아니겠는가. 반성하기도 하고, 자성하기도 하고, 후회하기도 하고, 한탄하기도 하면서 저마다의 변명 아닌 변명을 이렇게 저렇게 늘어놓는 것이다. 한마디로 우리 자신을 성찰하는 시간이 되곤 한다. 그러다가 송구영신送舊迎新, 다시 신년을 맞이하게 되면, 소망을 빌고, 기도하곤 하지 않는가.

생각해 보자. '길흉화복吉凶禍福.' 인간세상은 길흉화복이다. 좋은 일과 언짢은 일, 재앙과 행복은 사람들이 살아가면서 흔히 겪게 되는 일이며, 뭇사람들이 겪는 인생사라 할 수 있다. 그렇기에 우리는 원하는 것을 소망하고, 이루어지기를 간절히 기도하는 것이다. 누가 건성으로 기도하겠는가. 그런데 우리의 소망이 이루어지기를 마음으로 기도하고 또 기도한들 그것이 이루어지겠는가 하는 것이다. 어쩌면 기도하는 수고만으로 요행을 바라는 마음을 감추고 있는 건 아닌지 생각해 볼 일이다. 뭔가를 해야 할 때, 실행과 기도가 함께 이루어진다면 모를까, 기도만 하고 있다면 이루어질 것이 아무것도 없을 것이리라. '노력하지 않고 소망이 이루어지는 것은 신만이 인간에게 줄 수 있는 선물'이라 생각한다. 이 세상에는 소망만 한다고 얻어지는 건 없다. 소망한다는 것은 우리가 그만큼 노력한다는 전제이고 약속인 것이다.

새해를 맞이하든 정월 대보름을 맞이하든, 우리는 소망하고 기도를 하지만, 정작 우리가 노력해야 할 몫은 빠져 있는 건 아닌가 싶다. 남들 놀 때 놀고, 남들 잘 때 자고, 남들 쉴 때 쉬고, 남들 먹을 때 먹고…. 그렇게 하고 싶지 않은 사람이 어디 있겠는가. 사람은 편해지고 싶고, 편해지면 질수록, 더 편해지고 싶은 것이 인지상정인데 말이다. 이에 맞는 한자성어 '기승기마 우사견자旣乘其馬 又思牽者' 즉 "말 타면 경마 잡히고 싶다."라는 뜻으로, 사람의 욕심은 끝이 없다는 말이다. '사람의 마음이란 이런 것이다.'를 보여주는 딱 맞는 말이 아니던가.

미국의 작가 윌리엄 A. 워드William Arthur Ward가 말했다. "남들이 잘 때 공부하고, 남들이 빈둥거릴 때 일하며, 남들이 놀 때 준비하고, 남들이 그저 바라기만 할 때 꿈을 갖는 것이 성공의 비결이다." 남들만큼 남들 따라 하는 정도라면, 우리가 꿈꾸는 성공은 저 멀리 떨어져 있을 것이고, 남들의 성공을 부럽게만 바라볼 뿐이란 것이다.

우리는 누군가의 꽃받침이 아니라 꽃이 되어야 한다. 성공하는 사람을 우러러보는 우리가 아니라 성공한 사람이 되어 다른 사람들이 우러러보게 해야 한다. '어느 날 눈을 떠 보니 스타가 되었다.'느니, '어느 날 일어나 보니 성공했다.'느니 하는 사람들을 보자. 그들은 말하고 있지 않던가. 피나는 노력을 했고 그 덕에 스타가 되었고, 성공했다는 말을 듣게 되었노라고…. 오늘날 성공했다는 사람들의 이면을 들여다보면, 실로 피눈물 나는 노력과 실패를 거듭하지 않은 사람이 없으며 성공에는 그 이상 노력의 대가가 뒤따른다는 것을 말해주고 있다.

정말 열심히 노력했는데 그 결과가 좋지 않을 때가 왜 없겠는가. 때론 노력이 성공을 보장해주지 않는다. 운도 따라야 한다는 것에 공감한다. 열심히 공부하고 부지런히 일하는 사람들이 힘들게 사는 모습도 주위에서 보곤 하니까 말이다. 그게 세상이고 세상살이다. "노력하면 반드시 성공한다."가 공식은 아닐 수 있다. 인생은 수학 공식이 아니기 때문이다. 아무 일도 하지 않았는데 부모님의 덕을 봐서 태어날 때부터 금수저를 입에 물고 태어나는 사람도 있다. 그 덕에 별 노력하지 않고 부를 누리며 사는 사람도 있고, 좋은 운명을 타고났는지 하는 일마다 잘되는 사람도 있다. 적어도 그렇게 보이는 사람들도 없는 것이 아니다. 이러한 현실은 세상살이가 반드시 공평한 것도 아니고, 노력만 한다고 해서 반드시 잘되고 성공한다는 것도 아니란 것을 터득시켜 준다.

그렇지만 한편으론 그들도 어쩌면 노력해서 그 환경을 얻었다고 생각한다. 무슨 말인가 하면, 부모로부터 태어날 환경이 만들어졌다 해도 정자가 난자와의 착상을 위해 끝까지 노력하지 않았더라면, 태어나지 못했을 것이고, 세상 빛을 보지 못했을 것이다. 제 운명을 스스로 개척한 것이다!

부모님의 좋은 환경이 아니라서 원망하겠는가. 아니면 자신의 신세를 한탄하며 그냥 이렇게 있으려는가. 아무런 노력도 하지 않으며 포기하듯 살아가려 하는 것인가. 어찌할 것인지는 우리의 선택에 달렸다. 우리가 태어난 것도 우리가 원해서 태어난 것이다. 부모님이 금수저를 입에 물고 태어날 환경은 만들어 주지 못했다 해도, 우리가 원해서 태어난 우리 삶인 것이고 그것도 우리 스스로 노력해서 태어난 것이다. 우리의 삶이다. 그러니 남의 운 좋은 것만 보지 말고, 스스로 운 좋은 일을 만들어 낸다는 생각을 하자. 이것이 더 중요한 것이다.

우리에게 태어날 2세에게 금수저를 입에 물려주지는 못할지라도, 지금보다는 나은 조건에서 태어나게 하고, 살게 해주려는 마음이라도 갖도록 하자. 우리가 노력하면 우리에게도 좋은 일이 함께할 것이라 믿

자. 지금까지 우리가 어떻게 살아왔는가. 요행만을 바라며 노력하지 않고 오늘날까지 살아온 것은 아닐 것이다. 지금의 이 정도나마 유지할 수 있었던 것은 우리 나름의 노력의 결과라고 할 수 있다. 그렇다면 앞으로의 삶을 어떻게 살고 싶은가. 아무런 노력도 하지 않으며 포기하듯 살아간다면, 다음에 어떤 삶을 얻을 수 있겠는가. 그렇기에 노력해야 하고, 그 노력의 과정에 우리 자신의 꿈이 피어나도록 해야 한다. 앞으로 어찌할 것인지는 지금 우리의 마음과 선택이 중요할 뿐이다.

세상에 태어났음에 감사한 마음으로 열심히 노력하자, 알고는 있지만, 느껴지지는 않는가? 아직은 먼 남의 소리라고 치부할 수도 있겠지만, 결국 우리의 삶은 유한이다. 우리뿐만 아니라 태어난 모든 피조물은 태어나면서 그 끝을 향해 가고 있는 것이다. 죽어지면 노력하고 싶어도 하지 못할 것이니 원 없이 해보는 것이 좋지 않겠는가.

크든 작든 성공한 사람들, 자신의 꿈을 이루어 내는 사람들은 긴 여정 동안 묵묵히 노력하고, 노력하고, 또 노력한 사람들이다. 그래서 그러지 못한 뭇사람들의 박수갈채를 받는 것이 아니겠는가. 우리도 그렇게 박수갈채를 받아보자. "오늘 걷지 않으면 내일은 뛰어야 한다. 지금 잠을 자면 꿈을 꾸지만, 잠을 자지 않으면 꿈을 이룬다."고 도스토옙스키는 말했다.

꿈을 꾸라고, 그리고 노력하라고. 우리의 꿈과 소망이 간절하다면, 그 목표를 향해 끊임없이 노력해 나가야 한다고 일깨워주고 있다. 비록 그 꿈과 소망이 이루어지지 못한다 해도 그 과정에서 행복이 있고, 그 나름의 결과를 얻게 될 것이기 때문이다. 단순 기다림이 아닌 노력에 의한 기다림을 함께하자. 오늘은 어제보다 덜 어리석은 우리가 되고, 내일을 꿈꾸자.

Input, Process, Output을
생각하라

 우리는 과정 지향적인가? 아니면 결과 지향적인가? 어느 쪽인지 생각해 보자. 대부분의 사람들은 두 가지 사고로 분류될 수 있다. '과정 지향형', '결과 지향형'이다. 간단히 말하면, 과정을 지향하는 사람들은 '이러이러한 일들이 있었으니까 이런 결과가 났구나.', '이렇게 하니까 이렇게 되는구나.' 식으로 그 과정을 더 생각하는 사람들이고, 결과를 지향하는 사람들은 그것이 이루어지는 동안에 어떤 일이 있었는지를 보기보다는 '지금 결과는 이렇고, 다음 목표는 이러이러하니, 이런 상황에서 다음에는 이렇게 해야 되겠구나.'식으로 생각하는 사람들이라 할 수 있다.

 두 부류 중 어떤 유형이 '더 좋다, 나쁘다.'를 말하려는 것이 아니다. 다만 지금 벌어진 상황이나 현상에 대해서 그 결과를 더 생각하고, 지금 하고 있는 일을 다시 하거나, 새로 뭔가를 해볼 때 결과 지향적으로 해 보라는 것이다. 그래서 어떤 차이가 있는가를 직접 보거나 느껴보라는 것이다.

과정 지향적인 사람은 과거나 현재의 현상이나 행동들에 대해서 깊이 생각하는 경향이 결과 지향적인 사람들보다는 더 있다. 이런 사고방식을 가진 사람들은 자신이 해오는 과정을 분석하고, 그 과정에서 문제가 있다 싶으면 수정하고, 수정해서 좋은 결과를 내려고 노력하는 형이라 할 수 있다. 그러니까 급진적으로 변하기보다는 점점 상승하는 인생 그래프를 그릴 수 있는 유형이라 할 수 있는 것이다.

반면, 결과 지향적인 사람은 지금의 어떤 사건이나 현상들은 이전의 어떤 사건이나 현상들의 결과들에 연속적으로 나타나는 또 하나의 현상으로 보는 것이다. 그러니까 지금 이런 현상이니까 이런 결과를 낳겠다고 생각하는 것이고, 그에 따라 미리 대비를 하게 되니 당연히 미래지향적인 행동을 하게 되는 것이다. 이런 유형의 사람들의 인생 그래프는 역동적인 파동을 그릴 수 있는 유형이라 할 수 있다.

지금은 21세기. "20세기 아날로그 시대가 과정 중심의 시대였다면, 21세기 디지털 시대는 결과 중심의 세계다."라고 말할 수 있다. 아무리 디지털 시대라 해도 우리가 살아가는 데는 과정이 중요하지 않은 것이 아니나, 그 과정만이 있고 결과가 없다면 어떻겠는가. 적어도 과정과 결과의 밸런스가 맞아야 할 것이다. 더욱이 지금 세상은 결과로 판단되는 시대다. 어쩌면 결과 없는 과정은 소용이 없다고도 할 만큼 결과를 지향하고 있다. 그만큼 각박해졌다는 뜻일 게다. 치열한 경쟁을 해야 하는 사회다 보니 결과를 생각하지 않을 수는 없다. 흔히 최선을 다했다는 말로 결과가 없거나 결과가 아주 미미한 과정을 정당화하거나 변명 아닌 변명으로 더 이상 대치할 수는 없다는 말이다.

"구슬이 서 말이라도 꿰어야 보배"란 말이 있다. 아무리 과정이 멋지게 잘 진행되었다 해도 결과가 없다면 무슨 소용이 있겠는가. 공염불일 뿐이란 것이다. 이러한 예는 스포츠 경기에서 많이 찾을 수 있다. 축구경기를 일례로 들어보자. 우리가 골 넣을 기회를 100번이나 가졌으나 골을 넣지 못하였다. 그런데 상대는 1번의 기회를 골로 성공시켰다면, 우리는 그 경기에서 진 것이다. 경기가 끝나고 난 뒤에 우리가 골 넣을 기회를 100번이나 가졌을 정도로 경기 운영 면에서 우세했다고 한들 누가 인정해 줄 것인가. 진 경기에 대한 하나의 변명에 불과할 뿐인 것이다.

우리는 지금을 생각해야 한다. 지금 하고 있는 것에 대한 것을 생각해야 한다. 왜 하는가에서부터 무엇을 얻으려고 하는가에 이르기까지 실행에 대한 결과를 생각해야 하고 그 결과를 어떻게 원하는 대로 잘 얻을 수 있는가를 고민해야 하는 것이다. 비록 작은 것이라도 의미 있는 결과를 만들어 내도록 해야 하는 것이다. 그렇게 쌓여진 결과들은 다음에 더 큰 결과로 이어지게 되고, 그때마다 성취의 기분을 느끼게 되는 것이다. 그 성취의 기분은 새로운 성취를 위한 동기가 되는 것이고, 그 다음을 해낼 에너지가 되는 것이다. 그래서 목표 지향적으로 생각하는 사람은 목표한 것이나 실행할 것을 행동으로 옮기는 실행력이 남보다 그만큼 더 빠르다. 그리고 그런 결과를 얻으려 더 책임감 있게, 더 성실히 그 일을 수행해 나가는 것이다. 그러니 자연히 일의 효율성도 높아지는 것이고. 자기 주도적으로 움직이니 더 적극적으로, 열정적으로 임하게 되는 것이다.

우리는 꿈이 있다. 그 꿈은 자칫 몽상으로 그칠 수도 있다. 그 꿈이

Part 4. 실행력을 갖춰라

꿈으로 남느냐, 현실로 실현되느냐는 우리의 실천에 달려 있다. 우리가 꾸는 꿈이 실현시켜야 하는 꿈이라면, 이제부터 그 꿈을 실현시키기 위하여 결과 지향적으로 생각하고, 행동을 해야 할 때이다. 여기에서 깊이 생각해봐야 할 것이 있다. 결과를 내기 위해서는 필수적으로 인풋Input이 있어야 하고, 그 인풋을 통한 과정Process이 있어야 하며, 그 과정의 여하에 따라서 상이한 결과Output가 나타나게 된다는 것을 살펴야 한다. 결과 지향적으로 생각하는 것이 중요하다고는 하나, 우리는 시대적 트렌드에 따라서인지 너무 결과만을 생각하는 경향이 있다.

결과의 질적 또는 양적인 면은 이미 인풋에 의하여 어느 정도 그 결과를 예측해 볼 수 있게 된다. 인풋은 인풋 되는 변수에 의해서 그 결과가 상이하게 나올 수 있기 때문이다. 사람마다 갖춰진 또는 갖추고 있는 내재된 조건인 인풋이 다 다르기 때문에 '아무리 과정이 잘 진행되었다 해도 인풋 조건의 여하에 따라서 얻어지는 결과가 다를 것이다.'라는 것은 뻔한 사실이다.

그렇다면 적어도 우리는 한 가지 사실은 깨달아야 한다. 지금 우리 자신이 갖고 있는 인풋의 조건이 어떠한가를 살펴야 한다는 것이다. 우리가 바라는 결과를 얻기 위해서 결과 지향적으로 생각하고, 그 과정을 잘 준비한다고 해도 우리의 현재 인풋의 조건이 어떠한지를 제대로 파악하지 않는다면 어떤 결과가 나올 것인지에 대한 예측은 분명해진다. 따라서 우리는 미래의 원하는 결과를 지향하기 위한 전제 조건으로서 현재 우리 자신의 조건을 살피고, 그에 맞춘 조건을 업그레이드해 놓아야 한다. 그래야만 원하는 바대로 제대로 된 결과를 얻어낼 수 있다. 그것이 세상의 순리다.

행복한
성공을
펼쳐라

Chapter 9

핵심가치를
잊지 말라

열정을 쏟고
간절히 열망하라

'열정Enthusiasm' 하면 뭐가 떠오르는가? 열정의 어원을 살펴보면, 열정은 엔테오스entheos라는 그리스어로 'en+theos', 즉 내재內在하는 신a God within이라는 뜻이다. 즉 '신theos이 내 안에 들어왔다'는 의미로 '신내린 사람처럼 무엇인가 집중하는 상태나 능력'을 말함이다. 사전적 의미로 봐도 열정은 '어떤 일에 열렬한 애정을 가지고 열중하는 마음'인 것이다.

사람마다 좀 다르겠지만 우리가 생각하는 열정은 '목숨 걸고 몰입하게 만드는 그 무엇으로서 배가 고파도, 잠을 자지 못해도, 힘든 일이 있어도 담담히 그 길을 걸어갈 수 있게 해주는 불같은 에너지'라 생각한다. 우리 모두가 그렇겠지만, 행복과 성공을 꿈꾸고 내일을 희망하며 살아간다. 그렇지 않은가. 다만 사람마다 그 꿈의 크기나 행복의 의미가 다를 것이고, 그 꿈의 크기나 행복의 희망 정도에 맞게 우리의 인생 목표도 다 다를 것이며, 쏟는 열정도 다를 것이라 생각한다.

사람에게 주어진 시간은 같다. 누구에게나 하루의 시간은 더도 덜도 아닌 24시간이다. 누구에게나 똑같이 주어진 하루 24시간이지만, 24시간 동안 무엇을, 어디에, 어떻게 투자하느냐에 따라 그 가치는 달라질 것이다. 비록 하루 24시간이라 해도 허송세월하듯 보내는 사람도 있을 것이고, 자신의 가치를 찾으려고 뭔가에 열정을 다하는 사람도 있을 것이다. 아님, 카지노 같은 오락실에 가서 일확천금을 꿈꾸며 도박을 하고 있는 사람도 있을 수 있다.

우리는 어떤가. 우리에게 주어진 하루도 다른 사람들에게 주어진 것처럼 24시간이다. 우리 모두는 그렇게 하루 24시간을 부여받았다. 그렇지만 그 하루 24시간의 쓰임은 다 다를 것이고, 그로 인한 결과가 각자 미래의 모습이 될 것이다. 그것을 깨닫고 좀 더 열정을 갖는다면 지금보다는 더 적극적인 생활을 할 것이라 생각한다. 물론 우리가 그것을 모를 리 없겠지만, 하루를 제대로 쓰는 사람은 많지 않다는 것이다. 그 결과로 나타난 것이 세상살이에서 성공하지 않은 사람들이 성공한 사람들보다 훨씬 많다는 것이 아니겠는가.

루마니아 작가 게오르규Constantin Virgil Gheorghiu가 쓴 소설 『25시』가 있다. 하루는 24시간이다. 동양이나, 서양이나 과거에도 하루는 24시간이었고 현재도 역시 하루는 24시간이다. 불변의 시간 틀이라 할 수 있다. 지구가 태양을 한 바퀴 도는 데 걸리는 시간 24시간을 하루로 정한 것이다. 그런데 소설 『25시』는 불변의 틀인, 자연의 질서를 깬 것이다. 하루 24시간을 하루 25시간으로 봤으니까. 왜, 그 작가는 불변의 틀을 깨면서까지 '25시'를 만들어 냈을까.

이 작품을 읽어본 사람들은 알겠지만, 제2차 세계대전을 배경으로 미·소 냉전시대의 틈바구니에 끼인 약소민족의 고난과 운명을 묘사

Part 5. 행복한 성공을 펼쳐라

한 작품이다. 외적으로는 모든 것이 절망적이고 그 상황이 해방되지 않을 것 같은, 더 이상의 인간의 세계가 아닐 만큼의 절망적인 상황을 가리키고 있으나, 내적으로는 인간의 시간인 하루 24시간에 인간의 시간이 아닌 1시간을 더 갖게 됨으로써 현실적으로 절망의 한계를 극복할 수 있는 인간의 가능성, 그리고 새로운 희망의 시간을 말하고 있음을 암시하고 있다.

오늘날 물질의 풍요 속에서 상대적 빈곤감이나 절망감에 휩싸여 스스로 좌절하거나 자포자기하여 삶을 망치는 이들이 늘어나는 것 같다. 이런 시대에 우리에게 정말 필요한 것은 시간일 것이다. 절망에 쓰러지는 것이 아니라, 그 한계를 극복하고 희망을 잃지 않고 살아갈 수 있게 하는 준비의 시간이 정말 필요한 것이다. 누구에게나 주어진 하루 24시간에서 우리 자신의 삶을 위하여 노력과 열정을 담아놓는 '우리다워지는 또 한 시간이 더 있다.'는 '가능성의 시간', '희망의 시간'을 만들어 보는 것이다. '우리의 삶을 위한 25시'를 만들어 보는 것이다.

미국의 발명가로 유명한 에디슨도, 영국의 윈스턴 처칠도, 벤저민 프랭클린도, 빌 게이츠도, 스티브 잡스는 물론 존 록펠러 등 성공한 위인들은 한결같이 말하고 있다. 열정, 그 열정을 가져라. 이렇듯 성공한 사람들은 저마다 열정을 갖고 있었고, 그들 자신이 세운 목표와 그들 자신에게 주어진 일을 해내려고 열정을 갖고 노력 이상의 몰입을 했다는 것이다. 이것이 우리와 다른 점이라 할 수 있고, 성공의 비결이라 할 수 있다. 이들이 이렇게 성공하기 전에는 우리와 같거나 우리보다도 못한 형편이었는지도 모른다. 그런 이들이 우리와 달랐던 점은 스스로를 이끄는 리더가 되어 주어진 일을 해내고자 하는 열정을 갖고 있었던 것이고, 열정을 갖고 주어진 일을 해내고자 스스로의 리더가 되었던 것이다.

'목표를 정복할 열정을 가져라.' 여기에 하나를 더하고 싶다. 열정을 가지는 것만으로 끝나서는 안 되고, 열정을 목표에 맞게 경영해야 한다는 것이다. 우리도 꿈을 실현하기 위하여 열정을 가진 사람이 되고, 스스로를 리딩하여 꿈을 실현해 나가는 리더가 되는 것이다. 우리 자신이 열정을 가지고 있는지 다음과 같이 우리 자신에게 물어보자.

첫째, 멍하게 있지 않고 생각을 하고 있는가. 꿈을 꾸고 목표를 세우고 꿈과 목표를 바라보고 앞으로 나아가는가?
둘째, 꿈을 이루기 위해 목표를 바라보며 밤을 새워가며 뭔가 우리 자신에게 투자하고 있는가?
셋째, 목표를 달성하여 꿈을 이루는 희망 있는 삶을 살고 있는가?

"하루하루 먹고살기에도 벅찬데 무슨 헛소리야."라는 식으로 말하려는 사람들도 있을 것이다. 해보지도 않고 말부터 앞세우는 부류들. 그런 사람들의 이야기에 귀 기울일 만큼 여유롭지 않다. 비록 우리가 그런 삶을 살고 있을지언정 열정을 가지고 하루하루의 삶에 충실해보라고 말해주고 싶다. 그렇게 하다 보면 어느 순간 자신이 가야 할 길이 열리고, 꿈을 향해 가고 있는 자신을 발견하게 될 것이리라.
열정을 갖는 것과 더불어 우리가 두려워해야 할 것이 있다. 그것은 바로 '포기'란 것이다. 선택적 포기를 하지 말라는 것이 아니다. 절대 포기해서는 안 될 것이면, 절대로 포기하지 말라는 것이다. 포기는 바로 우리 자신을 죽이는 것이니까. 열망에 대한 것을 잘 나타내 주는 이야기가 있다.

지중해 동쪽에 위치한 옛 키프로 섬에는 피그말리온이란 젊은 조각가가 살고 있었다. 그는 언제나 자신이 생각하는 이상적인 여자를 머릿속에 그리고 있었다. 그는 작업실에 커다란 상아를 세워놓고 자신이 바라는 이상형의 여자를 조각하기 시작했다. 그 상아탑을 바라보는 그의 눈은 반짝였고, 밥 먹는 것도, 자는 것도 잊고 조각에 몰두했다고 한다.

시작이 있으면, 끝이 있으니. 드디어 조각상이 완성되었다. 얼마나 정성을 들여 만들었는지 그 조각상은 마치 살아 있는 사람과 같았고, 인간처럼 보였다고 한다. 그는 아름다운 여인상을 진심으로 사랑하게 되었다. 그는 살아 있는 연인을 대하듯 조각상에 입맞춤도 하고, 피부가 움직일까 봐 눌러 보기도 하고, 옷을 입히기도 하고, 각종 장신구들로 치장을 해주기도 하였다. 자신이 할 수 있는 모든 정성을 바쳤다. 여신상을 너무 사랑한 나머지 그는 아프로디테의 신전에 가서 "신이시어, 저는 저의 조각상을 사랑하게 되었습니다. 간절히 비오니 상아로 만든 여인을 제 아내로 맞아들이게 해 주소서!" 조각상이 살아 있는 여인이 되어 자신과 함께 살 수 있도록 해달라고 기도했다.

그의 열렬한 기도에 감동한 아프로디테는 결국 그의 기도를 들어주었고, 조각상은 아름다운 여인으로 환생하게 되었던 것이다. 상아 조각상에서 진짜 여인으로 변한 자신의 연인에게 피그말리온은 '갈라테이아Galatea'라는 이름을 붙여 주었다. 두 사람은 그 후 아프로디테가 참석한 가운데 행복한 결혼식을 올려 부부가 되었다는 이야기이다.

간절한 열망이 기적을 이룬 이야기이다. 간절한 열망은 마력을 갖고 있다. 그 마력은 우리에게 꿈과 목표를 실현시켜 줄 성취동기를 부여해 줄 것이다. 그렇게 부여받은 성취동기는 우리를 행동으로 이끌게 될 것이고, 그 행동은 꿈과 목표 실현을 향한 성과를 창출해 내게 될 것이다.

『돈키호테』를 쓴 세르반테스Miguelde Cervantes나, 『파우스트』를 쓴 괴테를 생각해 보자. 세르반테스는 『돈키호테』라는 소설을 통해 자신의 꿈과 이상을 실현하기 위해서 끊임없이 새로운 미래에 도전하고, 연속되는 패배에 굴하지 않으며, 희망과 꿈을 꾸는 돈키호테 상을 만들었다. 괴테는 『파우스트』라는 소설에서 "인간은 노력하는 한 방황한다."는 말로 노력하는 인간의 참모습을 그려냈다. 이렇게 살아 숨 쉬며 꿈과 이상을 갖고 그것을 실현하기 위해서 노력하는 우리의 참모습이 바로 그 모습이며, '우리다움' 아니겠는가! 꿈과 목표를 이루기 위한 간절한 열망은 우리 인생의 비전이 되어 지금 당장은 불가능해 보이고 때론 무모해 보일지라도 결국 불가능이란 강물을 건너게 해주는 징검다리가 되어 줄 것이다.

우리가 꿈을 꾸고 있고, 그 꿈을 실현시킬 비전과 목표를 갖고 있다면, 이제는 '열망Desire'하라. 그것이 우리의 미래를 만들어줄 것이니까!

삶의 주인이 되어라

우리는 우리의 삶에 있어서 주인인가. 사람들이 삶을 살아가는 방식에는 저마다의 스타일이 있다. 그것을 뭐라 할 수 있는 사람은 아무도 없을 것이다. 삶에는 수식이 없고, 나와야 하는 값도 없다. 정해진 답도 없으며, 공식 또한 없다. 정해진 어떤 틀도 없다.

그렇기에 삶에서 '틀리다Wrong'란 있을 수 없다. '다르다Different'가 있을 뿐이다. 신을 믿는 사람은 신이 이끌어 주는 대로 살아간다고 할 것이고, 생각하는 사람은 자기 생각대로 살아간다고 할 것이다. 그리고 생각이 없는 사람은 그럭저럭 하루하루 살아간다고 말하는 사람도 있을 것이다. 사람 수만큼이나 살아가는 방식이 다르게 나올 법하다.

그럼 한번 진지하게 생각해 보자. 우리는 우리의 삶에서 주인인가. 머슴인가. 아니면 이방인인가. 아님 나그네인가. 이도저도 아니면 방관자인가. 주인과 머슴의 차이가 뭔지 아는가? 도산 안창호 선생은 일제 강점기인 1924년 한 일간지에 "당신은 주인입니까? 나그네입니까?"란 제하의 글을 통해 참 주인이란 "이 민족사회에 대한 영원한 책임정신이 있어야 한다."고 주장했다. 이처럼 주인이란 책임을 지는 사람이다. 책임정신이 있는 사람이어야 주인이란 뜻이다. 그런데 우리는…. 우리는 책임지고 있는가? 우리는 한 번 더 생각해 보자.

주인인가, 머슴인가. 우리의 삶에 책임을 지고 있는가, 책임을 진다면 어떤 식으로 지겠는가. 스스로의 삶이다. 때론 무분별한 행동을 해보기도 하고, 간섭하지 마라 떼쓰기도 하면서 어린 시절을 보내기도 했다. 그러면서 "내 인생은 나의 것"이라고 마음속으로 외쳐 보면서 우리 뜻대로 해보고 싶은 마음이 간절하기도 했다. '내 인생은 나의 것'이라는 가요가 있다. 1980년대 초반에 가수 민해경과 김현준이 함께 부르다가 민해경이 솔로로 불러 히트했던 노래인데, 억압적이고 가부장적인 가정에서 자란 당시 청소년들이 이 노래를 좋아하며 따라 부르자 학부모의 항의 전화가 방송국에 빗발쳤고, 결국 금지곡이 되었던 노래다. 한 번쯤 들어봤을 법도 한데, 가사가 재미있다.

내 인생은 나의 것

내 인생은 나의 것
내 인생은 나의 것
그냥 나에게 맡겨주세요.
내 인생은 나의 것
내 인생은 나의 것
나는 모든 것을 책임질 수 있어요.
(중략)
부모님이 부모님이 살아오신 그 길이

나의 인생은 될 수 없어요.
시대는 언제나 가고 가는 것
모든 것은 달라졌어요.
(중략)
내 인생은 나의 것
내 인생은 나의 것
그냥 나에게 맡겨 주세요.
(생략)

어떤가? 가사가 재미있지 않은가? 또한 프랑스의 작가·사상가이며 실존주의 철학자 장 폴 사르트르Jean Paul Sartre에 따르면 "인간은 다른 사물처럼 존재하는 것이 아니라 실존한다."라고 했다. 실존주의의 철학적 의미까지는 아니더라도 이는 곧 우리 자신에 대해 원래 결정된 바는 아무것도 없다는 것이고, 우리 자신이 존재하는 이유를 스스로 만들어 가는 것이란 뜻으로 풀이된다. 그래서 우리 자신이 무엇을 하고, 어떻게 살아야 할지를 스스로 결정하고, 자신의 본질을 만들어 나가야 하는 것이다. 우리가 우리 자신에 대한 실존적 생각을 통해서 우리가 마음먹은 대로 삶을 생각대로 결정하고 만들어 가기 위해서는 참 주인의식과 책임정신을 가질 때만이 가능할 것이겠다. 그런데 어떤가. 우리 뜻대로 해보고 싶은 마음이 간절하면서도 때론 익숙해진 주위로부터 벗어날까 봐 두려움을 갖기도 했고, 걱정하기도 했었을 것이며, 누군가 혜성같이 나타나 우리 자신을 도와주길 바라는 마음을 가지기도 했었을 것이다.

세상을 살아가면서 우리는 한 역할로만 살지 않게 된다. 가정에서는 누군가의 자녀, 배우자, 부모 등으로 살게 되고 사회에서는 하는 일에 따라서 갑甲의 위치에 서기도 하고, 을乙의 위치에 있기도 하다. 행위자로서는 주체자요, 관찰자요, 판단자요, 따르는 자이기도 하다.

태어나 나이 들어감에 따라 아이이기에, 학생이기에, 어른이기에, 성역할에 따라서 남자이기에, 여자이기에 등등 사회의 제 역할에 따라서 우리 자신을 만들고 지키기 위해서 필사적인 노력을 하고 있는 것 또한 사실이다. 그렇게 살아가는 동안에 "내 인생은 나의 것"이라고 외쳤던 그 마음은 사라진 지 오래고, 분명 나는 있는데, 내가 없음을 느낄 때가 있다.

세월 속에서 내 안의 나는 사라지고, 그 자리는 이방인이 차지하고, 나그네가 되어 가는 나를 채 인지하지도 못하였던 것인지도 모른다. 많은 사람들이 뒤늦게 "나를 찾아야겠다." "잃어버린 자신을 찾아 나서야겠다." 해서 여행 등을 해보곤 하지만, 진정 자신을 찾지 못하고, 오히려 방황하기만 하는 것은 아닌지 모르겠다.

왜 그렇겠는가? 잃어버린 자신을 찾아 나서 보지만, 진정한 자신을 찾지 못하는 것은 지금까지 살아오면서 그때마다 주어진 역할은 잘했는지 몰라도 진정한 주인공은 아니었고, 주체자이지 못하였기 때문이리라. 자신을 찾는 것도 누군가 도와주길 바라는 마음이 마음 한편에 자리 잡고 있기 때문은 아닌지 살펴보자.

세상은 우리 자신이 변화되지 않는 한 달라지지 않는다. 우리 자신이 우리가 살아가는 삶에서 주인공이고, 주체자이고, 주관자일 때, 세상은 달라지고, 진정한 우리 자신의 모습으로, 내 삶의 주인으로 세상살이를 할 수 있는 것이다. 삶이 즐겁고, 기쁨만 있는 것은 아닐 것이다. 편안하고, 안락한 것만 있는 것은 더더욱 아닐 것이다. 삶은 희로

애락이요, 새옹지마인 것이다.

　살다 보면 때론 힘겹고, 고단하고, 참고 인내하며, 이겨내야 할 고비들이 있다 한들 우리가 나그네가 아닌 주인이 된다면, 기쁨을 곳곳에서 찾을 것이고 행복감을 갖게 될 것이며, 행복한 삶을 이끌어나갈 것이라 생각한다. 그래도 우리 마음에 어떤 느낌이나 변화가 없다면, 우리가 우리 자신의 삶을 경영하는 CEO라 생각해 보자. 어떤 마음이 드는가? 우리는 우리 회사를 어떻게 경영하고 싶은가. 만일 적자일 때, 그 책임은 누가 질 것인가. 우리가 CEO라면 어떻게 책임을 질 것인가?

정신적 균형을 잃지 말라

우리는 매일 어떤 식으로든 우리 자신을 운영해 나가고 있다. 그야말로 우리 자신을 매일매일 경영해 나간다고 봐야 할 것이다. 우리는 자신을 경영해 나가는 CEO가 아니겠는가. 좁디좁은 세상, 어느 구석을 봐도 '최고만이 살아남는다.'고 강조되는 세상에서 우리도 어느새 최고가 되어야 한다는 것에 세뇌가 되어 발버둥 치며 살고 있는 건 아닌지 모르겠다. 서글픈 일이 아닐 수 없는 노릇이다.

어떨 때는 의지를 가지고 노력하고 노력하지만, 뜻대로 되지 않아 좌절하기도 하고, 자포자기도 한두 번이 아니었을 것이다. 그러다가 뭔가 작은 거라도 뜻대로 되면 세상을 모두 얻은 듯 자만하기도 하고, 어깨에 힘도 팍팍 주면서 거만해지기도 하였던 때가 있었을 것이겠다.

세상이 풍요로워졌는데, 최고만을 지향하는 세상에서 사람들과 사람들 사이에서 부대끼며 살아야 하기에 우리의 마음은 더욱 풍요롭지 않게 되고, 상대적으로 빈곤함을 더 느끼며, 황폐해져만 가는지도 모르겠다. 언제부터인가 '힐링'이란 말이 유행어가 된 듯하다. 저마다 뭐 하면 '힐링한다.'는 식이다. 그만큼 마음과 영혼이 우리라는 그릇에 담겨 있기보다는 이탈되어 있는 것 같다.

우리가 꿈을 실현하고, 목표를 이루기 위해서 공부도 하는 것이고, 일도 하는 것이 아닌가. 아마도 쉽게 동의하는 부분이라 생각한다. 우리가 가는 길에서 만나는 경쟁자들을 이겨내야 하고, 그들보다 더 앞서 나가야 하는 것이 당연한 세상살이겠다. 그렇게 하지 않고서야 어찌 우리의 꿈과 비전을 이루어낼 수 있겠는가 말이다. 맞는 말이다. 그래야만 이 좁은 땅에서 우리가 살아남게 되는 것이고, 적어도 몇몇 사람들의 인정도 받게 되는 것이 아니겠는가.

하지만 여기서 우리가 잊지 말아야 할 것이 있다. 무작정 우리의 꿈과 비전만을 내다보면서 앞으로 내달려 나가다 보면, 우리 자신을 잊게 되는 경우가 한동안 있을 것이고, 한동안 잊고 있었다가 그 잊었던 우리 자신을 깨닫게 되는 순간에 우리는 세월의 지나침에 후회 아닌 후회를 하게 될지도 모른다는 것이다. 유행가 제목에도 있다. "과거는 흘러갔다." 그래 맞다. 과거는 흘러갔다. 우리는 앞만을 내다보며 달려갔을 뿐, 더불어 생활하며 서로 공감할 수 있는 우리 삶의 여백이 주는 삶의 또 다른 맛을 느끼지를 못하고, 보지 못하며, 그동안 잊고 살았음에 후회하게 된다는 것이다. 유행가 가사처럼 "아련히 떠오르는 과거"가 될 것이고, "까맣게 멀어져 간 옛날"로 남아 있게 될 뿐이다.

백발의 성성함으로 많은 날들을 살아왔음을 알려주는 나이 든 분들의 말을 들어보면, "세상 뭐 별거 있어? 그냥 그렇게 사는 거지."라고 말씀을 하신다. 그럴 수 있다. 물론 앞만을 보고 달려도 한세상, 옆을 보고 달려도 한세상이니까 말이다. 삶에 초연한 마음에서 신선 같은 말씀을 주시나, 아직 삶에 미련이 많이 남은 우리는 깨닫지 못하거나, 깨달음에 미숙하기만 하니 여전히 앞만을 보고 달릴 뿐 아니던가.

생각해 보자. 우리가 왜 이렇게 아등바등 사는지. 저마다 다 이유가 있을 것이다. 세상은 우리에게 최고를 요구했고, 요구하고 있다. 지금까지 우리는 세상의 그런 요구에 발맞춰 살아왔고, 세상이 요구하는 대로 그에 맞춰 살아가고 있는 것이다. "그런데 그게 뭐, 어쨌다는 건데?"라고 되묻겠지만, 우리 자신을 깊이 좀 더 생각해 보자는 것이다. "우리 삶의 목적은 무엇인가." "무엇을 위해 이렇게 살고 있는가." 진정 우리는 최고를, 1등만을 위해 살고 있는 것인가. 아니면 돈을 목적으로 살고 있는 것인가. 그야말로 세속의 가치추구가 지상과제인가.

무엇이 우리를 이토록 각박한 삶으로 내몰았는지 생각해 보자. 적어도 우리의 진정한 행복을 안겨줄 삶의 의미를 찾아내자. 그런 삶이 되도록 자아를 경영하고 앞만이 아닌, 주변과도 함께 공감하고 숨 쉬며, 그 생명감을 느끼며 살아가자. 그래야 하지 않겠는가. 그것이 진정 '힐링'이요, 행복이며, 그것이 살맛이 아니겠는가.

그러기 위해서 우리가 지금 어디서 무엇을 하든지, 지금까지 익숙해져 있을 그간의 살아온 방식에서 우리의 새로운 삶을 위하여 경영방식을 바꿔보자. 지금까지 살아왔던 방식이 아닌 우리만을 위한 삶을 꾸려나가기 위한 방식으로 바꿔보는 것이다.

첫째, 소중한 사람들과 함께 숨 쉬고 나눌 수 있는 공동목표를 정하여 실천하도록 하자.

둘째, 우리가 소중하여 대접받고 싶은 마음이 있다. 당연히 다른 사람들 역시 그렇다. 그러니 적어도 주변 사람들만이라도 그렇게 대접하도록 하자.

셋째, 단순한 물질적인 추구나 타인과의 경쟁을 넘어 우리 자신이 추구하는 진정한 삶의 목표를 실현하기 위한 삶을 영위해 나갈 수 있도록 자기성찰을 생활화하도록 하자.

영감과 결단력을
길러라

창의성과 감성적 가치가 점점 더 중요해지는 하이콘셉트와 하이터치의 시대에 살고 있다. 하이콘셉트란 인간의 창의성과 독창성에 기반한 새로운 아이디어의 창출과 실현 능력이다. 하이터치는 하이콘셉트의 성공적 구현을 위해 필요한 것으로, 인간의 미묘한 감정을 이해하는 것, 공감을 이끌어 내는 것 등을 의미한다.

전통 농업사회를 지나 산업사회로, 정보화 사회를 거쳐 바이오·지식혁명 사회로, 이제는 인공지능이나 머신러닝 같은 신기술이 주도할 제4차산업혁명의 충격파가 몰려오고 있는 시대의 변화는 그 누구도 가늠하기조차 힘들 정도의 속도에 휩싸여 있다. 이런 '건조한 하이테크의 몸체에 따뜻한 하이터치의 심성을 심어주는 길밖에 없다.'고 미래학자 존 나이스비트John Naisbitt는 말했다. 질주하는 하이테크의 시대에 문화와 예술, 종교와 철학의 중요성이 강조되는 것도 "하이터치는 곧 휴먼터치다."라는 개념에 의한다고 볼 수 있다.

미국의 미래학자 앨빈 토플러Alvin Toffler는 그의 저서 『부의 미래』에서 무용지식Obsoledge에 대비되는 영감지식Sparkedge과 통찰지식Blinkledge을 개발해야 한다고 말하고 있다. 무용지식이란 무용함Obsolete과 지식Knowledge을 합성한 신조어로 정보의 홍수와 쓰레기 정보의 범람 그리고 워낙 빠른 변화로 항상 업데이트하지 않으면 곧 쓸모가 없어져버리는 과거의 지식을 일컫는 말이다. 따라서 데이터와 정보, 지식이 우리 주변에서 홍수를 이루고 있지만, 우리가 알고 있는 사실들의 많은 부분이 점점 더 진실에서 멀어지고 있다고 봐야 한다.

앨빈 토플러는 『부의 미래』에서 이런 시대의 특징을 무용지식의 함정이라고 표현하고 있으며, 비즈니스 사상가 다니엘 핑크Daniel Pink는 이런 시대에 요구되는 미래인재에 대한 업그레이드를 언급하면서 6가지 필수 하이콘셉트·하이터치 재능을 연마하고 양쪽 뇌를 모두 사용하는 새로운 방법을 제시하고 있다.

첫째, 기능만으로 안 되고 디자인으로 승부해야 한다.
둘째, 단순한 주장만으로 안 되고 스토리를 겸비해야 한다.
셋째, 집중만으로 안 되고 조화를 이루어야 한다.
넷째, 논리만으로 안 되고 공감이 필요하다.
다섯째, 지지한 것만으로 안 되고 놀이도 필요하다.
여섯째, 물질의 축적만으로 부족하고 의미를 찾아야 한다.

다니엘 핑크가 제시하고 있는 미래 인재 키워드인 디자인, 스토리, 조화, 공감, 놀이, 의미의 6가지 재능은 점점 더 시대적 요구가 될 것이고, 이런 능력을 겸비하면 할수록 우리가 세상 속에서 점점 더 업그레이드될 것이다.

이렇듯 미래학자들은 미래를 살아가기 위해서 현재에 무엇을 어떻게 준비해야 하는지에 대한 메시지를 보내고 있다. 그와 관련해서 "변화의 속도가 빨라질수록 '유용지식'이 '무용지식'으로 변화하는 속도 또한 빨라진다."고 앨빈 토플러가 언급한 말을 되새길 필요가 있다.

우리는 무용지식에 함몰되어 있어 새롭게 요구되고, 갖춰야 하는 인재 키워드를 놓치고 있는 것은 아닌가. 또한 21세기 글로벌 무한경쟁시대에서 우리의 꿈을 실현하는 인재로 성장하기 위해서는 함께 함양해야 하는 것이 영감과 통찰능력이며 동시에 '결단'이다. "순간의 선택이 10년을 좌우한다."는 광고 문구가 있었다. 그렇지만, 인생에서는 순간의 선택이 10년이 아닌 평생을 좌우한다.

삶은 그것이 중요하든 중요하지 않든 매 순간 선택과 결정을 해야만 한다. 그 결정들이 쌓여 우리의 인생을 좌우하게 되는 것이다. 빠르게 변해가는 세상에서 빠른 결정을 내린다는 것은 그만큼 중요한 것이고, 그 결정은 우리의 인생을 만들어 내는 연속적 과정이 된다. 그렇기 때문에 순간의 빠른 결정을 하기 위해서는 미래에 대한 예감이나 느낌인 영감을 갖고 있어야 하며, 사물이나 현상을 꿰뚫어 보는 능력인 통찰능력을 갖추도록 해야 한다. 그렇기에 영감과 통찰력을 바탕으로 한 미래지향적 결정을 하도록 우리 자신을 업그레이드시켜 나가야 한다.

이렇게 빠른 변화 속에서 우리가 선택하고, 결단을 내려야 하는 순간, 그 판단 기준은 무엇이 되어야 하는가. 그것은 당연히 우리의 꿈이고, 비전이며 목표가 되어야 한다. 인류 역사는 끊임없이 무엇인가를 이루고자 노력했던 사람들의 위대한 결단의 산물이 아니었던가. 우리는 우리 자신을 위한 결단으로 우리의 역사를 새롭게 쓰도록 해야 한다. 그런데 우리의 삶에서 어떤 결단을 내린다는 것은 우리의 꿈을 실현시킬 수 있는 목표를 수행할 능력과 노력이 있어야 가능한 일일 것이다. 실행이 따르는 결단이야말로 우리 자신의 꿈을 실현할 수 있는 성공의 출발이 되기 때문이다. 그래서 진정한 결단이란 꿈을 실현할 목표를 설정하고, 그 목표에 도달하기 위한 행동을 하는 것으로, 실행 없는 결단은 아무런 의미가 없는 공허한 것일 뿐이다. 그래서 결단을 하는 데는 진정한 용기가 필요하고, 결단은 실행이 전제가 되어야 하는 것이다.

나폴레옹 힐의 '29초 이야기'를 엿보자. 변호사를 꿈꾸는 평범한 대학생이었던 나폴레옹 힐은 잡지의 객원기자로 아르바이트를 하면서 세계 최고의 부자였던 강철왕 카네기와 첫 인터뷰를 하게 되었다. 당시 73세인 카네기와 20세의 청년이 사흘 밤낮으로 인생 전반과 철학, 가치관에 대하여 이야기를 나누었다. 그리고 마지막 날 카네기는 자신의 새로운 철학을 사업적으로 구체화시키는 작업을 제안했다. 그는 "20년 정도 걸리는 일이고 금전적인 원조는 없다."는 전제로 할지 안 할지 한 가지로만 대답할 것을 요구했다. 이에 나폴레옹 힐은 잠시 망설였지만, 시간을 끌어서는 안 되겠다는 생각에 곧바로 "꼭 하겠다." 고 답변을 했다. 그러자 카네기가 스톱워치를 꺼내며 29초가 걸렸고, 만약 1분이 넘었으면 제안을 철회했을 것이라는 얘기를 했다. 만약 이런 결단을 1분 안에 내리지 못하는 사람이라면, 어떤 것을 해도 제대로 못한다는 설명도 곁들였다.

카네기는 나폴레옹 힐 이외에도 이미 260명이나 되는 사람들에게 동일한 제안을 했지만, 1분 안에 대답을 한 사람은 아무도 없었다. 나폴레옹 힐은 20년 후에 미국 최고의 성공철학자가 되었다. 만약 카네기가 나폴레옹 힐이 아니라, 우리에게 그런 제안을 했더라면, 우리는 어떻게 답을 했을까. "Yes or No?" 어느 쪽인가. 답을 했다면 몇 초 만에 했었을까.

"주사위는 던져졌다."는 말이 있다. 이 말은 율리우스 카이사르가 기원전 49년 1월 12일 군대를 이끌고 루비콘 강을 건너 이탈리아 북부로 진격하면서 했다고 알려진 말이다. 당시 카이사르는 루비콘 강을 건너면 로마의 국법을 어기는 것이고 다시 돌아올 수 없는 내전으로 치닫는다는 것을 강조하면서 이 말을 사용했다고 하고(인터넷 위키백과), 에디슨도 "우리가 진정으로 하겠다는 결단을 내리는 순간 하늘도 움직이기 시작했다."고 했듯이, 결단을 하면 반드시 행동으로 이어져야 한다는 것이다. 그 행동에 의해서 우리의 꿈과 비전이 실현될 수 있는 목표에 다가갈 수 있게 되는 것이다.

우리의 꿈과 비전을 실현하기 위하여 지금 우리가 무엇을 해야 할지를 예감하는 영감과 그에 따른 용기 있는 결단을 위한 노력을 게을리하지 말아야 한다. 지금 어떤 영감이 떠오르는가, 그러면 어떤 결단을 할 것인가.

스스로에게
동기를 부여하라

동기를 부여하라. 동기를 부여하란 말이 뭔지 아는가? '움직이게 한다.'라는 말이다. 자발적인 행동을 이끌어 내고, 계속적으로 그 일을 하게 하는 것을 말하는 것으로, 어떤 사람으로 하여금 목표 달성을 향해 행동하도록 자극하여 의지가 생기도록 하고, 구체적인 행동을 유도하고 이끌며, 그 행동을 지속하게 하는 것이라 할 수 있다.

사전적 의미를 봐도 알 수 있다. "학습자의 학습 의욕을 불러일으키는 일, 또는 자극을 주어 생활체로 하여금 행동을 하게 만드는 일"로 정의되어 있다. 그러니까 사람들로 하여금 행동을 하게 만드는 일로, 특정 사물을 학습하려는 의욕을 불러일으키는 일인 것이다.

우리가 살아가면서 뭔가에 좌절하고, 지치고, 때론 쓰러질 만큼 힘겨워 비틀거릴 때도 있었다. 뭔가에 자신감이 없어 움츠러들거나 그냥 주저앉아 버리고 싶었을 때가 한두 번이 아니었을 것이다. 현재의 우리가 되기 위해서 겪어왔던 크고 작은 일들을 다 기억해서 무엇 하라. 그렇지 않은가?

사람들은 흔히 말들을 하곤 한다. "세상살이는 말야, 혼자만 이런저런 일들을 겪는 것도 아니고, 당하는 것도 아니야. 때론 좌절을 맛보기도 하고, 실패도 해보면서, 이겨내기도 하고, 이겨내며 살아가는 것이야. 세상살이가 뭐 그리 쉬운지 아는가." 맞다. 맞는 말이다. 세상살이가 쉽지 않으니…. 쉽다면 누군들 성공하지 못하고, 부귀영화를 누리지 못할 사람이 어디 있겠으며, 고단한 인생길이란 말이 왜 나왔겠는가.

그러나 정작 그런 일을 겪거나 당하는 입장에서는 너무도 힘든 일이 된다. 오죽하면 죽고 싶다는 생각을 하기도 하고, 죽기까지 할까. 우리가 아무리 이해하려 해도 본인이 아닌 이상 어찌 그 심정을 다 헤아리고 다 알 수 있다 말할 수 있겠는가.

우리가 힘겨워 움츠러들고 지쳐 있을 때, 좌절하고, 주저앉아 있을 때, 남들로부터 격려 받고, 동기를 부여받으며 다시 힘을 내어 일어섰던 때가 있었을 것이다. 때론 우리처럼 누군가가 낙담해 있을 때, 그 사람을 격려하기도 했을 것이다. 이렇듯 실제로 누구로부터 격려 받고 동기를 부여받으면, 용기를 내고 다시 일어설 수 있는 큰 힘을 얻게 되는 것이 사실이다.

한번 생각해 볼 것이 남으로부터 동기를 부여받는 것이 더 큰 힘이 생길까, 아님 자기 자신으로부터 동기를 부여받는 것이 더 큰 힘이 생길까 하는 것이다. 당연히 우리가 우리 자신에게 동기를 부여해 줄 때 더 힘이 생겨나고, 더 큰 용기가 생기게 된다는 걸 알 것이다. 그러니 우리는 적어도 우리 자신에게 동기를 부여해 주는 '동기 부여자'가 되

Part 5. 행복한 성공을 펼쳐라

어야 한다. 스스로에게 동기 부여자가 되려면 어떻게 해야 하는가.

첫째, 우리 자신에게 물어보자.

우리가 이루고자 하는 꿈은 무엇인지, 그리고 그 꿈을 얼마나 간절히 이루어 내고 싶은지. 그 꿈을 이루어 내기 위한 구체적 목표를 설정했는지, 그러면서 스스로가 그 꿈을 이루어 내겠다는 자신에 대한 강한 믿음을 가졌는지.

동기부여는 능동적인 동기와 수동적인 동기가 있다. 능동적인 동기는 미래에 대한 기쁨과 환희에 근거해 자신이 진정으로 원하는 것이고, 수동적인 동기는 미래에 대한 불안함과 두려움에 근거해 강제로 하게 되는 것이다. 그렇기에 때론 힘들 수도 있을 삶의 긴 여정 속에서 스스로에게 희망을 줘야 하고, 미래에 대한 기쁨과 환희를 안겨 줄 목표를 설정하고, 긍정적인 자세를 갖고, 목표에 대한 성취의욕을 높여야 하는 것이다.

둘째, 스스로에 대한 믿음이 어떠한지를 물어보자.

스스로가 설정한 목표 실현을 위해서 준비해 나가는 동안 겪게 되는 온갖 시련들에 대해 이를 이겨내는 자신을 얼마나 칭찬할 수 있으며, 스스로 이겨내고 해낼 수 있다는 믿음이 얼마나 있는지의 여부이다. 우리가 세상을 살아가다 보면, 공부든 일이든 뜻대로 되지 않을 때도 있겠고, 기대치만큼 미치지 못할 때도 있을 것이지만, 걱정을 하고 두려워하기보다는 스스로 열심히 잘하고 있다는 칭찬은 물론 이정도쯤이야 거뜬히 이겨낼 수 있다는 믿음이 얼마나 있는지를 아는 것이 중요하다.

셋째, 긍정적인 감정을 얼마나 가졌는지 물어보자.

해낼 수 있다는 강한 긍정적인 감정을 가졌는지의 여부이다. "나는 내 자신을 믿는다. 나는 할 수 있다. 나는 해낼 수 있다. 나는 반드시 해내고 말 것이다. 나는 대단한 사람이다. 나는 최고다." 이런 강한 감정으로 내면에 차오를 수 있는 부정적인 감정을 소멸시키도록 노력해야 하는 것이다.

넷째, 건강한 몸과 건전한 정신을 가졌는지 물어보자.

건강한 몸과 건전한 정신을 가졌는지의 여부이다. 우리가 건강한 몸과 건전한 정신을 갖는 것은 매우 중요하다. 우리의 몸은 우리의 정신을 담는 그릇이기 때문이다. 우리가 냉철한 지성과 따뜻한 영혼을 지녔다 해도 그것을 담아내는 그릇이 그렇지 못하다면, 우리의 정신은 어떻게 될까 생각해 보나 마나 아니겠는가.

깨지고 금이 가거나, 찌그러지고 우그러진 그릇이 있다고 생각해 보자. 그 그릇에 무엇을 제대로 담아낼 수 있겠는가. "밑 빠진 독에 물 붓기"란 속담이 있다. 밑이 빠진 독에 물을 담아보려 애쓰고 애써 봐도 깨진 틈새로 물이 자꾸 밖으로 새거나 흘러나오니 제대로 담아 낼 수 없게 될 것이다. 물론 밑이 빠진 구멍보다 더 많은 양을 담아본다면 어느 정도는 일시적으로 가능하겠지만, 결국 헛수고가 될 뿐이다.

그렇기에 규칙적으로 우리 자신에게 맞는 운동을 통해서 스트레스도 해소하고, 정신을 맑게 해서 우리의 꿈을 실현하기 위한 목표달성을 잘 이루어낼 수 있도록 건강을 챙기는 데도 부단히 노력해야 하는 것이다. 세상살이에서 노력 없이 뭔들 한 가지라도 제대로 이루어지는 것이 있겠는가. 요행을 바라는 마음엔 사기성이 스며들 뿐이다.

인생살이는 저마다 살아가는 방식이 사람 수만큼이나 다양하고 천양지차가 나며 정답도 해답도 없다. 그것이 인생길이요, 인생이 주는 맛이요, 멋이지 싶다. 우리의 삶을 시시한 인생살이로 만들려고 살아가는 것이 아니지 않은가. 우리의 삶이고 우리가 살아가야 한다. 우리가 찾는 인생의 맛과 멋을 위해 진정으로 우리를 우리 자신에게 증명해 보여야 할 때이다. 우리를 증명해 보이기 위해서 우리는 가장 먼저 무엇을 해야 하는가? 지금, 그리고 당장!

삶을 증명하는 것은 생각이 아니라 행동이다.
무엇을 어떻게 시작할 것인가?
지금 그 출발선상에 서라!
그리고
Start Your Life anew!

감사합니다.

삶에 대한 사랑, 자신의 존재 가치에 대한 믿음으로
모든 분들이 자기만의 인생 프롤로그를 써내려 가시길
진심으로 기원합니다!

- 권선복
(도서출판 행복에너지 대표이사,
영상고등학교 운영위원장)

사는 것이 참 어렵다고들 이야기합니다. 무한경쟁의 시대 속에 살아가면서 주변의 사람들을 사랑하기보다 경쟁 상대로 생각하는 것에 익숙해지는 게 현실이기 때문입니다. 또한, 자기 자신의 행복을 추구하기보다는 다른 사람과 끊임없이 비교하며, 남에게 평가받는 삶을 살아가게 됩니다. 이러한 현실 속에서는 타인을 사랑하는 것은 물론 자기 자신을 사랑하는 것도 쉽지 않습니다.

이 책『프롤로그』는 세상의 출발점은 우리 자신이기 때문에 우리가 진정으로 성공하고, 또 행복한 삶을 살기 위해서는 각자 자신으로부터 시작하는 '인생의 프롤로그'를 잘 작성해야 한다는 점을 강조합니다. 많은 자기계발서가 성공과 행복을 위한 다양한 방법과 지켜야 할 원칙들을 제시합니다. 하지만 이러한 실천사항들이 궁극적으로 무엇을 위해 제시되는지 알지 못한다면 마음을 울리지 못하는 공허한 외침이 될 수밖에 없습니다. 그런 점에서 저자가 이 책을 통해서 외치는 가장 중요한 원칙, "자기 자신을 사랑하라"는 말은 동시에 우리 인생의 '프롤로그'를 작성해 나가기 위한 시작점이라고 할 수 있을 것입니다.

또한 더불어 타인을 경쟁 상대로만 인식하는 것에서 벗어나 험난한 세상을 함께 살아가는 동료로 인정하고, 관계적 인간미를 갖추어 공존의 파이를 넓히는 것이 행복과 성공을 위해서 꼭 필요하다는 것을 보여주고 있습니다. '자기 자신을 사랑하는 것'과 '다른 사람을 사랑하는 것', 어떻게 보면 매우 간단하지만 지금 시대에는 한없이 어려운 일이기도 합니다. 하지만 이 두 가지야말로 우리가 성공과 행복을 모두 손에 넣기 위해 반드시 갖추어야 할 능력이자 습관입니다. 이 책을 읽는 모든 분들에게 삶에 대한 사랑과 자신의 존재 가치에 대한 신뢰가 팡팡팡 솟아오르시기를 진심으로 기원합니다.